U0523398

国家社科基金项目（13BJY166）

基于利率期限结构的中国货币政策规则研究

黄德权 著

Interest Rate

RULE

中国社会科学出版社

图书在版编目（CIP）数据

基于利率期限结构的中国货币政策规则研究/黄德权著.—北京：中国社会科学出版社，2022.8

ISBN 978-7-5227-0105-9

Ⅰ.①基… Ⅱ.①黄… Ⅲ.①国债—利息率—研究—中国②货币政策—研究—中国 Ⅳ.①F812.5②F822.0

中国版本图书馆 CIP 数据核字（2022）第 064350 号

出 版 人	赵剑英
责任编辑	孔继萍
责任校对	夏慧萍
责任印制	郝美娜

出　　版	中国社会科学出版社
社　　址	北京鼓楼西大街甲 158 号
邮　　编	100720
网　　址	http://www.csspw.cn
发 行 部	010-84083685
门 市 部	010-84029450
经　　销	新华书店及其他书店

印　　刷	北京君升印刷有限公司
装　　订	廊坊市广阳区广增装订厂
版　　次	2022 年 8 月第 1 版
印　　次	2022 年 8 月第 1 次印刷

开　　本	710×1000　1/16
印　　张	14.25
字　　数	218 千字
定　　价	88.00 元

凡购买中国社会科学出版社图书，如有质量问题请与本社营销中心联系调换
电话：010-84083683
版权所有　侵权必究

前　言

目前，我国正在稳步推进利率市场化改革，而随着利率市场化程度的提高，利率波动将变得越来越频繁，利率期限结构也将变得越来越复杂。利率期限结构在货币政策中扮演的重要角色之一是信息指示器，是市场对利率预期做出反应的结果。复杂的利率期限结构，可能使中央银行的货币政策决策面临"两难"选择。因此，必须考虑利率期限结构的影响，进一步规范货币政策的宏观调控机制，选择并优化货币政策规则。这样的研究从理论而言有两方面的意义：（1）有利于丰富利率期限结构与货币政策规则相关理论的研究。将利率期限结构与货币政策规则相结合是当前国际前沿性研究课题，具有较高的学术价值。（2）有利于中国特色货币金融理论的发展。笔者借鉴西方理论，结合中国国情，为我国货币金融理论的发展做出一定贡献。从实践而言也有两方面的意义：（1）有助于中央银行货币政策的制定与实行。基于利率期限结构的货币政策规则，有助于中央银行提高货币政策的调控效率。（2）有助于投资者规避利率风险。通过对我国利率期限结构系统研究，将增进对利率期限结构运动规律的了解，有助于它在资产定价、风险管理和套期保值等方面的合理应用。

随着社会的不断发展，国内外学者对利率期限结构展开了大量的研究和探索，构建了体系化的理论研究。第一，投资者在管控风险时，能够及时参考国债利率期限结构；第二，市场的发展趋势、宏观经济变化规则、中央银行决策的有效性和科学性都能够从国债利率期限结构所包含的信息获取。随着当前我国加快利率市场化进程，我国政策状况可以通过泰勒规则精准、科学地表达出来，确保我国货币政策制定的科学性和实施的可行性，为我国经济发展奠定良好基础。同时，我国货币政策的制定和货币政策规则、利率期限结构以及二者之间的关系有着非常密切的联系，为推动我国市场经济建设有重要作用。

  本书深入分析了货币政策规则和利率期限结构之间的内在联系，得出：（1）宏观经济变量和利率期限结构不存在相互影响关系，大多数为定向联系，只有个别的变量表现出了双向相关的关系；（2）对于中国国债而言，即期收益率曲线整体呈现向右上方倾斜的状态，利率水平未达预期标准，收益率从中长期角度来看相同，投资者的风险补偿无法正确、科学的反应出来；（3）可以准确判断 M2 的流动速度，具有内生性较强的货币乘数，下一期乘数可以通过上一期进行预测，因此央行对货币供应量的控制应重点放在对货币乘数的控制上来，在当前条件下和未来的几年内，M2 依旧是操作变量的首选；（4）随着市场经济的快速发展，我国利率规则更加符合国情发展，最终实现货币规则向利率规则的根本性转变；（5）货币政策规则可以通过利率期限结构进行优化，这意味着利率期限结构的预测信息越多，货币政策规则优化度越高；（6）从长期来看，以社会福利损失最小化作为评价标准，将利率期限结构纳入货币政策规则中，中央银行调整短期利率的同时，引导了中长期利率，进而影响宏观变量的这种货币政策规则是最优的。

  基于以上研究结论，我们提出如下政策建议：（1）完善国债期限结构，增加国债品种和市场流动性；（2）加强国债发行的计划性，建立以国债利率为基准的利率体系；（3）加速利率市场化改革的推进，改善利率的期限和风险结构；（4）转变货币政策调控方式，提高货币政策的透明度；（5）加强金融监管，强化中央银行的独立性和责任性；（6）完善经济金融统计检测体系，建立金融信息共享系统；（7）货币政策制定应多考虑工具规则，进一步加强和完善公开市场业务。

  本书创新之处有如下几点：

  （1）研究视角创新。基于利率市场化的背景，笔者从利率期限结构的视角，深入系统地研究我国货币政策规则的选择与优化，是一种研究视角的创新。

（2）研究内容创新。笔者基于宏观—金融模型框架厘清我国利率期限结构对货币政策规则的影响机制，并基于这一模型框架研究我国的最优货币政策规则，达到改进我国货币政策规则和促进我国利率期限结构更加合理应用的目的。

（3）研究模型创新。笔者基于各种货币政策规则（泰勒规则、麦卡勒姆规则等）反应函数和各种利率期限结构模型（Nelson–Siegel 模型、Svensson 模型、无套利仿射模型及其结合），构建适合我国国情的宏观—金融模型框架，然后基于该模型框架深入系统地研究我国利率期限结构对货币政策规则的作用机理。

Abstract

At present, China is steadily promoting the reform of interest rate marketization. With the improvement of interest rate marketization, interest rate fluctuations will become more and more frequent, and the term structure of interest rate will become more and more complex. One of the important roles of interest rate term structure in monetary policy is information indicator, which is the result of market response to interest rate expectation. The complex term structure of interest rate may make the monetary policy decision of the central bank face a "dilemma". Therefore, we must consider the impact of the term structure of interest rate, further standardize the macro – control mechanism of monetary policy, and select and optimize the rules of monetary policy. Such research has two theoreticalsignificance: (1) it is conducive to enrich the research on the theory of interest rate term structure and monetary policy rules. The combination of interest rate term structure and monetary policy rules is a cutting – edge international research topic, which has high academic value. (2) It is conducive to the development of monetary and financial theory with Chinese characteristics. The author draws lessons from western theories and combines China's national conditions to make a certain contribution to the development of China's monetary and financial theory. In practice, it also has two meanings: (1) it is helpful to the formulation and implementation of the central bank's monetary policy. The monetary policy rules based on the term structure of interest rate will help the central bank to improve the regulation efficiency of monetary policy. (2) Help investors avoid interest rate risk. The systematic study of China's interest rate term structure will enhance the understanding of the movement law of interest rate term structure and contribute to its rational application in asset pricing, risk management and hedging.

Term structure of interest rates has been the domestic and foreign scholars delve into one of the most important theory, the theory has a relatively perfect theory research and development system. On the one hand, the public debt term structure of interest rates risk control to provide a reference benchmark for investors. Term structure of interest rates, on the other hand, because of the information, not only can reflect the market's expectations, also contains the information of macroeconomic variables, can provide central Banks with forward – looking information. As the current our country speed up into the marketization of interest rate, the Taylor rule can be more accurate description and reflect the situation of monetary policy in China, and for our future better to formulate and implement monetary policy to provide more effective guidance role. The specific economic environment in China, the mutual relationship between the term structure of interest rates and monetary policy rules, can help to work out more effective monetary policy in our country.

This article through to the interactions between the term structure of interest rates and monetary policy rules, the following conclusions: (1) The term structure of interest rates and the relationship between macroeconomic variables most is not a two – way, only a few variables showed a two – way relationship related; (2) The whole of China Treasury yield curve at sight presents to the upper right. At the same time, the medium and long – term bond yields convergence, national debt interest rates low for a long time, can not fully reflect investors demand a risk compensation; (3) The M2 velocity is predictable, and endogenous monetary multiplier is very strong, previous multiplier can be utilized to predict the next phase of the multiplier, so the central bank to control money supply should focus on the control of the money multiplier, under the condition of the current and the next few years, the M2 is still the first selection of operating variables; (4) With the advancement of interest rate is changed, interest rate rules will be showed a stronger adaptability in our country, from the money rules is the development trend of transition to interest rate rules: (5) The term structure of interest rates can be optimized monetary policy rules, that contains information to forecast the term structure of interest rates of monetary policy rules can be optimized; (6) In the long run, to social welfare loss minimization as evaluation standard, to include the term structure of interest rates in monetary policy rules, the central bank to adjust short – term interest rates at the same time, guide medium and long – term interest rates and, in turn, affects the macro variables of the monetary policy rule is optimal.

Based on the above research conclusion, we put forward the following Suggestions: (1) China should improve the term structure of government bonds, increase the variety of government bonds and market liquidity; (2) China should strengthen the planning of the issuance of government bonds, and establish an interest rate system based on the interest rate of government bonds; (3) China should accelerate the advancement of market – based reform of interest rates, improve the term and risk structure of interest rates; (4) China should change the mode of monetary policy regulation and control, and improve the transparency of monetary policy; (5) China should strengthen financial supervision and strengthen the independence and accountability of the central bank; (6) China should improve the economic and financial statistical testing system and establish a financial information sharing system; (7) The monetary policy formulation should consider the tool rules to strengthen and improve the open market business.

The innovations of this book are as follows:

(1) Research perspective innovation. Based on the background of interest rate marketization, the author deeply and systematically studies the selection and optimization of China's monetary policy rules from the perspective of interest rate term structure.

(2) Research content innovation. The first mock exam is based on the

framework of macro financial model to clarify the mechanism of the interest rate term structure on monetary policy rules. Based on this model, we will study the optimal monetary policy rules in China, and achieve the purpose of improving our monetary policy rules and promoting the more reasonable application of the term structure of interest rates in China.

(3) Research model innovation. The author intends to build a macro financial model framework suitable for China's national conditions based on the response functions of various monetary policy rules (Taylor rule, McCallum rule, etc.) and various interest rate term structure models (Nelson – Siegel model, Svensson model, No Arbitrage Affine model and their combination), Then, based on the model framework, this paper deeply and systematically studies the mechanism of China's interest rate term structure on monetary policy rules.

目　录

第一章　绪论 ……………………………………………………（1）
　第一节　研究背景及意义 ………………………………………（1）
　　一　研究背景 …………………………………………………（1）
　　二　研究意义 …………………………………………………（3）
　第二节　国内外研究现状 ………………………………………（5）
　　一　国外研究现状 ……………………………………………（5）
　　二　国内研究现状 ……………………………………………（8）
　第三节　基本内容、框架和研究方法 …………………………（12）
　　一　基本内容 …………………………………………………（12）
　　二　研究框架 …………………………………………………（14）
　　三　研究方法 …………………………………………………（14）
　第四节　创新与不足 ……………………………………………（15）
　　一　创新之处 …………………………………………………（15）
　　二　不足之处 …………………………………………………（16）

第二章　利率期限结构与货币政策规则相关理论基础 …………（17）
　第一节　传统利率期限结构相关理论 …………………………（17）
　　一　预期理论 …………………………………………………（17）
　　二　流动性偏好理论 …………………………………………（18）
　　三　市场分割理论 ……………………………………………（19）
　　四　期限选择理论 ……………………………………………（19）

第二节　现代利率期限结构相关理论 …………………………………（20）
　一　静态利率期限结构理论 ……………………………………（21）
　二　动态利率期限结构理论 ……………………………………（23）
第三节　利率期限结构与宏观经济相关理论 …………………………（25）
第四节　货币政策规则相关理论 ………………………………………（28）
　一　封闭环境下的货币政策规则 ………………………………（28）
　二　开放条件下的货币政策规则 ………………………………（33）
　三　货币政策传导机制 …………………………………………（37）
本章小结 …………………………………………………………………（38）

第三章　利率期限结构对货币政策规则影响的作用机理 …………（40）

第一节　利率期限结构的特征与影响因素 ……………………………（40）
　一　利率期限结构的内涵与特征 ………………………………（41）
　二　利率期限结构的影响因素 …………………………………（41）
第二节　货币政策规则的特征与发展 …………………………………（43）
　一　货币政策目标规则的特征与名义锚 ………………………（44）
　二　货币政策工具规则的产生和发展 …………………………（46）
第三节　利率期限结构与货币政策规则之间的理论关系 …………（49）
　一　前瞻性泰勒规则与货币政策规则 …………………………（49）
　二　包含利率期限结构的前瞻性泰勒规则与货币政策规则 ……（51）
　三　利率期限结构与货币政策规则的宏观设定 ………………（52）
第四节　利率期限结构对货币政策规则影响的作用机理 …………（53）
　一　利率期限结构的变化体现货币政策调整 …………………（53）
　二　利率期限结构预测未来短期利率的变动 …………………（54）
　三　利率期限结构预测未来通货膨胀率的波动 ………………（54）
　四　利率期限结构预测未来货币政策的宏观经济效应 ………（56）
本章小结 …………………………………………………………………（58）

第四章 利率市场化背景下静态与动态利率期限结构的实证研究 …………………………………………………………… (59)

第一节 基于 Nelson–Siegel 模型的静态利率期限结构实证研究 ……………………………………………………… (59)
  一 引言 ……………………………………………………… (59)
  二 数据选择与说明 ………………………………………… (60)
  三 模型构建 ………………………………………………… (61)
  四 中国国债利率期限结构的实证分析 …………………… (63)

第二节 基于 CIR 模型的动态利率期限结构实证研究 ………… (70)
  一 数据选择与说明 ………………………………………… (70)
  二 模型构建 ………………………………………………… (71)
  三 实证结果分析 …………………………………………… (71)

第三节 利率期限结构变动的主成分分析 ……………………… (75)
  一 数据选择与说明 ………………………………………… (75)
  二 ADF 检验 ………………………………………………… (76)
  三 实证结果分析 …………………………………………… (78)

本章小结 ……………………………………………………………… (82)

第五章 利率期限结构内含宏观经济信息的实证研究 …………… (84)

第一节 利率期限结构与宏观经济信息的关联性 ……………… (84)
第二节 利率期限结构与宏观经济信息之间的实证研究 ……… (85)
  一 数据选择与说明 ………………………………………… (85)
  二 利率期限结构曲线的主成分分析 ……………………… (86)
  三 斜率因子与通货膨胀的关联 …………………………… (88)
  四 水平因子与经济产出的关联 …………………………… (89)

第三节 利率期限结构潜在因子与宏观经济信息的 VAR 检验 ………………………………………………………… (89)
  一 数据选取与指标体系的构建 …………………………… (89)
  二 ADF 检验 ………………………………………………… (90)
  三 VAR 模型的脉冲响应分析和方差 ……………………… (91)

四　利率期限结构对宏观经济变量的影响 …………………… (93)
　　五　宏观经济变量对利率期限结构的影响 …………………… (96)
　本章小结 ……………………………………………………………… (101)

第六章　利率市场化背景下中国货币政策规则的实证研究 ……… (103)
　第一节　货币供应量作为政策变量的实证研究 …………………… (103)
　　一　数据选择与指标体系的构建 …………………………… (103)
　　二　货币供应量 M_2 与产出关系的实证分析 ……………… (104)
　　三　货币供应量与物价关系的实证分析 …………………… (108)
　　四　可控性分析 ……………………………………………… (109)
　第二节　利率规则在中国的检验及适用性分析 …………………… (115)
　　一　变量选取和估算 ………………………………………… (115)
　　二　我国线性泰勒规则的实证检验 ………………………… (117)
　　三　泰勒规则在中国的适用性分析 ………………………… (119)
　第三节　通货膨胀目标制在中国的实证检验 ……………………… (121)
　　一　模型的校准及数据选取 ………………………………… (121)
　　二　检验结果 ………………………………………………… (122)
　第四节　中国货币政策规则对宏观经济的影响程度模拟 ………… (124)
　　一　模拟思路的确定 ………………………………………… (124)
　　二　模拟结果的分析 ………………………………………… (125)
　本章小结 ……………………………………………………………… (128)

第七章　基于利率期限结构的中国货币政策规则影响的实证研究（1） ……………………………………………… (130)
　第一节　研究设计 …………………………………………………… (130)
　第二节　利率期限结构对货币政策规则影响的检验 ……………… (130)
　　一　我国利率期限结构模型的构建 ………………………… (130)
　　二　我国泰勒规则模型的构建 ……………………………… (134)
　　三　中国利率期限结构对货币政策规则影响的检验 ……… (136)
　　四　实证结果与分析 ………………………………………… (137)

第三节 利率期限结构内含预期信息与货币政策规则的实证研究 (138)

一 利率期限结构内含预期信息的实证检验 (138)

二 实证结果与分析 (143)

三 预期信息对货币政策规则影响的实证检验 (145)

本章小结 (146)

第八章 基于利率期限结构的中国货币政策规则影响的实证研究（2） (148)

第一节 研究设计 (148)

第二节 国债利率期限结构变动的主成分分析 (148)

一 研究背景介绍 (148)

二 主成分分析（PCA）方法介绍 (149)

三 数据来源 (150)

四 数据样本的描述性统计 (150)

五 数据单位根检验 (150)

六 数据的主成分分析 (151)

第三节 基于收益率曲线的国债利率期限结构分析 (154)

第四节 利率期限结构对货币政策规则的影响：VAR 模型 (155)

一 变量说明与平稳性检验 (155)

二 截距的 VAR 检验 (158)

三 斜率的协整检验及 VAR 模型 (163)

四 曲率的协整检验及 VAR 模型 (165)

本章小节 (167)

第九章 基于利率期限结构的中国最优货币政策规则选择研究 (168)

第一节 研究设计 (168)

第二节 货币政策规则的宏观经济因素设定 (170)

一 总需求总供给方程的设定 (171)

二　宏观总需求总供给方程的确定 …………………………(172)
　　三　基于收益率曲线的最优货币政策规则求解 ……………(173)
　第三节　DSGE 模型的计量方法及构建……………………………(177)
　　一　完全信息与有限信息方法 ………………………………(177)
　　二　SVAR 方法 ………………………………………………(178)
　　三　最大似然方法 ……………………………………………(179)
　　四　贝叶斯方法 ………………………………………………(180)
　　五　混合模型 …………………………………………………(182)
　　六　DSGE 模型的构建 ………………………………………(182)
　第四节　DSGE 模型的参数校准及数值模拟………………………(185)
　　一　参数校准 …………………………………………………(185)
　　二　不同利率规则下货币政策冲击的脉冲响应分析 ………(186)
　本章小结 ……………………………………………………………(189)

第十章　结论与政策建议 ……………………………………………(190)
　第一节　主要结论 …………………………………………………(190)
　第二节　政策建议 …………………………………………………(193)

参考文献 ………………………………………………………………(198)

后　记 …………………………………………………………………(210)

第 一 章

绪　　论

第一节　研究背景及意义

一　研究背景

国际货币政策按规则化趋势发展，在世界上各个国家开始尤为重视建立规范的货币政策规则。从本质上讲，受到市场经济环境的影响，应该使货币政策保持平稳发展，在货币市场上才能形成稳定的通胀预期，促进经济有序运行，有助于提高其运转效率，避免投资者盲目投资，减少消费盲目性。基于实践经验，坚持规则化原则，有利于制定科学的货币政策，同时有助于货币当局能够根据市场环境改善政策，保证政策更加有效、透明可靠。为了让大众能够更加了解货币政策以及国家经济发展趋势，货币政策规则为客观评价央行货币政策提供了参考依据。

研究者们在研究货币政策理论时，倾向于使用泰勒规则，货币当局在实践过程中，往往也采用泰勒规则。纵观全球范围，货币政策规则已经具有一定的普适性，多数国家都相继采用。发达国家及地区央行在制定货币政策时，大多采用泰勒规则，比如，英国、美国、欧盟等。学者们重点研究了利用泰勒规则的有效性，发现泰勒规则所起的理论意义和实践意义。从20世纪90年代，国外学者重点研究了货币政策规则，其基于理论和实践的角度。Taylor（1993）首次在文献中提出泰勒规则，用其来检验货币政策的有效性，有助于更好地预测利率趋势。其提出了利率可以作为调节工具，有效调节货币政策。1990年，新西兰领先世界上发达国家，率先执行通货膨胀目标值。自此之后，很多发达国家的央行开始采用这一规则。新西兰率先制定了通货膨胀目标，大大稳定了其宏观经济，有力地促进了经济的发展。很多发达国家开始积极研究通货膨胀目标。我国在 1984 年中国人民银行开始履行其职责，在选择如何执行货币政策时，中国人民银行一直坚持相机抉择式。相机抉择具有一定优势，能够根据问题及时作出调整，但是在调控过程中，无法把握好这个调控尺度，要么调控不足，要么调控过度，导致我国经济发展不平衡，时冷时热，处于不稳定状态。从 1993 年开始，中国人民银行开始改变政策执行方式。中国人民银行建立了政策框架，以货币供应量为基础指标，将其作为调控变量。在宏观调控时，越来越突出货币供给的作用。近几年来，学生们研究了货币政策实践意义以及效果，经济快速发展使得货币供应量出现失控状态，经济结构朝着复杂化发展，减弱了中介变量与货币政策的关系。由于上述因素，无法通过控制货币供应量以更好地实现政策目标，导致在实际过程中无法发挥其有效性，必须要建立完善的货币政策框架，如果设置通货膨胀目标，容易导致经济出现不稳定状态。为了避免上述动态不一致，研究学者们提出建立货币政策规则，逐步改善政策框架。

从本质上讲，泰勒规则能够进行利率反馈。作为一种有效的反馈机制，若想该机制良好运转，必须营造有效的外部市场环境。随着改革开放步伐加快，但是受到条件约束，我国在条件方面仍然不具备。由于自然利率不稳定，在管制目标通胀率方面也存在局限，中国人民银行在与市场的联系过程中也存在不通畅，导致我国货币市场不容易形成通胀预期率，影响了短期利率的传导作用。在我国，银行业之间的竞争不是很激烈，由于利率传导不通畅，负债端利率无法传导到贷款端，这样的约束严重阻碍了融资力量，导致信贷不分化，大大削弱了利率调节作用。为了发展我国经济，将汇率与美元挂钩，严格限制了我国利率的灵活度。用利率来有效调节货币政策，如果盯住汇率、经济增长率、通胀率和失业率，在某种程度上会影响政策效果。基于实践效果，研究者们发现，在发达国家更适合采用泰勒规则，其经济水平处于稳定发展状态。对于发展中国家而言，往往不太适合使用泰勒规则，如果用其预测利率，反而适得其反。2005 年开始出现金融系统混乱，2008 年混乱状态达到顶峰，我国在控制经济时往往依靠法定准备金，逐渐减弱了利率和 GDP 的关系，预测在较长时间内，我国不太可能摒弃数量型货币政策工具。

2015 年，我国落实了大额存单制度，标志着利率市场化的完成。将利率市场化界定为市场决定利率定价水平，行政手段无法决定市场利率。按照利率市场化，构建新的利率体系，在货币市场上进行有效传导，基准利率以央行政策利率为标准，存款利率由市场供需共同决定。我国的利率市场化为采用泰勒规则奠定了一定基础，基于风险水平处于稳定状态，由于到期期限和利率之间存在特殊关系，可以称为利率期限结构。因此基于利率市场化条件，重点研究利率期限结构的影响力，一方面有助于央行更加科学制定货币政策规则，另一方面有助于拓宽研究领域，帮助我国学者设计出最佳货币政策规则。

二　研究意义

利率期限结构由于能够客观地反映利率关系，其涵盖很多宏观信息，包含利率相关因素。在很早之前，一些发达国家在制定货币政策以及评价其实施效果时，将利率期限结构作为一大调节工具。由于其效果良好，各个国家纷纷效仿，尤为重视利率期限结构的作用。在 1997 年，美国率先利用利率期限结构，计算经济景气指数，按照客观结果，经济学者研究了长期和短期利率的变动问题。由于我国正在形成利率市场化，因此，利率期限结构还不能完全发挥作用，还有待我国学者进一步挖掘其实际效果。因此，研究利率期限结构如何影响货币规则，无论是基于理论角度还是实践角度，都具有丰富的研究意义。

第一，有助于更好地了解货币政策，了解其施行意义。按照经济学理论，货币政策往往会影响利率期限结构，中央银行若想获得未来预期利率，可以参考利率期限结构进行分析。利率期限作为重要的参考评价依据，有助于客观分析货币政策的施行效果，有助于预测通货膨胀目标，有助于为央行调整政策提供参考依据，帮助其客观制定货币政策，调节金融市场秩序。

第二，通过用实证研究法研究利率期限结构，可以帮助央行了解未来发展趋势，能够更加发挥货币政策的试行效果，使其更具有效力。朱世武和陈健恒（2004）利用定性分析法研究宏观经济的运转情况，徐小华和何佳（2007）提出利用利率期限结构作为研究工具，郭涛和宋德勇（2008）等人也赞成利用利率期限结构研究经济运转。利用利率期限，不仅能够观测宏观经济的动态发展，预测其对经济的影响程度，而且有助于帮助央行分析政策调控方向。面对复杂的经济形势，为了能够有效调整货币政策，避免各大政策互相干扰，坚持优化原则，货币当局必须获取有利的信息，促进各项政策有效实行，以实现管理预期目标。

第三，能够更好地构建我国国债结构。为了能够减少财政风险，避免品种单一，利用利率期限结构，有助于优化其结构。国债作为重要的调控工具，能够促进财政政策稳健运行，其利率期限结构有助于提供一定的参考信息。国债发行量以及成本往往受到利率期限结构的影响。研究利率期限结构有助于控制发行规模，改善资本结构，确定发行时间。

第四，有助于为央行制定货币政策提供参考依据，更好地实现货币政策目标。研究货币政策规则，能够更加客观评价货币政策松紧度。自1985年对中央银行体制进行改革之后，在制定货币政策时，往往结合具体经济运行情况，以采取实际操作措施。受到政策不稳定影响，宏观经济往往出现动荡状态，时而过度收缩，时而发展过热。为了转变货币政策发展方向，由数量型政策进而转向价格型政策，通过综合使用两种政策工具，削弱单一的货币政策不良效应，避免造成经济波动。为了实现汇率市场化，我们可以将世界利率和名义利率进行有机结合，可以实现人民币自由兑换。通过研究货币政策规则，具体研究其目标规则，可以有助于设计合理目标以提供相应指导。此外，避免货币政策时间不统一，有效巩固通货膨胀。

第五，我国能够根据实际经济发展趋势调整货币政策。结合当前情况，随着经济全球化发展，国内市场也在不断完善中，其必然受到全球化的影响，这其中存在紧密联系。在我国资本市场，按照货币供应量作为中介目标并不能取得良好效果。在制定汇率制度时，可以选择自由浮动，不需要与美元同步。基于以上资本情况变化，在制定货币政策时，可以进行适当调整。为了能够设计一个良好的货币政策，研究者可以运用货币政策理论基础，吸取其研究成果，使得货币政策框架更加符合我国国情，更能发挥其实际效果。

第二节 国内外研究现状

一 国外研究现状

学者们认为，货币政策规则具体包括两大部分，其一为目标规则，其二为工具规则。将工具规则界定为通过参考经济形势发展趋势，能够适时调整利率等货币政策，其表现为一个指导公式，能够使目标变量朝着目标化发展，以适度调整货币政策。根据操作变量的不同可分为货币数量规则和利率规则。

20世纪80年代初，美国等发达国家的经济出现较大波动，同时银行系统的各种金融创新不断，货币供应量的可控性变差，弗里德曼的固定货币增长率规则难以达到稳定经济的目标。麦卡勒姆（1984）在文献中界定了名义GDP货币规则概念，操作变量为基础货币，最终目标是为了稳定收入，其通过测量1985年的美联储数据，利用GDP货币规则，模拟其货币政策如何实施。麦卡勒姆（1989）在后续研究中，进一步深入研究了该规则，此次设计以通胀为目标进行重新构造，使用数据为1923—1941年，在这一时期出现了经济大萧条现象，利用该规则在一定程度上能够有效避免。麦克绍尔为了验证麦克勒姆的研究成果，其通过使用三种模型，检验模型的效果发挥情况。为了验证其稳定性，研究者通过脉冲响应来进行检测，该规则确实能够起到降低通货膨胀的作用，降低通胀率。实验结果表明，GDP增长率可以实现稳定性检验。哈内达等（1996）重点研究如何改善英国货币政策，其利用名义GDP目标证明了可以将通胀率控制在2%以下，并且受到影响的幅度比较小。杰斐逊（1997）和基础货币相比，用其规则能够更好地解释货币政策施行能力。麦卡勒姆（2000）提出由于基础货币具有混合变量，其往往能够提供适当的建议对策，前提是必须依靠货币工具，才能有效传达政策规则信息。

自1980年以来，美联储银行在选择货币政策操作量时，往往使用货币供应量。自1990年之后，货币政策的作用力不断加强，能够有效影响宏观调控。美国摒弃了操作变量货币规则，其使用利率规则，即以利率作为操作变量的规则，比如应用广泛的泰勒规则。

泰勒深入研究了宏观经济学者们的研究成果，对比分析了各国的货币政策表现形式，其总结出可以将利率作为操作变量，后续学者们将其界定为泰勒规则。由于各个阶段研究进展不同，泰勒规则的形式也在不断丰富，具体表现为基本规则、开放经济规则、利率平滑规则。实践证明了泰勒规则的有效性，泰勒规则能够更好地指导央行制定货币政策，其具有重要实践意义。泰勒（1998）在研究时，采用美联储数据以验证其有效性，研究结果很好地证明了在这一阶段美联储运用该规则非常有效。Clarida 等学者通过对德、日、美的货币政策反应函数进行比较，发现这些国家的中央银行也都遵从了泰勒规则。

Sargent 和 Surico（2011）认为，货币供给增速不能有效影响通胀，将其作为检验标准，研究美国的数量型货币政策运用情况。Fan 等（2011）通过拓展价格型规则，综合考虑汇率和平滑因子因素，对比分析了名义利率如何影响政策目标以及货币供应量的影响程度，进一步研究了泰勒规则和麦卡勒姆规则能否在我国具体实施。货币供给在很大程度上会影响物价水平以及产出能力，有效调控货币供给量，根据物价水平决定了名义利率的变化程度。Wang 等（2014）利用 Granger 因果关系进行有效检验，研究结果认为，我国经济在处于飞速发展阶段或者滞后阶段时，产出往往受到货币供给的影响，无论是广义货币供给，抑或是狭义货币供给，从长期分析均能够影响货币政策，从短期上看，往往产生暂时性影响。Ojede（2015）重点研究了发展中国家，影响通胀的因素主要包括货币供给量，增加的货币供给导致流通中货币数量增多，央行往往采取数量型调控。Li 和 Liu（2017）在研究中引入 DSGE 模型，进一步研究了如何选择货币政策规则。其以泰勒规则为理论基础，并将其进行拓展，通过对比数量规则，将名义利率作为调控目标，具体表现为货币供给、产出通货膨胀缺口。研究结果更好地证明了泰勒规则能够实现数据拟合，通过脉冲响应形式，如果忽视货币供给，必然会影响通货膨胀以及供给产出。

货币政策目标规则是中央银行选择合适的目标变量的值，使得一个相应的损失函数实现最小化，将各国名义锚作为核心选择。按照名义锚的分类，目标规则主要包括名义收入、汇率目标、货币供应量、通胀目标等。

近年来，越来越多的国家采用通货膨胀制并取得了良好的效果，该目标制也逐渐引起了经济学家的高度关注。Neumann（2002）运用双差异模型的实证检验结果表明通货膨胀目标制不仅可以减少通胀率与利率的变动率，还可以稳定金融运行，提高央行可信度，具有稳定通胀预期的效应。米什金（2007）重点研究了通胀目标制，发达国家很多都采用通胀目标制，其通胀水平往往不高，受通货膨胀影响力较小。但是对于发展中国家而言，其采用通胀目标制所取得的效果并不理想。国外一些学者则不赞成使用通胀目标制，马松（1999）认为，不能独立制定政策的央行若是缺少得力的政策工具，往往不能实现通胀目标。Daianuu 和 Lungu（2007）在文献中提出，处于转型期的国家由于前提条件不具备，并不能够采用该目标制，反而会带来负面影响，增加更多的不确定性。Mandler（2009）基于央行具有明确的经济体系关系这一理论假设，提出了制定最优政策。在政策实行过程中，央行利用货币传导模型，有效预测经济系统的运行状况，在分析时，研究者认为应该将不确定性因素作为考虑范围。McCallum 和 Nelson（2005）、Taylor 和 Williams（2010）指出，由于模型构建各方面不完善，这样的偏差影响了最优规则的有效性发挥，导致损失函数与现实情况不相符，反而与实际数据更相吻合的是原始规则方程。Tillmann（2010）通过引入不确定参考因素，以最优化最优规则。利用损失函数进行推导时，由于不能确定菲利普斯曲线斜率，通胀水平离目标值越来越偏远，自然会影响价格波动幅度比较大。Alba 等（2011）通过构建 DSGE 模型，研究价格机制作用及经济体制受到金融危机的影响，货币政策规则具体表现为泰勒规则、通胀目标规则以及固定汇率制。研究者们按照泰勒规则理论框架，为其进行赋值，以不断实现参数校准，按照实际和名义汇率稳定波动成本。Thadden（2012）在 OLG 模型中，通过使用树理推理方法，横向对比了利率规则和货币供给规则，通过参考通胀因素，该模型决定了实际利率的变化情况。如果能够满足上述条件，必然会处于稳定状态，实现均衡发展。Conrad 和 Eife（2012）深入研究了泰勒规则，其将系数进行变更，通货膨胀的系数能够有效影响其持续性。

Zheng 等（2012）在研究中通过引入了平滑以及预期因素，完善泰勒规则模型，由于泰勒规则具有非线性特征，利用泰勒方程可以进行区制转移模型检验。由于区制不同，各国在调控时可以将调控目标设定为产出和物价水平。Ascari 和 Rankin（2013）基于财政和货币政策角度，研究两者相互作用机制，根据货币政策规则，提高债务有效性。Taylor 规则有效抑制了政府债务的短期影响力，若想发挥政府债务功能，央行必须将重点放在利率变化机制以及名义利率上。Moore（2014）指出，价格货币政策应该基于凯恩斯模型，引入通胀目标制和利率平滑因素，使得通胀具有持久性。Xu 和 Serletis（2016）在文献中通过采用区制转移模型，调查美国当时数据，有效分析了财政政策和货币政策的线性反应。Ma（2016）基于泰勒规则，其在利用模型进行检验时，综合引入了汇率因素、平滑因子因素、迁移转换因素等，利用其非线性特征，研究得出结论。非线性特征具有更好的效果，能够更好地促进货币政策实行，利于捕捉到中国人民银行的政策行为。基于非线性泰勒规则，在研究宏观经济时，在很大程度上降低了经济波动幅度。Hendrickson 和 Beckworth（2016）提出建立最优货币政策标准应该将通货膨胀方差和缺口方差加权数值最小化，完善凯恩斯系统模型。该学者并没有引入产出缺口数据，在选择产出缺口值时往往采用前期预期值。研究结果表明，GDP 满足对比标准。Verona（2017）通过引入 DSGE 模型，在债券市场上，往往存在冲击现象，往往可以以泰勒规则和利率规则为研究基础。受到不同的金融冲击影响，会有不同的脉冲响应结果。在价格型规则模式下，为了有效实现政策目标，应该引入信贷增长目标变量。

二 国内研究现状

我国在研究货币政策规则时，往往起步较晚，学者们的研究方向主要集中在理论研究，分析现有理论成果，缺乏相应的研究基础。

在研究制定工具规则时，学者们重点研究了货币规则和利率规则，具体包括如何选择操作变量，往往引入货币供给和利率因素。学者们在文献中提出，原始的操作变量为基础货币，其往往不能发挥有效作用，利用利率规则将是未来的改革趋势，但是根据我国具体情况，还不能真正发挥泰勒规则的有效性。

学者们往往赞成在现阶段，在选择货币政策操作变量时，应该由货币供应量转向利率变量，进行有效操作。货币供应量在可控性、可测性和最终目标关联度与预期相差很大，货币政策力较弱（夏斌、廖强，2001）。卞志村（2007）基于损失函数角度，应用理论基础，有效推导了规则性货币政策。研究者进行了有效检验，参考经济数据，得出结论认为货币政策将直接影响经济活动，事情陷入动荡状态，在现阶段，我国不适合采用通胀目标制。汪川等（2011）认为，央行在制定货币政策时，可以引入 DSGE 模型，参考价格性规则模式，综合考虑利率平滑因素影响，在制定政策目标时以产出及通胀缺口为主，研究结论表明，利率能够有效熨平通货膨胀。金成晓和朱培金（2013）在文献中通过运用参数方法，基于泰勒规则，对 SIGE 模型进行赋值处理。赵健（2010）基于政策传导角度，研究货币政策的影响力。利用 SVAR 模型，通过比较基础货币和利率的不同特点，分析其优势和劣势。其在文献中得出结论，认为在我国最合适的操作变量应该选择利率变量，需要摒弃基础货币操作变量。宋洁（2012）运用 VAR 法分析了金融创新对我国货币供应量中介目标的影响，研究发现 M_2 的可测性和可控性已受到影响，未来应逐步向利率目标制过渡。魏广花（2013）通过对金融脱媒的相关实证研究也表明和货币供应量传导效果相比，金融脱媒对货币政策利率传导效果的促进作用更为显著。

学者们还重点研究了泰勒规则的不同形式，并进行了有效性检验。谢平、罗雄（2002）在研究中第一次在制定货币政策时以泰勒规则为基础，其在分析时用到了反应函数法以及历史分析法。其计算了利率的泰勒规则值，计算结果表明可以利用泰勒规则来制定货币政策，该计算值具有科学性和有效性。由于理论值和实际值的偏差，导致政策具有操作滞后性。卞志村（2006）运用实证分析法检验了泰勒规则能否在中国具体开展，通过运用协整检验法，其在研究中得出结论：结合我国具体发展情况，泰勒规则仍然具有一定局限性，其能够描述银行间同业拆借利率，但是也存在一定局限，比如该规则具有不稳定性特征，如果我国应用利率规则，并不能取得良好效果。孔丹凤（2008）在深入回顾和分析货币政策规则理论与模型的基础上，利用1994—2006年的数据，核验了泰勒规则、麦卡勒姆规则以及二者的修正方案。检验结果表明中国货币政策对物价的反应比较大，相对于麦科勒姆规则，中国货币政策更加符合泰勒规则。随着我国市场经济的快速发展，中国货币政策的现状能够通过泰勒规则科学、准确地反应出来，为货币政策方案的制定提供了坚实的理论基础。杨国中、姜再勇等（2009）采用实证分析法，评估了我国线性和非线性泰勒规则和货币因素的关系。结果表明，我国货币政策实际操作情况更加符合前瞻性泰勒规则。卞志村（2012）利用状态空间模型构建了中国时变系数的金融形势指数（FCI），结果表明FCI对未来产出和通货膨胀率均具有良好的预测能力。将FCI作为整体金融形势宽松程度指标纳入货币政策反应函数的实证研究发现，泰勒规则下的政策工具对FCI偏离变量的反应表现出逆周期行为，并且其模型拟合效果良好。

除此之外，李建军、李波（2010）提出，货币政策操作效果无法根据货币供应量和利率得出。其中，汇率、信贷量、利率、货币供应量属于广义的货币状况指数，作为货币政策操作的参考指标，具有一定的优势，主张将GMCI纳入我国货币政策框架体系。王曦等（2012）认为，我国通货膨胀治理可以采用MI调控方式，并且对利率调控过程中存在的问题进行分析、整理。杨柳（2013）结合我国实际情况，认为麦卡勒姆规则实现了汇率变量和外汇储备变量的双重评估，符合我国市场发展趋势。结果表明，两种变量的参数显著性较强。梅东州和龚六堂（2011）没有将货币政策规则的形式纳入经济模型中，通过脉冲响应函数，分析了投资、汇率等变量与利率变化的关系。

中国货币政策目标的选择问题是大多数学者研究的重点。赵进文和黄彦（2006）提出，产出缺口和通胀缺口受到名义利率影响的响应程度不尽相同。当政策较为稳定时，规定范围内的物价上涨可以接受，但是政府往往会从采取积极有效的措施预防经济过热发展。徐亚平（2009）在核验价格型规则模型时，构建了TAR模型，指出明显的时变特征是我国Taylor规则的主要特征。同时，在研究过程中，货币政策规则的可操作性和有效性与政策规则的时变特征息息相关。李成等（2010）指出，政策变量惰性是我国价格型调控的主要方向。同时他认为，对于资本市场的相应变量变化，中国人民银行制定政策的有效性随着数据的发展没有显著变化。因此，他提出，目标变量的多样性应该是中国人民银行发展价格型规则的重中之重。

范从来（2010）认为由于中国失业问题的特殊性与复杂性，货币政策目标应涵盖充分就业的目标。研究表明，我国尚未构建科学、有效的货币政策体系，多重目标设置不合理。高伟（2005）提出，货币供应量的可控性和外部实施环境、货币政策目标自身设计优劣呈现正相关关系。因此，为了切实提高政策目标有效性，加大货币供应量，政府部门应该尽可能扩大货币供应量浮动范围。卞志村、孙俊（2011）使用开放经济下的新凯恩斯模型实证分析了开放经济体中不同的货币政策目标制，结果表明由灵活通货膨胀目标、资本自由流动和完全浮动的汇率构成的货币政策目标体系能够有效吸收冲击，减缓经济波动。郭红兵、陈平（2012）利用1994—2011年的宏观经济数据实证比较了五个不同政策工具规则，认为我国货币政策在"多工具，多目标"的背景下不宜采用单一的货币政策规则。程贵（2013）考察发现我国目前实施的双重货币政策目标规则是引起货币政策操作经常失效的重要原因，应以单一的通胀目标制为改革方向。

李颖等（2010）在分析我国通货膨胀的政策调控机制时，构建了非线性平滑迁移模型，通过大量的研究指出，当调控物价水平首选狭义货币供应时，通货膨胀预期低于2.8%；通货膨胀最有效的中介目标为利率时，此时通货膨胀预期大于3.9%。王立勇和张良贵（2011）在分析不同周期阶段的经济发展状况和调控措施的关系时，构建了LSTVAR模型。通过脉冲响应试验表明，宏观经济变量受到价格型工具的影响较低，无法满足实际需求。郑重（2011）将汇率因素融入新凯恩斯模型的规则方程中，对我国经济调控能力在不同制度下受到原始泰勒和拓展泰勒规则的影响程度进行分析。结果显示，宏观经济的波动能够通过拓展泰勒规则快速平息。所以，资本变量对价格型规则有非常重要的影响。杨柳（2013）结合我国实际情况，认为麦卡勒姆规则实现了汇率变量和外汇储备变量的双重评估，符合我国市场发展趋势。结果表明，两种变量的参数显著性较强。卞志村和胡恒强（2015）分析了脉冲响应结果和异质冲击的关系，提出现阶段我国数量型货币政策影响力较低，其能够对阐述缺口和通货膨胀产生短期影响，快速抚平经济波动。金春雨和吴安兵（2017）在研究我国货币政策的调控机制时，将汇率变量融入规则方程式中，构建了 TVP – SV – VAR 模型。结果表明，当汇率代理变量采用实际有效汇率（REER, Real Effective Exchange Rate）指数时，目标变量受到价格型政策的调控效果较强。但是，他同时分析了实际汇率（Real Exchange Rate）数据的应用结果，得出原始规则框架和拓展规则框架的相应情况相似。

总之，我国目前并没有一个具体的货币政策目标，"相机抉择"的成分较多。由于国内关于货币政策规则的研究刚刚起步，货币政策发展历史短，样本容量小，再加之近乎跳跃式的经济发展使样本数据不稳定，可靠性较差等诸多因素造成以上文献对同一问题的研究结论分歧较大。因此，对中国货币政策规则的研究，应多角度、多层次地加以分析。我国存款利率将在一两年内开放，这也是利率市场化的最后一步，为中央银行运用利率规则奠定了良好的基础。本书将考察利率市场化背景下中国货币政策规则的选择。

第三节 基本内容、框架和研究方法

一 基本内容

本书通过十章的论述，对货币型政策规则进行论述：

第一章为绪论。随着我国利率市场化不断深入，金融资源的配置和利率息息相关。本书以此为背景，阐述了研究背景和研究意义，对货币政策和利率期限结构的内在联系进行深入分析。同时，本章对后续研究内容和整体结构组织进行深入论述，分析了文章的创新点和不足，为以后研究的开展奠定基础。

第二章系统性地阐述了货币政策规则利率期限结构的理论知识。首先，本书对利率期限结构进行系统性阐述，其次介绍了目前的主流货币政策规则及对我国的启示，阐述了利率期限结构所隐含的一些宏观经济

信息，重点介绍了利率期限结构对于货币政策影响的相关理论。

第三章分析了货币政策规则和利率期限结构的内在联系。货币政策的扩张或者紧缩可以通过利率期限结构形态的变化得出。当政府调整货币政策时，利率期限结构会因为利率的变化而变化，利率期限结构中包含了对未来短期利率预期的信息，体现了市场认为货币政策近期将做出何种调整，还能预测货币政策的宏观经济效应。

第四章为利率市场化背景下静态与动态利率期限结构的实证研究。本章在深入分析我国利率期限结构时，采用了 N-S 模型、CIR 模型以及主成分分析法。

第五章实证阐述了宏观经济信息对利率期限结构的影响。本章利用主成分分析法从利率期限结构中提取了三个主要成分变量，并构建了我国利率期限结构，接着利用 VAR 向量自回归的方法实证检验了三个主成分对货币政策规则变量的影响。

第六章采用实证分析方法研究了现阶段我国货币政策规则和利率市场化的联系。本章首先将货币供应量作为操作变量进行了研究，然后阐述了我国市场所需求的泰勒规则的特点，最后对通货膨胀目标制的可行性进行了研究。

第七章为中国利率期限结构对货币政策规则影响的实证研究（1）。本章一开始讨论了我国泰勒规则的建立，随后对利率期限结构内含预期信息进行了论证，并在此基础上实施预期信息对货币政策规则影响的实证研究。

第八章为中国利率期限结构对货币政策规则影响的实证研究（2）。本章进行货币政策规则中的变量与这些参数的 VAR 模型研究，具体分析利率期限结构如何影响货币政策规则。

第九章深入研究我国货币政策最优时市场所采用的利率期限结构。本章通过构建 DSGE 模型与脉冲响应分析，对我国最优货币政策规则进行论证和求解，并给出相应结论。

第十章为结论与政策建议。本章以我国金融市场环境为基础，采用实证分析方法，针对性提出优化和完善我国货币政策和利率期限结构的策略。

二 研究框架

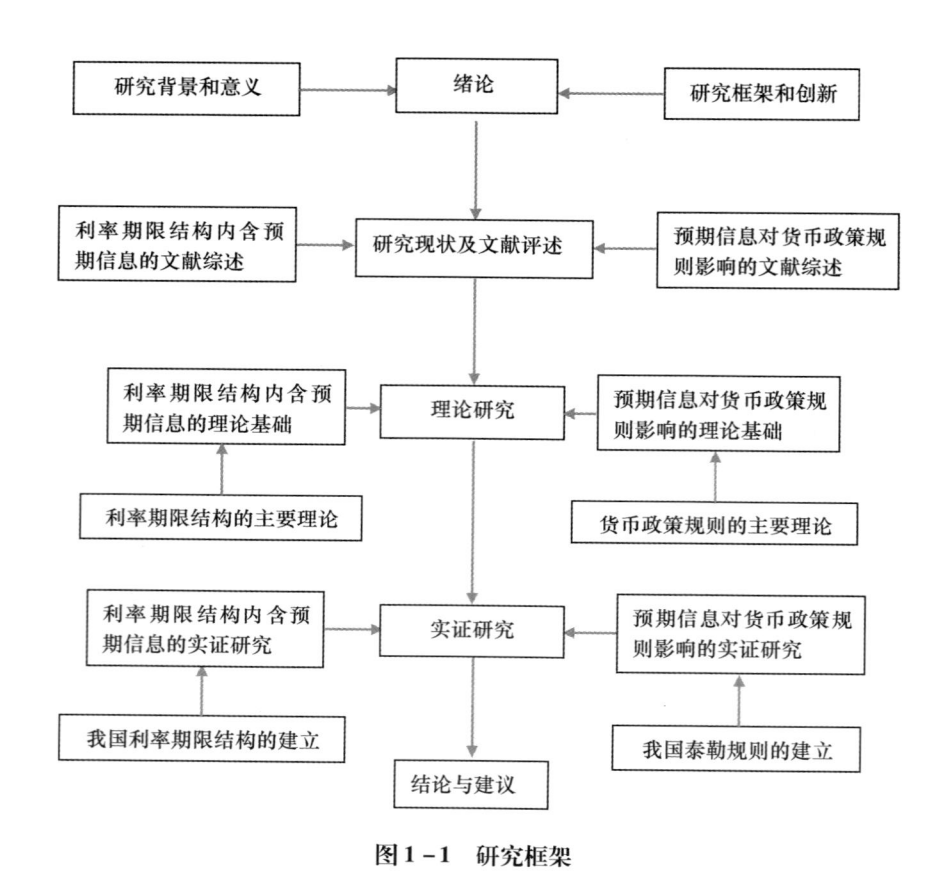

图1-1 研究框架

三 研究方法

1. 理论机制分析。对货币政策与利率期限结构影响的理论、货币政策和泰勒规则等理论做出各种梳理,并深入研究了利率期限结构对货币政策规则影响的作用机理,为本书的研究提供理论支持。

2. 描述性统计与国际比较分析。建立各种经济指标的图表,寻找货币政策和利率期限结构之间的内在联系,结合西方国家成功的经验案例,以找到先进的利率期限结构与货币政策实施经验和模式。

3. 计量分析与数理推导。充分运用现代数理经济学和计量经济学的基本方法和最新成果，通过构建各类经济模型，定量分析货币政策规则、利率期限结构以及二者之间的内在联系，多方面、多角度对观点进行论证，以确保结论的科学和严谨。

第四节 创新与不足

一 创新之处

1. 本书兼顾货币政策规则和利率期限结构，使未来期利率融入泰勒规则中，确保利率规则研究的科学性。同时，为了确保泰勒规则体系更加立体化、层次化，本书通过引入能够呈现预期通货膨胀、产出缺口等宏观经济数据的未来期利率，使得泰勒规则呈现较强的前瞻性。此外，在实际货币政策规则应用中，包含这些信息的泰勒规则能够增强政策的适应性，构建良性的经济环境，为操作性较强的货币政策制定和实施奠定坚实理论基础。

2. 本书同时对利率期限结构的静态和动态进行实证研究，对我国现阶段利率期限结构特征进行分析、总结。本书在研究我国利率期限结构过程中，深入阐述了货币政策、动态利率期限、静态利率期限等因子的影响度，从而发现中国现阶段利率期限结构是否存在扭曲，应该如何进行完善，为更深层次的研究提供基础。

3. 为了确保货币政策规则求解的最优性，本书从总需求和总供给函数层面限定了货币政策反应函数，并且采用最小化的央行福利损失函数进行确认。本书在研究过程中，深入分析了产出数据、通货膨胀对货币政策、技术冲击响应图像，采用动态随机一般均衡分析法，得出了货币政策规则特点，确保其科学性、合理性和准确性。

4. 在模型选择方面，当前很多学者偏向于将不同的模型进行对比，选出最优拟合估计效果的模型，当然采用不同的数据得出的结论也不尽相同。本书在充分了解各模型的优缺点、其他学者广泛应用的模型和中国当前现实的基础上，采用 N-S 模型和 CIR 模型，重点关注它们的拟合估计效果。

二 不足之处

1. 对于我国货币政策部分失效背后的制度原因分析不够。我国的市场经济体系和金融市场还不是很完善，货币政策的实施有着特殊的困难。虽然紧密联系了我国的实际情况，深入分析了导致货币政策失灵的影响因子，但是，本书尚未从制度方面对货币政策失效的原因进行深入分析，缺乏体系化研究，是本书的一个较大的局限。

2. 由于研究时间和个人水平的限制，对我国货币政策规则的相关实证研究和解释并没有做到十分完善，这也是我们今后进一步深入研究的方向。

第 二 章

利率期限结构与货币政策规则相关理论基础

第一节 传统利率期限结构相关理论

传统利率期限结构是基于定性角度,分析在利率市场化过程中利率的形成机制、收益率曲线等。相关理论有四种:预期理论、流动性偏好、市场分割理论以及期限选择理论。上述四种理论基于不同角度,分析了利率期限结构的原因,解释了短期与长期利率之间的联系。

一 预期理论

预期理论由费雪(I. Fisher)于1896年提出,后来由希克斯(J. R. Hicks)和卢次(F. Lutz)等人在此基础上加以完善和发展,是利率期限结构理论中著名理论之一,同时也是目前应用最为广泛的理论之一。在预期理论中,不同到期期限的债权具有替代性,该理论认为长期债券的到期收益率等于现行短期利率和预期未来短期利率的几何平均。

虽然预期理论在理论界占有重要地位,也不乏学者对该理论进行实证研究,但实证结果却不尽相同。Taylor(1992)对英国长期政府债券和伦敦同业拆借市场利率进行研究,其结果均符合预期理论。Engsted、Tanggaard(1994)研究结果表明丹麦国债市场基本支持预期理论。而Sutton(2000)对美国长期利率的检验结果并不支持预期理论。Campbell、Shiller(1991)对美国政府债券的月度数据的研究结果不支持预期理论。

MacDonald（1991）利用 VAR 方法对英国政府季度数据检验，结果也不支持预期理论。国内学者唐齐鸣、高翔（2002）利用我国银行间同业拆借市场的利率对预期理论进行检验，结果为支持该理论。杨宝臣、苏云鹏（2010）利用单位根检验和协整检验就上海银行间同业拆借利率（SHIBOR）的不同期限部分对预期理论进行研究，得出预期理论整体上不适用的结论，但对于短端和长端是适用的。吴丹和谢赤（2005）运用实证分析法，采用回归模型，研究了银行的国债市场利率，研究结果表明，可以接受预期理论。

在解释国债利率期限结构理论时，往往需要用到预期理论，该理论在某种程度上能够影响到收益率价值曲线，帮助研究者分析其走势。大众对于利率的预期值决定了其曲线形状。如果预期利率会上升，利率曲线则向上倾斜，如果预期保持不变，利率曲线则保持平坦状态；如果预期会下降，利率曲线则向下倾斜。如果预期短期利率会呈现波动，比如先上升后下降，利率曲线将形成山峰型。大众预期即期利率有所提升，利率曲线的形状将向右上方倾斜。反之如果预期利率下降，则收益率向右下方倾斜。

二　流动性偏好理论

凯恩斯所提出的流动性偏好理论，丰富了经济学理论基础，后续有学者将其进行完善，比如希克斯（Hicks）。流动性偏好理论和预期理论的假设条件不尽相同，其在条件方面有所放松，对于不同期限债券，其具有不完全性特征，参与投资的市场主体在风险偏好上都属于风险厌恶型，它们的预期收益率会相互影响，长期利率应当是当前和预期的未来短期利率的平均数加上风险溢价。与长期债券相比，短期债券更具流动性且风险较低，因此人们更偏好于短期债券。若持有长期债券，必定牺牲一部分流动性，从而承担一定程度的风险，因此需要获得相应的超额收益作为流动性补偿。期限和流动性溢价成正比例关系，期限长代表溢价水平高。如果投资者持有长期债券，债券流动性不强，竟然会面临一些风险损失，流动性补偿正好能够弥补这些损失。基于流动性偏好理论，若投资者预期利率下降，而且下降幅度比规定的风险范围要低，收益率曲线则向右下方倾斜。由此可见，长期债券的利率要明显高于短期。与预期理论相比，流动性偏好理论吸收了其中投资者对未来收益的预期影响收益率曲线的结论，同时考虑了预期的不确定性因素。

关于流动性偏好理论的实证研究并不多，大部分学者认同该理论，但关于流动性偏好值的正负和大小的观点存在分歧。Cox、Ingersoll、Ross（1985）和Fama、Bliss（1987）均认为流动性偏好可能出现负值。Stefan（2003）在考虑随时间变化的期限溢价的基础上得出符合流动性偏好理论的结论，但如果假设期限溢价为常数，则不能验证该理论。

三 市场分割理论

市场分割理论是由Culbertson（1957）首先提出，后由Modighiani和Sutch（1966）完善。该理论认为收益率曲线的形状之所以不同，是因为对相互分割的不同期限债券市场各自的供给和需求不同。由于发行者和投资者在选择国债方面会受到一些因素影响，比如偏好、个性、法律等，其偏好选择某一期限国债，对于投资者而言，其往往不会轻易选择进入另外的市场。当投资者在转移过程中获得预期收益升高。从本质上分析，该理论的前提假设条件为投资者尽可能地选择最小化的风险。在国债市场上，往往包括短期和长期市场，这两大市场各自独立、各自分割，其价格和利率往往由供求关系直接决定。研究收益率曲线发现，如果其向右上倾斜，代表长期利率比短期利率水平要高。究其原因，主要因为长期市场投资者，在债券需求方面比较少。大众对于短期债券需求比较高，大众愿意持有短期债券、导致了收益曲线的倾斜。

该理论也有弊端，未能考虑短期和长期债券市场的关系。国内外学者对该理论的实证研究较少。在现实生活中，金融市场不断发展完善，不同期限债券市场的联系日益紧密，而市场分割理论割裂了这种联系，逐渐脱离实际。因此，该理论的影响也逐渐淡化。

四 期限选择理论

期限选择理论由莫迪利安尼（Modigliani）和苏次（Sutch）在1966年首先提出，该理论认为投资者只有在给予一定溢价的条件下才会重新选择投资期限，属于特殊的流动性偏好理论。同时，预期的即期利率和风险溢酬在优先置产理论体现为期限结构。它们的不同之处在于，优先置产理论认为风险溢价与到期期限之间不一定成正相关关系，该溢价可正可负。很多学者对该理论进行了实证研究，Engle、Lilien 和 Robins（1987）利用 ARCH 模型分离出美国短期国债利率的风险溢价因子。Jongen、Verschoor 和 Wolff（2005）同样利用 ARCH 模型成功对十几个国家的短期存款利率进行风险溢价因子的分离。研究者对比了市场分割理论和该理论，两者既有联系又有区别，该理论不赞成绝对期限偏好，债券之间可以进行相互替代。投资者在选择债券时，往往参考期限溢价水平。

上述四种理论都要有个前提假设条件，才能有效解释利率期限结构。学者们在提出预期理论之后，后续学者用实证分析法研究了预期理论，采用债券收益率数据，研究结果表明，可以用该理论帮助我们理解利率期限，但在解释方面仍然具有局限性。市场分割理论不能和现实进行有效联系，不能统一预测各期限债券市场。流动性偏好理论能够有效结合预期理论和分割理论，这点和期限选择理论很相似。但是期限理论更具有优势特征，其重视债券之间的不同期限，能够考虑其联系。市场参与者如果面临足够大的风险溢价水平，其可以适时调整选择。但是，运用实证研究法验证上述四种理论，其均不能有效解释利率期限。但是通过上述四种理论，帮助学者们了解了利率期限结构，这些都可以作为利率期限模型的理论基础。

第二节　现代利率期限结构相关理论

现代和传统利率期限结构有所不同，首先具有不同的研究角度，现代利率期限结构基于定量研究角度，而传统则基于定性研究角度。研究者们所采用的方法不同，因此构建了不同的研究模型，能够有效预测利率期限结构。现代利率期限主要包括动态和静态期限结构，静态期限结构主要采用函数形式以设定收益率曲线形状，而动态结构往往只选择截面数据，能够有效估计模型。动态期限结构以静态期限结构为基础，其包含两种模型，即无套利和均衡模型。

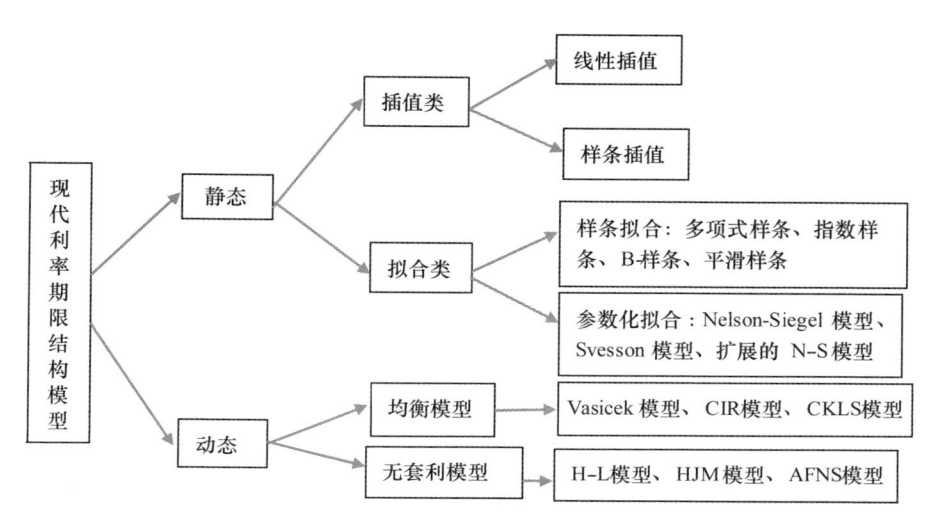

图 2-1 现代利率期限结构模型

一 静态利率期限结构理论

以息票剥离法为基础,运用线性插值法,可以使用线性插值模型以更好地完善收益率曲线。如果实验数据较少,或者遇到噪声时,运用该方法容易使收益率曲线存在较大误差。为了减少误差,Press 等利用样条函数有效估计插值,以此为基础构建样条插值模型。

样条拟合具有局限性,具体表现在不能有效估计长期利率曲线,容易存在很大误差。McCulloch(1971)在研究中构建了多项式样条模型,为了拟合收益率曲线,研究者采用分段多项式方法(二次多项式),远期利率有时候会低于零。McCulloch(1975)在该样条模型中,运用三次多项式法验证了美国国债收益率。Vasicek、Fong(1982)在对收益率曲线进行拟合时,其构建了指数样条模型。Shea(1984)则不同意使用指数样条模型,利用该模型在预估利率曲线时,容易导致远期部分出现动荡,该研究者构建了 B-样条模型。Steeley(1991)在 Shea 研究基础上,在对英国国债收益率曲线进行分析时,应用该模型取得了很好的模拟效果,而且能够保证最小自由度。Fisher、Nychka、Zervos(1995)仍然运用三次多项式法，建立了平滑样条模型。Nelson、Siegel（1987）在研究中构建了 Nelson – Siegel 模型，运用指数衰减函数法，能够有效估计远期利率，利用 N – S 模型所设计的收益率曲线具有多种形态。Bliss（1997）在原始的 N – S 模型上，将其进行有效扩展，新设立了两个衰减项数值，增强了其灵活性与适应性。

从国内的实践情况来看，郑振龙、林海（2003）以国内 2001 年的利润期限结构模型为基础，在研究中分析了样条函数法和息票剥离法的特征，各有优势和缺点，这两位学者认为应该综合利用两种方法。朱世武和陈建恒（2003）在研究国债利率期限结构时，通过对比了 N – S 模型与多样条式分析法，认为 N – S 模型更具有优势，认为可以利用该模型进行主成分分析，便于分析利率变动。傅曼丽和董荣杰（2005）在研究中横向对比了静态估计模型，证明了 B – S 样条函数法和多样式样条法的优势特征，具有较高的拟合度，其研究了模型的规范性，Svesson 模型和该模型具有较好的规范程度。卜壮志（2008）通过对比 Svesson 模型和样条法，专门研究了 Svesson 模型，如何利用已知参数进行有效估计。王亚男（2011）运用实证分析法，基于 N – S 模型基础上，综合运用平滑 B – S 样条模型，重点研究了付息式国债利率，为了验证两大模型的拟合，基于远期、近期和折现率角度，证明了在我国约束平滑 B – S 样条模型往往具有更好的拟合度。王克武、袁维（2011）在研究中则使用上述三种模型，研究各个模型的优势和不足之处，研究结果证明，在我国验证国债固定利率的拟合度时，Svesson 模型具有更好的拟合度，其在平滑性方面也具有优势。崔虹（2013）在文献中重点研究了记账式国债数据，在实证研究中，首次引用 VRP（Variable Roughness Penalty）模型，测试国债固定利率的拟合度，其分析了 VRP 模型的优势特征以及我国的适用情况，该模型具有较强的稳定性和光滑性，拟合程度较好。白培枝（2012）证明了国债利率期限结构与国债期限成正比例关系，类似于流动性偏好，期限增加，利率期限结构能随之上升，两者能够同涨同跌。范振龙、王晓丽（2004）以上交所债券价格为研究对象，运用 N – S 模型，研究其利率期限的拟合程度，发现 1996 年为分水岭，在这之前利率期限结构成逆向趋势，在这之后其不断提升。利率期限结构能够提高债券回报率的预测性，比例能达到一半以上。沈磊（2013）研究了我国国债利率期限结构，其不断上升，向右方倾斜，具有90%以上的拟合度。文忠娇（2013）通过调查2007年至2009年的国债数据，运用 Nelson - Siegel 模型，研究了样本内外的拟合数据。发现样本内外拟合数据具有差异性，样本外预测数据远远不如样本内拟合效果。研究者探究了影响其原因，主要归因于交易所国债市场和银行间具有不同的价格形成机制。

二 动态利率期限结构理论

在国外研究理论中，均衡模型和无套利模型是两种主要的动态利率期限结构模型。其中，前者是以流动性偏好理论为基础，包括 Merton 模型、Vasicek 模型、CIR 模型等。利率期限结构模型的研究经历了从常量到随机变量、从单因素到多因素的转变过程。

Merton（1973）提出了一个简单的单因素模型，在该模型中利率仅仅包括一个不确定因素 t。Merton 模型违背了市场利率不为负的假定，同时与利率的均值回复性不符。Vasicek（1977）构建了满足利率均值回复性的模型，以马尔科夫特性为原则，提出了瞬时短期利率思想，但并未改进利率取负值可能性的缺陷。

对于动态利率期限结构模型的实证研究，Chen、Scott（1993）基于极大似然法得出单因子模型不能很好地刻画利率期限结构的动态特性。Stanton（1997）利用非参数方法对1965—1985年美国国债数据进行实证研究，对比各种均衡模型实证结果，发现单因子模型在低利率水平上的均值回复速度很低，而在高利率水平上却很高。在此基础上，Shaefer、Schwartz（1984）等人在允许随机化短期利率的均值回复项和波动率，将单因子扩展至多因子模型。主要基于预期理论而研究受到利率变动的约束，无套利模型如何分析利率趋势。Ho、Lee（1986）在研究中，以利率波动不受到任何影响为前提假设条件，利率能够呈现正态分布，研究结果证明，短期利率加上/减去随机冲击为任何期限的利率。这种结果往往不符合实际情况，后续还要不断建立模型进行修正。如 Black - Karasinski 模型等。Health、Jarrow、Morton（1992）通过无套利定价原理指出漂移项与瞬态远期利率的标准差之间存在某种关系，建立了 HJM 模型。Duffie、Kan（1996）提出基于无套利的仿射期限结构模型，该模型能得到无风险债券价格的解析解，因而在动态研究中被广泛应用。Diebold、Li（2006）从 N-S 的静态拟合出发建立了多因子动态 N-S 模型，即 DNS 模型。Christensen（2009）以无套利条件为基础，构建了基于 DNS 模型的 N-S 无套利模型，即 AFNS 模型，该模型结合了静态拟合 N-S 模型的简约性和动态建模的无套利假设，为动态利率期限结构的发展奠定坚实基础。

我国对利率期限结构构建了丰富的理论。谢赤、吴雄伟（2002）用 Vasicek 模型和 CIR 模型分别对中国银行间同业拆借利率进行比较分析，发现 Vasicek 模型的拟合效果较好，但其预测结果与现实有差距。谢赤、陈晖（2004）从均衡角度和无套利角度对各种现代利率期限结构模型进行评述，认为没有一个模型能完善地描述利率动态过程。任兆璋、彭化非（2005）采用实证分析法，深入分析了基于应用实践序列模型的我国同业拆借市场利率期限结构，结果显示利率期限结构的漂移项存在明显的不对称性，即利率走低和走高时，回到长期平均水平的力度是不同的。周荣喜、王晓光（2011）基于卡尔曼滤波法的参数估计将 Longstaff - Schwartz 模型、Vasicek 模型和 CIR 模型进行对比研究，发现多因子模型优于单因子模型，而双因子模型又优于三因子模型。谈正达、霍良安（2012）利用无套利 N-S 模型对上海证券交易所 2005 年 1 月到 2010 年 9 月的月度固定利息债券数据进行实证研究，认为该模型能很好地反应债券利率期限结构的动态特性，其中的三因子能有效刻画国债收益率水平、斜率和曲率的动态变化。康书隆（2013）选取 2005 年 1 月至 2010 年 12 月共 72 个月的上海证券交易所上市交易的全部国债数据，建立 Nelson - Siegel 模型对 3 个参数进行估计，结果发现水平因素、斜率因素和曲率因素能够解释 95% 以上的期限结构变动特征。贺畅达、齐佩金（2013）选取了 2002 年 1 月至 2012 年 4 月共 124 个月的银行间债券市场上国债月末交易数据，采用卡尔曼滤波估计法对 NS 混合模型进行参数估计，考察动态 NS 模型、无套利 NS 模型和广义无套利 NS 模型对中国利率期限结构的动态估计效率。结果发现，无套利条件的引入增强了 NS 混合模型的动态估计能力和预测能力；五因素的广义无套利模型的估计和预测能力高于其他两个模型。

第三节 利率期限结构与宏观经济相关理论

收益率曲线变化的趋势和原因是传统利率期限结构理论的主要研究内容，随着金融与宏观经济关系发展的日益紧密，利率期限结构和宏观经济的内在联系成为学者们研究的重点。现如今，学者们利用经济学模型，采用实证分析方法，推断和还原出它们的动态信息并对其性质进行研究。发现利率期限结构和宏观经济密切相关，一方面，不仅能够客观反映当前利率，另一方面能够有效预测未来利率水平。由于宏观经济影响，其不仅能分析经济走势，而且能够反作用于宏观经济。基于研究利率期限的拟合程度，学者们在此基础上，深入研究了利率，期限和宏观经济的联系，证明了其相关程度。

Fisher（1995）为了更好地解释名义利率，其首次将名义利率拆分为预期通胀率和实际利率，在市场经济活动中，经济主体的投资消费行为往往受到利率的影响。短期利率不会影响经济决策，经济主体在作出经济决策时，会直接受到长期利率影响。利率期限结构包含很多信息，比如投资信息、消费信息、经济增长趋势、通货膨胀等信息。在获取上述信息时，往往用长期短期利率之差，即从收益率曲线斜率可以看出。

利率期限结构具有很多优势，一方面能够帮助货币当局科学预测经济走势，另一方面能够帮助市场投资者科学进行投资，客观分析货币政策效果，使得货币决策更加具有有效性。利率期限结构能够有效预测经济增长趋势和通胀情况，这也使得收益率曲线成了货币政策制定者的关注焦点，能够促进货币政策有效发挥作用。1990年，美联储在研究货币政策时，已经将收益率曲线作为研究指标；1997年，为了测试经济景气指数，美联储将其纳入编制，保证能够实时公布国债收益率。Bis（2005）研究了英国利率期限结构，1994年，英格兰银行开始公布预期通胀率，研究利率期限结构以及该国的通胀情况。在此之后，各国也在积极研究收益率曲线，这都成为各个国家制定货币政策的理论基础。

基于有效市场理论和预期理论，利率期限结构能够有效预测宏观经济运行。将预期理论界定为投资个体为了能够科学做出决策，在进行投资之前会全方位地收集经济信息，以更好地预测资产收益情况，便于投资个体作出决策。上述经济信息能够有效影响投资者行为，在市场竞争中，投资者掌握这些信息能够互相均衡作出决策，最终的结果体现在均衡价格。如果是具有理性预期的经济系统，均衡价格中不仅包括了经济预测信息，而且还能有效预测经济增长趋势。Fama（1975）认为在市场活动中，能够收集有效经济信息，利用价格能够有效预测未来经济发展趋势，可以说在实际经济活动中，基本经济信息和价格趋于等同。

Fama（1975）和Mishkin（1990）以预期理论和费雪效应为理论基础，重点研究了利率期限结构以及各国的通胀信息，其在研究中获得了很深的认识。Harvey（1988）在研究中，最早证明了利率期限能够客观预测宏观经济发展趋势。该学者在研究中运用资产定价模型，从理论角度分析了市场投资者如何根据收益曲线有效预测未来经济信息。预测信息将直接影响投资者的经济行为，如果预期经济发展呈现衰退，市场投资者为了避免经济衰退影响消费行为，其会购买长期债券，大量卖出短期债券以减少这种不利影响。基于均衡假设，必然导致短期债券价格下降，长期债券将有所提升，按照收益率再讲，短期收益率上升，长期收益率则反而下降。由于短期长期收益率的差异在不断减少，收益率曲线和国内生产总值将成正比例关系。

Estrella（2005）运用经济增长理论，通过分析实际利率与其的关系，有效预测了宏观经济发展趋势。基于名义利差，在市场活动中，经济主体的投资消费行为将受到实际利率的影响。对于个体的投资行为，长期利率往往直接影响到个体的投资决策，该研究者认为，可以运用收益率曲线斜率以预测经济周期、市场主体的投资、消费行为以及未来经济发展趋势。受到扩张型货币政策影响，必然导致债券收益利差不断扩大，反之受到紧缩货币政策影响，必然导致利差缩小。究其原因为通货膨胀预期率，该指标的降低必然导致长期利率增长，影响了未来产出能力。

随后，Estrella和Hardouvelis（1991）基于传统利率期限假设，以及资产定价模型，在这两大理论框架下，研究者从理论角度更好地解释了利率期限对经济的预测作用。学者们通过不断研究丰富了资产定价理论，在研究中，多数学者都运用了无套利假定模型以更好地进行解释，在此基础上建立了现代理论期限模型。研究者梳理了上述文献，学者们主要基于均衡和无套利模型。为了研究经济变量，现代利率期限理论往往作为学者们进行研究的理论基础，在实际研究中取得很好效果。Ang 和 Piazzesi（2003）运用无套利模型，综合了仿射利率期限结构与 VAR 模型的优势特征，证明了现代期限结构的预测效果。Wu（2006）基于均衡模型，研究了标准利率期限结构，宏观经济的线性函数可以通过利率的不同期限数值进行表示。

由于研究者所获得的数据仍然不充分，导致我国学者在研究利率期限结构方面仍然未能取得很好的效果，周子康等（2008）和李宏瑾等（2012）认为，目前研究方向主要集中在检验传统利率结构以及有效估计收益率曲线。孙皓、石柱鲜（2011）和袁靖、薛伟等（2012）在文献中研究了利率期限如何预测宏观经济发展，通过运用实证研究法和现代利率期理论，重点研究了我国利率期限和经济增长的相关性。各类 VAR 模型可以更好地帮助研究。运用经济学金融理论知识，可以更好地解释利率期限结构。通过运用因子分析法和脉冲响应，利用其斜率因子能够有效预测经济发展趋势。但是上述研究具有局限性，未能上升到理论角度，缺乏相应的理论基础。李宏瑾等（2011）基于 Mishkin 研究基础，以费雪效应作为理论基础，为了能够有效预测通胀趋势，运用收益率曲线中的短期长期通胀信息，能够有效预测通货膨胀，其可以作为预测变量。但是缺乏运用实证研究，而且忽视了国债名义利差的作用。于鑫（2008）在文献中运用收益率曲线斜率，有效预测了宏观经济发展。在选择宏观经济变量时，往往选择一致指数指标，因为其具有较好的合成指数。传统国内生产总值指标不能直接反映经济增长趋势，研究表明，运用该指标所取得的结果往往不能证明研究。张燃等（2011）基于市场假设和合理预期理论，在研究中使用了仿射利率期限结构，从理论角度分析了收益率曲线的预测作用，但是由于该研究使用了因子模型，具有较差的直观含义。

第四节　货币政策规则相关理论

一　封闭环境下的货币政策规则

在封闭环境下，货币政策往往涵盖了五大货币规则，具体包括通货膨胀目标规则、利率规则、麦卡勒姆规则、泰勒规则以及弗里德曼固定货币规则。

1. 通货膨胀目标规则

新西兰联储银行在 1990 年首次提出了通胀目标制，该制度的最明显优势体现在目标比较公开透明。但是由于该货币政策具有复杂性，在制定货币政策时，往往要用到多种政策工具。透明度比较好的货币政策当局在做出决策时，能够充分解释自身决策，而且货币政策和私人部门能够高度认可。在运用通胀目标制度时，必须认真分析宏观经济状况。

基于不容易观测货币政策目标，在进行观察时往往选择易于观察的目标，而且密切程度比较高，这时候可以选用中介目标。如：

$$i_t = i^* + g(\pi_t - \pi^*) \tag{2-1}$$

上述公式是目标规则的运用，Svensson 定义了通胀目标制度和弹性通胀。通胀目标制存在一个很大问题，具体表现在央行不能完全控制通货膨胀水平。研究者发现影响通胀率的因素有很多，比如环境因素、人口因素、货币政策因素等。该研究者为了控制通胀目标，其选用通胀预期作为中介因素，从而制定了货币政策，其以通胀预期为目标制原则。

在进行宏观经济分析时，首先要考虑预期因素。预期通胀目标制和通胀目标制相比，预期仍然具有很多优势特征。中央银行在制定货币政策时，应该选取适合的信息才能有效描述宏观经济状况。Svensson 认为，预期通胀率往往不能作为央行制定政策的唯一目标，应该利用损失函数作为中介目标，损失函数往往包含利率，汇率信息、通货膨胀信信息、产出缺口信息等。因此，央行在制定货币政策时，可以选用损失函数最小化目标。具体福利函数公式如下：

$$L_t = \sum \beta^j \frac{1}{2} [(\pi_{t+j} - \pi^*)^2 + \lambda y_{t+j}^2] \tag{2-2}$$

在上式中，贴现因子为 β，其主要受到央行偏好的影响，产出所占的权重用 λ 表示。由上式推算，可得货币政策的一阶条件：

$$\pi_{t+2|t} - \pi^* = c(\lambda)(\pi_{t+1|t} - \pi^*) \qquad (2-3)$$

分析上述一阶条件，等式左右两边分别为预期通胀率和目标通胀率，央行在调整政策时需要调整左右两边这两大目标，如果目标一旦偏离，必须适时采用相应政策。

在制定通胀目标时，首先要基于一般目标基础，其次，还要基于一定的制度环境，才能完善通胀目标战略。其一，保证价格能够稳定；其二，中央银行能够明确承担责任；其三，能够及时公布目标；其四，能够保持信息的公正透明；其五，在战略体系中能够包含所有信息。因此，该目标制度具有较强的灵活性。在制定货币政策规则时，需要用到很多操作方法。在全球范围内，大概有 20 个国家在制定货币战略时往往以通胀目标制作为核心目标，该战略受到广泛认同。

2. 利率规则

1993 年，泰勒在研究美联储体系时，运用实证研究法分析了货币政策操作效果。泰勒提出了泰勒规则，为了调整央行短期利率，可以根据经济趋势有效调整利率。该准则作为研究货币政策的理论基础，泰勒在费雪理论基础上，提出了创率规则模型，具体公式为：

$$i = r + \beta p^e \qquad (2-4)$$

实际利率和名义利率分别用 r 和 i 表示；在通货膨胀条件下，名义利率的反应用 β 表示，通货膨胀预期为 p^e，反映了利率和通货膨胀预期之间的内在联系。通俗而言，实际利率和通货膨胀利率的和成为名义利率。泰勒以此为核心，采用实证分析方法，于 1984—1992 年深入分析和研究了美国联邦储备体系货币政策数据，得出了关于泰勒规则的经验公式：

$$i = p + r + \alpha(p - p^*) + \beta y \qquad (2-5)$$

其中，短期名义利率、实际均衡利率、目标通货膨胀率、当前真实通货膨胀率、通货膨胀缺口分别用 i、r、p^*、p、$(p - p^*)$ 表示。同时，通货膨胀缺口、产出缺口基于短期名义利率的调整系数分别为 α、β，GDP 和潜在产出的差值为 y。

通过泰勒规则理论，可以得出以下经验公式：

$$i = p + 2 + 0.5(p-2) + 0.5y \qquad (2-6)$$

在上式中，基于泰勒规则，选取数据 0.5，这表示货币属于中性范畴。将等式右边的 p 转移到左边后，可得：

$$i - p = r + \alpha(p - p^*) + \beta y \qquad (2-7)$$

从上式可得，等式右边表示产出缺口、通货膨胀缺口和实际均衡利率之和；左边表示实际利率，也就是名义利率和通货膨胀的差值。因此，泰勒以此为依据指出，人们可以评估实际均衡利率是否和名义利率相符合，指导货币政策的具体操作。当环境需要调整时，政府部门必须采取针对性的货币政策，及时纠正名义利率和实际均衡利率之间的差值。第一，假设央行的行动过程中，以泰勒规则为参考，名义利率随着通货膨胀的波动而不断变化；第二，在宏观经济体系中，当各种经济扰动项发生时，比如通货膨胀缺口和产生缺口，央行必须制定完善的货币政策，采取降准降息、扩大货币供应量等措施，及时调整实际均衡利率和实际利率之间的差值，确保名义联邦利率区域稳定，贴合实际利率水平。由此可见，为了确保各种货币政策落到实处，政府部门必须深入分析泰勒规则，为各项政策的实施奠定理论基础。

总而言之，作为操作的可靠标准，泰勒规则能够为央行货币政策的制定提供重要的参考价值。当宏观经济变动时，央行可以通过名义利率的调整，确保需求和供给的平衡。该标准主要有以下特点：思想中性、规范性较强、灵活度高。因此，很多学者在研究过程中，往往以泰勒规则为基础，开展更为深入的学术研究；同时，很多国家意识到泰勒规则的重要性，在货币决策的制定和实施过程中加大该规则的应用。

3. 麦卡勒姆规则

自 1980 年，在金融市场上开始放松对金融的管制。科学技术不断提高，对金融领域有很大程度的影响，伴随着金融创新，开始出现了电子货币、影子银行等，大大加速了货币流动速度，同时也模糊了货币供给，严重影响了经济的货币存量，具有不确定性。1984 年，弗里德曼提出了固定货币增长率，在此基础上，麦卡勒姆认为该规则仍然具有弊端，并不具有最优化特征，其进一步提出了新的规则，由于弗里德曼规则不能解决货币流通问题，麦卡勒姆对此做出了调整。其延续了弗里德曼研究，控制货币增长率实现货币政策动态化，能够有效调控经济。麦卡勒姆在研究中引入名义收入规则，以其作为中介目标，提出新的货币政策规则。该学者认为，在制定货币政策时，预定目标可以设置成名义收入，可以有效规划基础货币。麦卡勒姆规则的货币政策理论，已经得到学术界的认同。

麦卡勒姆规则是一个适应性政策方程：

$$\Delta b_t = \Delta x^* - \Delta v_t^a + \lambda(\Delta x^* - \Delta x_t) \qquad (2-8)$$

上式中，Δb_t 和 Δx^* 分别表示基础货币在 t-1 到 t 期间的增长率、名义 GDP 增长率的目标值（常数）；反应系数为 λ；基础货币 16 股份季度的流动速度增长率的平均值用 v_t^a 表示；GDP 的目标增长率和名义增长率的差值用 $\Delta x^* - \Delta x_t$ 表示。

从上式可以得出，学者们以名义 GDP 和实际 GDP 的差值为中介，制定基础货币调整和经济变动之间的反馈机制。由此可见，为了实现经济增长率的目标值和实际值之间误差的调整，麦卡勒姆规则以给定基础货币为核心，制定了较为规范的调整操作标准。

为了最大限度降低货币流通速度变化的影响，麦卡勒姆规则以货币政策为核心，弥补了基础货币流通速度的变化，降低了其不确定因素产生的消极影响，具有非常鲜明的优势。比如，当货币流通速度上升趋势超出预期时，经济的膨胀速度会随着名义收入的增加而上涨。央行可以根据麦卡勒姆规则，制定相应的货币紧缩政策，有效减少基础货币供应，确保名义收入回归正常发展区间。同时，有些学者采用实证分析方法，提出麦卡勒姆规则虽然能够有效稳定价格，但是却导致实际 GDP 产生一定的波动。由此可见，央行在制定货币政策目标时，可以根据实际的发展情况，科学选择麦卡勒姆规则，制定符合名义收入的货币政策操作准则。在这个过程中，央行虽然能够实现政策目标的下降，但是却必须承受一定程度的实际 GDP 增长波动。

4. 考虑利率调整平滑性的泰勒规则

在实际运用利率规则时，各国在操作货币政策时，中央银行使用连续性货币政策，在调整利率过程中，不可能一蹴而就，需要在循序渐进中不断调整。调整利率具有平滑性特征，国内学者基于上述理论情况，有效调整了泰勒规则。其在研究中引入了调整参数，将泰勒规则实现有效扩展，从而更加突出其平滑性特征。

$$i = p + r + \alpha(p_t - p^*) + \beta(y_t - y^*) + \gamma i_{t-1} \qquad (2-9)$$

从上式中可得，相较于泰勒规则，只对名义短期利率调整受到前一期联邦基金利率 i_{t-1} 之间的联系进行分析。理论上讲，以平滑性较高的泰勒规则为基础的利率规则有较高的平稳定，能够提升货币政策的承受范围，这主要是由于泰勒规则具有拓展性和灵活性。

5. 弗里德曼固定货币规则

货币量目标政策主要包括三个部分：（1）以货币量传递的信息为依据来制定货币政策；（2）宣布一个货币供给目标；（3）建立责任机制以防止政策操作对货币量目标的系统性偏离。20 世纪 70 年代，很多工业化国家都采用了这种政策。货币量目标规则是货币主义提出的，弗里德曼提出的货币供应量以 K% 的固定速度增长的规则是其中的代表。

盯住货币供应量目标并不是最终目的，而只是一个中介目标，采用这种制度的国家往往还有一个最终目标——稳定物价或者控制通货膨胀。假设通货膨胀和货币增长呈现正相关关系，则可以选择盯住货币量目标的规则，得出相应的数量方程：

$$MV = Py \qquad (2-10)$$

上式中，流通中的货币数量、实际国民收入、一般价格水平、货币的平均流动速度分别用 M、y、P、V 表示。因此可以得出，当 y 和 V 稳定时，价格水平和货币量呈现正相关关系，这也意味着通货膨胀和货币量的增长呈正相关关系。所以，采用货币量规则的中央银行每年宣布一个货币供应量增长率目标，希望通过控制货币供应量来应对通货膨胀。

在特定时间范围内，经济主体（出去政府和存款机构）所拥有的货币总量称为货币供应量。根据流动性的不同，各个国家又把货币供应量划分为不同的层次，选择哪个层次的货币供应量作为盯住目标，各国基本依照两个标准：一是与最终目标之间密切相关且关系稳定，二是容易测量和控制。据此，大部分采用货币量规则的国家都以广义货币供应量为名义锚。

货币量目标规则的操作还需要了解货币流通速度、短期利率、基础货币乘数、货币供应量之间的内在联系，通过短期利率或基础货币操作来调节货币量的增长速度。但货币目标制有时也会使货币政策操作处于两难境地。因为这种制度要盯住中介目标货币供应量增长率，然而通货膨胀和中介目标一致性较差，当通货膨胀率很高而货币供给速度小于中介目标制时，货币政策就要在长期和短期之间进行权衡选择。此外，货币目标制是基于中央银行可以明确界定各层次货币供应量、可以准确地预测货币流通速度和货币乘数，并且货币增长和通货膨胀之间具有长期的稳定关系，但事实上20世纪80年代末期以来，货币供应量越来越难以测量和控制，很多西方国家比如美国、加拿大因此而在20世纪90年代初不使用货币目标制度。

二 开放条件下的货币政策规则

1960年，蒙代尔和弗莱明首次提出了内外均衡模型，其利用IS－LM模型，加入BP国际收支分析曲线，能够有效破解米德冲突。可以用BP曲线来测量收入以及收支均衡利率水平，BP曲线的斜率往往由资本流动性来决定。当该曲线平行于纵轴时，代表国际资本完全不流动。当该曲线向右上方倾斜时，代表国际资本具有不完全流动性特征。当该曲线保持水平状态时，代表资本能够完全流动。在蒙代尔—弗莱明模型中，经济体处于平衡状态时，具体表现为IS、LM曲线和BP曲线呈现相交状态。对于不均衡状态，可以通过调整经济政策来进行有效调整。将均衡利率水平界定为货币市场，商品市场和国际收支市场实现平衡状态的利率，能够为实现利率规则提供基础。研究者发现，蒙代尔—弗莱明模型存在的最大问题为不能完全实现货币主权、资本流动以及固定汇率问题。

由于货币条件开放，使得资本能够完全流动，对于国家而言，必须要握紧货币主权，所以各国可以选择自己的浮动汇率。1998年的亚洲金融危机严重扰乱了金融秩序，影响了亚洲各国经济发展，导致汇率呈现大幅波动趋势。基于开放条件，为了实现利率、汇率货币均衡，经济学者们为了解决这一问题，利用多种货币政策模型，并取得了一定研究成果。

1. 拉伦·波尔模型

将拉伦·波尔模型界定为基于货币流动假设,研究者们制定的货币政策模型。该模型由三个宏观经济方程进行推导,具体包括:宏观总需求方程,该方程以新凯恩斯理论为前提,在研究中通过引入国际部门以及利率、汇率、产出变量,形成动态的结构方程,其能够适应动态模式;总供给方程,在该方程中使用菲利普斯曲线,等式两端分别包括产出、汇率、通货胀率以及当期通胀变动情况;汇率和利率之间的关系方程。

可以使用上述三个方程得出的规则函数表现为:

$$wr + (1-w)e = ay + b(p + g e_{-1}) \qquad (2-11)$$

$$w = mbq/(q - mb + mbq), a = q(ml + na)(q - mb + mbq) \qquad (2-12)$$

$$b = nq/(q - mb + mbq) \qquad (2-13)$$

其中,待决常数为 m、n。当货币政策处于开放政策时,可以利用上式工具规则。和泰勒规则相比,该模型具有明显的差异性,货币政策规则中的操作工具由汇率和利率共同组成。新西兰、加拿大等国家以此为依据,构建了"货币条件指数"模型,为货币政策的制定和实施提供了可靠的理论基础。

2. 开放经济条件下的麦卡勒姆规则

基于封闭条件,可以使麦卡勒姆规则得到更好的发挥,基于货币能够实现国际化流动,学者们不断进行研究,有效拓展了该规则的运用。可以忽略国际部门因素,在调整基础货币时,可以根据货币流通速度以及名义国内生产总值的缺口情况。如果在研究中,考虑到国际部门因素的影响,将不能使用货币供应量因素,由于汇率也会影响名义国内生产总值。由此可见,汇率能够有效影响产出,而且二者成反比例关系。汇率下降导致出口提高,降低了进口商品价格,使得名义 GDP 有所增长,能够促进国内经济发展。反正如果汇率上升,则会影响经济的扩张。以此理论为基础,基于货币流动条件,研究者们基于麦卡勒姆模型,从而推导了麦卡勒姆规则公式。

$$D b_t = a + b_t E(D e_t) - E(D v_t) + b_x [x_{t+1}^* - E(x_{t+1})] \quad (2-14)$$

上式中参考了国际部门的因素，得到全新的麦卡勒姆规则公式，其中，a，$b_g, b_x > 0$，$a = q/g$，$b_e = d/g$，$b_x = 1/g$，g、d 都比 0 大。由此可见，该规则随着货币贸易化的形成，能够有效调控基础货币增长量。这意味着央行在遇到当期货币流通速度增长率变化时，会采取相应的措施对基础货币增长率进行调控；同时，央行在制定货币政策时，为了确保经济开放的均衡性，会参考汇率增长率、下一期的名义产出缺口和汇率的变动，及时对基础货币增长率进行调控。但是央行必须确保预期的观察较为科学、精准，否则就无法摆脱货币政策的反应滞后性，名义收入会不断波动，较大地降低了货币政策的有效性。

3. 双目标双工具的货币政策规则

将传统通胀目标有机结合浮动汇率制，所结合的新规则在经济学上称之为双目标双工具的货币政策规则，该规则以新兴经济体为基本条件。Ostry 认为经济现象表明，货币错配往往能干扰到经济体的有序进行，金融危机往往受到汇率波动的影响，从而发生一系列的连锁反应，阻碍了国际货币流通。为了增强货币国际流通性，必须要适度管理汇率，于是应运而出了将两种汇率制度进行结合，在选择货币政策目标时，可以综合使用汇率以及通货膨胀率，能够减少潜在风险，尽可能地维持金融秩序稳定。

由于在调整汇率预期时不能一蹴而就，必须要循序渐进发展。用数字化进行表示，实际有效汇率调整速度可以用参数来进行代表，则其实际有效汇率应该满足如下条件：

$$\Delta e_{t+1}^e = x \Delta e_t^e, 0 < x < 1 \quad (2-15)$$

上式中，预期用上标 e 表示，货币实际有效汇率对数值与其均衡对数值之差用 Δe 表示，二者的数值范围在 0—1 之间。

根据公式 2—15 可得，当考虑人民币实际有效汇率时，本书构建的双目标双工具模型能够实现对封闭模型的拓展，可以用偏离程度 x 表示。因此，总需求函数 IS 在扩展之后可以表示为：

$$y_{t+1} = \varphi_1 y_t - \varphi_2 r_t - \varphi_3 e_t + \eta_{t+1}, \varphi_1, \varphi_2, \varphi_3 > 0 \quad (2-16)$$

上式中，第 t 期产出缺口、$t+1$ 期产出缺口、实际利率、第 $t+1$ 期需求扰动项的函数、第 t 期人民币实际有效汇率偏离程度、人民币实际增长度、需求扰动分别用 y_t、y_{t+1}、r_t、η_{t+1}、e_t、η 表示。同时，产出缺口的惯性系数、产出缺口对我国的实际利率、人民币实际有效汇率偏离程度的弹性分别用 φ_1、φ_2、φ_3 表示。

通过研究可得，当资本账户处于封闭状态、流动性较差时，和传统通胀目标制相比，双目标双工具政策受到供给扰动、需求扰动的影响较小，能够极大地增加相应福利。此外，和通胀目标制相比，双目标双工具的资本流动扰动性受到资本运动摩擦程度、开放程度影响较小。

4. 多目标多工具货币政策规则

基于泰勒的货币政策规则，假设属于开放条件，在该情况下，能够实现汇率稳定状态。后续学者在研究中，坚持规范性原则，有效拓展了泰勒规则公式。中央银行在调整利润方面具有后顾性以及平滑性，在新的模型中可以引入预期产出缺口以及预期通胀率，能够替换当期通货膨胀，有效解决产出缺口问题。拓展后的模型具体如下：

$$i_t^* = \bar{i} + \beta(E[\pi_{t,k}] - \pi^*) + \gamma(E[y_{t,l}] - y_{t,l}^*) \quad (2-17)$$

假定，下式方程可以用来表示利率调整的平滑行为：

$$i_t = (1-\rho) i_t^* + \rho i_{t-1} + v_t + \varepsilon_t \quad (2-18)$$

其中，随机分布的误差项、预期算子、实际产出、通胀目标、价格水平变化的百分比、长期均衡时名义利率、名义目标利率分别用 ε_t 和 v_t、E、$y_{t,l}$、π^*、$\pi_{t,k}$、$\bar{i}$、i_t^* 表示。

在实际应用和理论体系中，多目标多工具规则得到了人们的广泛使用。Ball 采用实证分析方法得出，货币当局的行为方式能够用货币政策规则进行科学表述。Cuche 构建了包容性较强的货币政策反应函数模型，深入分析了瑞士的货币政策规则，其公式如下：

$$\begin{aligned} w_t^* &= \bar{w} + \beta(E[\pi_{t,k}] - \pi_{t,k}^*) + \gamma(E[yr_{t,l}] - yr_{t,l}^*) \\ &\quad + \delta(E[e_{l,n}] - e_{l,n}^*) + \lambda(E[m2r_{1,i}] - m2r_{1,i}^*) \\ w_t &= (1-\rho) w_t^* + \rho w_{t-1} + v_t \end{aligned} \quad (2-19)$$

在这个模型中，其能够有效反馈各大指标情况，比如产出增长及其增长率、通胀率、供应增长率、利率、汇率等，能够反映其趋势偏差情况，在对货币供应量方面，该模型表现了很大的包容性。按照各国经济情况，其中央银行可以自行增减取舍，这就导致了不同的操作规则。在具体实行过程中，可以有所侧重，在制定货币政策策略时，可以选择不同参数系数。研究我国货币政策框架，发现在该模型中往往使用到四大目标规则，具体表现为汇率、产出、通胀率以及货币供应量。按照各大规则赋予相应系数，在进行货币政策管理时，可以使用多工具和多目标。

三 货币政策传导机制

中央银行为了调控经济发展趋势，有效约束市场活动，往往使用货币政策，可以实现稳定经济增长、保持物价稳定状态、实现充分就业、维持国际收支平衡。货币政策工具主要包括三大工具，其一为法定存款准备金，其二为再贴现政策，其三为公开市场操作。利用上述工具可以调节货币供求平衡，有效维持金融市场发展。

货币政策在传导时，主要通过三个步骤。第一个步骤为央行到各地商业银行的传递，央行能够制定货币政策，这些政策往往能够直接影响金融机构的货币供求量，比如最低存款准备金、各大金融机构的信用情况、融资成本等。第二个步骤为商业银行到非金融部门的传递，各大金融机构比如商业银行的政策调整，直接影响到经济个体的投资、消费行为。第三个步骤为非金融部门所能传递到社会各个领域的经济指标，具体影响表现在物价、产出、就业等方面。社会各个领域的经济指标，也能将市场信息进行有效反馈，可以帮助央行客观制定调整货币政策。

学者们在不断丰富着货币政策理论，研究者梳理文献发现，学者们在研究货币政策如何传导时，具有不同的意见，具体观点包括四种，有信用传递、利率传递、汇率传递以及非货币资产价格传递。本书中主要研究了利率传递理论，如果货币供应量减少，导致利率水平上升，应该会缩小投资规模，使得社会总产出减少。我国在控制基础货币的供给量时，往往使用三大政策工具，比如存款准备金、公开市场操作以及再贴现。为了调整利率水平，主要通过调节市场流动以及货币供应量关系。

本章小结

传统利率期限结构在研究市场利率时，往往基于定性角度进行研究，研究内容主要包括经济含义、利率机制以及收益率曲线。传统利率期限主要运用四种理论——预期理论、市场分割理论、流动性偏好理论以及期限选择理论，上述四种理论基于不同角度，有效解释了利率期限的不同形状，分析了其形成原因，同时阐释了长短期收益率的联系。传统的利率期限结构理论侧重于从定性角度有效解释了现有利率期限结构。与传统利率期限不同，现代利率期限基于定量研究角度，在检验模型的拟合度时，通过采用不同估计方法进行了有效预测。现代利率期限主要包括两大类结构模型，其一为静态期限模型，其二为动态期限模型。静态期限模型往往使用函数形式，动态期限模型在进行拟合和预测时仅仅采用某一截面数据，利用参数进行估计，动态期限模型主要包括无套利和均衡模型。可以说，这两大期限结构的关系为：静态作为动态的基础，动态能够作为有效补充。研究者运用实证研究法，证明了利率期限和宏观经济的正比例关系，一方面能够有效反映利率水平，另一方面能够有效预测未来利率水平。宏观经济会影响利率水平变化，两者能够互相作用，利率也能反映出宏观经济的未来发展趋势。研究者发现，为了更好地研究利率期限拟合度，学者在此基础上深入分析了宏观经济和利率期限的相关程度。

封闭环境下的货币政策规则具体涵盖了五大货币规则，包括通货膨胀目标制、利率规则、麦卡勒姆规则、泰勒规则（具有平滑性）以及弗里德曼规则。以市场经济为前提，为了实现货币政策目标，政策主体在调控宏观经济过程中，可以使用货币政策工具。作为货币政策主体的中央银行，为了实现货币供给平衡状态，可以通过货币政策工具更好地发挥作用，比如公开市场业务、使用再贴现率等，实现中介目标即稳定金融市场，才能有效达到最终目标，促进经济增长，维持物价稳定状态，实现充分就业以及使得国际收支保持平衡。货币政策通过货币政策工具的传导机制发挥作用，央行在进行货币传导时具体过程如下：为了有效抑制通胀，中央银行利用公开市场业务卖出大量国债，必然使得短期利率提升，也会提升长期利率，能够对实体经济发挥作用，有效抑制通胀。中央银行在抑制通货膨胀时，可以考虑基于货币供应量角度，减少其供应量，才能从根本上抑制通货膨胀。

第三章

利率期限结构对货币政策规则影响的作用机理

第一节 利率期限结构的特征与影响因素

在金融产品设计、资产评估和定价过程中，相关部门必须意识到利率期限结构（Term Structure of Interest Rates）的重要性，确保风险管理、投资、套利的正确性和科学性。同时，政府部门在引导利率长期变化过程中，通常会对短期利率进行调控，确保信息传导的有效性。学者们对利率进行了长期、深入的研究，他们认为投资的报酬和利率有着非常密切的关系，政府部门对经济进行调控时往往会重点调控利率。由此可见，在央行货币政策中，利率起着举足轻重的作用。为了切实掌握利率期限结构的发展历程，本书绘制了图3-1。随着不同时期学者们对利率期限结构的研究，形成了许多影响深远的理论。其中，影响最广的理论有五种：

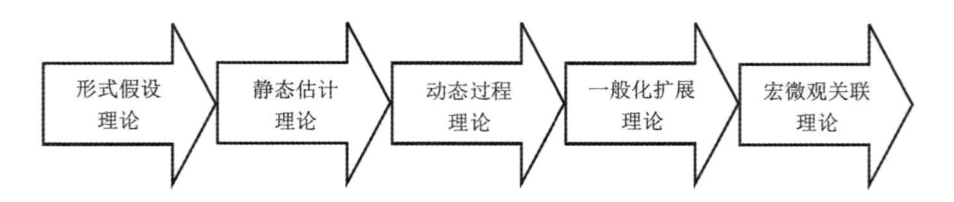

形式假设理论 → 静态估计理论 → 动态过程理论 → 一般化扩展理论 → 宏微观关联理论

图3-1 利率期限结构理论的发展脉络

一 利率期限结构的内涵与特征

在某个特定的节点，对于不同时期的资产，研究即期利率和到期利率之间的内在联系及其发展规律的过程叫做利率期限结构研究。当时间期限相同时，市场即期利率和零息债券的到期收益率相同，这意味着无论何时，利率期限结构都可以通过期限和利率水平之间的函数关系得出。所以，可以用向上倾斜的曲线、向下倾斜的曲线或者水平线等一条曲线来表示零息债券的到期收益率和期限的关系，进而得出利率的期限结构。当部分或者全部收益率曲线组合成为债券收益率曲线，则可能出现更加复杂的曲线形式。总而言之，债券的到期收益率和期限关系可以通过收益率曲线准确得出，同时能够对长期和短期的债券收益率进行差异性分析。本书深入分析了交易量庞大的债券市场，确保利率期限结构研究的准确性和科学性，实现了利率短期、中期、长期的市场价值。

在现有的理论体系中，学者们假定对收益率产生影响的因子是一定的，忽略了流动性、风险、交易成本等因素对收益率的影响，确保到期期限对债券交易的科学性和准确性。因此，本书通过分析市场上期限存在差别的债券，就能够得出利率期限结构的相关结论，最终构建出二者之间结算期限和收益率之间的内在函数。

利率期限结构主要有以下特征：由于利率期限结构本就是宏观经济变量，故需要把握宏观经济整体的变化趋势；利率期限结构随着经济周期的阶段不同，会呈现出规律性的变化，相关部门必须分析和掌握其风险变化规律；利率期限结构的风险变动有时呈现出波动较大、变动不连续等特征，斜率、曲度、收益水平三个主成分因素能够解释其风险程度；收益曲线自身的现状、宏观经济波动都会对利率期限结构产生重要影响，比如收益曲线的倾斜度和弯曲程度、收益水平、短期和长期利率波动等。

二 利率期限结构的影响因素

政府部门在制定金融市场价格、出台宏观经济政策比如货币政策、分析政策执行效果时，往往会深入分析利率期限结构。所以，学者们往往以利率期限结构为核心，对其影响因子进行研究，构建了完善的理论体系。

1. 货币政策对利率期限结构的影响

在众多宏观因子中，货币政策和利率期限结构之间存在非常紧密的联系，这主要是二者对短期利率产生较为显著的作用。比如，当经济物价上涨、出现通货膨胀时，商业银行的准备金会随着央行卖出国债的公开化而短缺，同业拆借市场无法满足市场需求，拆借利率大幅上升，进而推动短期市场需求增加，对利率期限结构产生深入影响。同时，随着金融创新的不断深入，交易和支付技术日新月异，货币指标和经济的内在联系不断减小，经济趋势和利率指标的联系不断加深，利率政策的改变对货币政策产生的影响非常显著。短期利率受货币政策的影响周期短、时效快，而长期利率则几乎不受货币政策的影响。在预期假说理论中，当前和未来短期利率的改变共同造成了长期利率的变化。因此，当货币政策对短期利率产生明显影响，而随着时间的推移，远期利率受到货币政策的影响可以忽略不计，那么货币政策的变化对长期利率产生的影响也很小，其主要影响因子仍然为市场发展状况。

中央银行会采取紧缩性货币政策，有效遏制经济过热、通货膨胀速率，但是会增加资金的融通难度，造成短期利率升高、长短期利差不断降低，由于斜率变低，收益率曲线逐渐平缓，可能会呈现向下倾斜。反之，央行会采取扩张性货币政策，推动经济增长、合理调控通货膨胀率，促进资金的融通，短期利率降低，长短期利率差增大，由于斜率上升，导致收益率曲线倾斜度较高。

2. 经济周期对利率期限结构的影响

经济系统的类型会对利率期限结构产生重要影响，比如扩张期（产生增加、就业水平提高）、紧缩期（产能降低、失业率高）等。短期和长期利率会随着经济周期的阶段性变化而产生不同幅度的变化。当经济处于发展初期，由于短期利率、长短期利差的预期同时增大，导致向上的收益率曲线会变得较为急促，直到经济体进入发展的平稳期，此时收益率曲线随着长短期利差降低而逐渐平缓，虽然斜率一直为正，但是逐渐减小。随着经济体度过发展的高潮期向收缩期发展，收益率曲线会随着短期利率的降低而变换为向下的曲线。当经济体完全处于收缩期后，各种利率指标不断降低,长期利率下降幅度低于短期,并在低谷期超过短期利率。之后的经济周期内,利率曲线又重复原来的变化,开始向上倾斜。

3. 其他宏观经济因素对利率期限结构的影响

从前文可知,在经济体系中,利率是最为重要的影响因子,和其他因素之间存在复杂的内在联系。因此,在研究利率期限结构时,必须深入分析通货膨胀、就业水平、实体的经济水平、投资、技术进步、消费增长速度、消费等众多影响因子。这主要是它们会对利率期限结构产生一定程度的影响。通常来讲,政策决策者在选择宏观政策时或者预测未来利率变动趋势,都会对这些因素进行深入分析。比如,市场关于未来利率的预期会随着经济发展水平的持续走低而不断下降,政府部门必须采取扩张性政策调控;投资者对流动性补偿会随着通胀率的升高而提升,政府部门必须采取紧缩性政策进行调控。

本书的研究思路为基于各大经济因素研究利率期限结构是如何受到宏观形势的影响,探究其影响机理和效果,最终目标为研究期限结构的变化形态。由于现实经济具有复杂性,利率期限和宏观经济形势的关系并非具有简单性,两者具有双向关系,能够互相作用、互相联系。通过研究利率期限和货币政策,具体作用表现在两大方面:其一,通过短期利率影响货币政策,使得利润期限发生变化;其二,经济系统运行能够改善利率期限结构,央行在执行货币政策时,也可以使其发生变化。在市场经济中,央行为了制定更符合经济运行的货币政策,往往利用期限结构,更好地研究经济发展状况,深入分析货币政策如何有效传导。研究者通过分析其他宏观经济因素,利率期限往往受到多种因素的制约,受到冲击之后,会改善市场主体的经济行为,能够有效调节资金流向,稳定金融市场秩序,对于经济有间接作用,从而影响到各经济因素。

第二节　货币政策规则的特征与发展

经济学上将货币政策规则界定为央行会事先制定计划,在进行货币政策决策时,往往按照设定的计划进行安排,可以说,货币政策规则作为一种政策指南。在学术界，研究货币政策规则（Monetary Policy Rules）无论是从理论角度还是实践角度都取得了很大进展，在世界范围内具有较高的认可度。泰勒规则和通货膨胀目标制的广泛采用就是这种趋势的集中体现，各国央行在制定、实施货币政策决策过程中越来越意识到货币政策规则的重要性。

一 货币政策目标规则的特征与名义锚

从本质上讲，货币政策规则可以作为应变计划或者政策指南，可以帮助央行更好地做出决策。通过运用货币政策和预期假设理论，由于存在价格粘性，为了优化货币政策，可以使用随机货币模型。在设计货币规则时，最初目的是为了规范货币政策运行，但是经过理论验证与实践考核，运用货币政策规则，完全能够解释宏观经济发展趋势，同时也预测了利率和汇率之间的关系，阐释了利率期限结构如何有效影响通货膨胀率以及经济产出水平。

货币政策规则具有连续性特征，能够系统地调整货币规则操作；货币政策规则更注重连续微调，使得货币政策效果受政策时滞的影响尽量最小化；运用货币政策规则，需要维护货币当局的信誉度。在调整货币政策时，应该保持其确定性以及规则性特征；货币政策规则考虑财政政策的搭配，注重选择最优的政策规则和反馈规则，促使宏观经济波动影响较小。

关于货币政策目标规则的理论研究从 20 世纪 90 年代以来，随着通货膨胀目标制的兴起才逐步系统化，这一时期以美国思文森（1999）的贡献最大。货币政策目标规则包括：通货膨胀目标、名义国内生产总值目标、货币增长目标等。学者们基于最优均衡（Optimal Equilibrium）研究思路，思文森（2003）在文献中提出了货币政策规则包括三大等级的规则设定：一般目标设定规则（高级层次），能够保持政策实现稳定发展，提供公开透明的信息；特定目标设定（中级层次），能够折中信息透明性和政策确定性，具有综合优点；显性工具规则（低级层次），有助于实现政策的确定性（Determinacy）。

货币政策目标规则的核心为名义目标变量的量化以及在各国的应用，

也可以称为名义锚（Nominal Anchor）的选择。现在各国货币制度的一个普遍特征就是使用某种形式的名义锚。Mishkin（1999）认为许多国家货币制度的一个核心特点就是使用某种形式的名义锚。名义锚的作用就是对本币币值的一种约束，从某种程度上讲它是货币政策成功的要素。首先，名义锚具有一些优势特征，基于名义锚这个唯一条件才能有效决定价格水平。利用名义锚能够有效抑制通货膨胀以及货币贬值，保持价格稳定在一个状态。再者，名义锚能够有效约束相机抉择，解决由于时间问题导致的货币政策动态不一致，提高其公开透明度，有助于向公众传递信息，以此增加其信用度。名义锚具体涵盖了通胀目标制、货币供应目标制、汇率目标制和隐含但不明确的名义锚。

　　关于通货膨胀目标制的界定，思文森（1997，1999）认为可以分为两类：一种为具有严格特点的通胀目标（Strict Inflation Targeting），在目标函数中，除了产出目标之外；另一种为具有灵活特点的通胀目标，（Flexible Inflation Targeting），在目标函数中，既包括稳定产出，也包括具有稳定特点的通货膨胀。Mishkin（2000）认为通货膨胀目标制包含 5 个要素：其一，对于通胀中的数量目标，要定期公开宣布。其二，在制定货币政策主要目标时，以稳定物价为主，所规定的其他目标也都以该目标为准，作出一种制度性承诺。其三，货币政策所传递的信息，往往涵盖多种变量，不仅包括汇率、货币供给量等，能够选择合适的政策工具。其四，为了使货币政策更加公开透明，能够向市场以及大众及时传递货币当局的决策。其五，中央银行应该增加责任，控制通货膨胀目标。通货膨胀目标制可以看作是能够对于不同福利制度，尽可能地最优化政策目标组合，在进行组合时往往基于各个国家的可信度水平。可信度能够直接决定货币政策三种目标制的最大化福利，能够促进政策更好地落实。调查数据发现，上述三种体制，由于具有不同的可信度，其与金融水平和人均国民生产总值相对应，采取宽松政策的通胀目标国家具有最低可信度水平，采取折中通胀目标国家具有最高的可信度水平。各国央行不能完全控制通货膨胀，以及通货膨胀受到来自货币政策以外的其他因素的影响，尤其是那些发生在政策工具改变与通货膨胀做出反应的各种随机扰动，不仅给通货膨胀目标制的实施带来了较大困难，也不利于社会公众对通货膨胀目标制的监督。

货币供应量目标制的起源就是弗里德曼在20世纪60年代提出的单一规则（Single Rule）。研究者通过总结近30年内各国的货币政策运用经验，总结了货币供应量目标制的发展趋势，具体表现为从一开始的流行趋势逐渐走向衰落。学者们运用实证研究法，证明了货币供应量和货币政策目标存在不稳定的关系。Friedman 和 Kutter（1996）、Estrella 和 Mishkin（1997）在研究中，以美国货币政策为研究对象，货币供应量目标和稳定物价、促进就业、维持国际收支平衡等最终目标已经不具有稳定关系，不再具有稳定性特征。这似乎印证了所谓的"古德哈特定律"（Goodhart's Law）：货币政策的总结目标通常是名义国民收入的最差的相关性指标，与货币供应量的层次没有关系。当然，对货币供应量目标制的研究，除了从货币流通速度角度分析以外，还包括从货币供给的内生性、货币的界定等角度进行分析。

二 货币政策工具规则的产生和发展

泰勒（1999）将货币政策工具规则界定为基于经济形势状况，能够根据变化有效调整基础货币，可以利用货币政策进行操作。工具规则具体表现为一个指导工具，能够让目标变量更好地趋同于约定目标，以适当调整货币政策。鉴于具有不同的操作变量，可以将政策工具规则划分基础货币和利率规则。

1. 基础货币规则的产生和发展

1980年，很多发达国家的经济都受到了扰乱，同时也包括美国，而且发达国家的银行不断进行金融创新，使得货币需求不再具有牢固性，波动幅度很大，央行已经难以控制货币供应量，如果运用弗里德曼货币增长规则，基本上不能实现货币政策的最终目标，稳定经济发展。

麦卡勒姆在研究中，提出操作变量可以选择基础货币，货币当局能够直接控制基础货币量，能够保证其不会偏离最终目标。可以按照目标增长率与实际增长率不断调整基础货币量。此外，基础货币和货币供应量相似，也会影响其流通速度。在调整货币增长率时，可以按照流通中的货币流通速度。

可以将麦卡勒姆规则表述为：

$$\Delta b_t = \Delta x^* - \Delta v^a + \lambda(\Delta x^* - \Delta x_{t-1}) \qquad (3-1)$$

上式中，名义 GDP 增长率的目标值、名义 GDP 与其目标值的差额、货币政策操作变量基础货币增长率、平均的基础货币流通速度增长率分别用 Δx^*、$\Delta x^* - \Delta x_{t-1}$、$\Delta b_t$、$\Delta v^a$ 表示。$\lambda = 0.5$。此外，名义 GDP 和基础货币的比值成为基础货币的流通速度，由此可得：

$$\Delta v^a = \frac{1}{16}[(x_{t-1} - b_{t-1}) - (x_{t-17} - b_{t-17})] \qquad (3-2)$$

上述变量都采用对数形式进行表现。麦卡勒姆（1994）提出由于技术进步和货币当局的管制力量，可以使用平均货币流通速度来体现其货币流通变化情况。麦卡勒姆在研究中，将名义收入作为政策目标，能够有效抵消货币的不确定性，具体表现在两大方面。第一方面为由于经济增长能够增加货币供应量，可以用经济增长和基础货币增长的关系。第二方面为可以使用货币政策弥补货币流通速度所引起的变化。过快的货币流通速度必然会增加名义收入，减少了货币供给量，名义收入必须归于目标范围。

Dueker 和 Fischer（1996，1998）重点研究了基础货币规则，其基于货币当局设定了多重目标条件。基于研究模型，货币当局在设定最终目标时，选择保持汇率和物价的稳定状态，根据时间变化，允许参数可以变动。具体模型形式为：

$$\Delta b_t = \lambda_{0t} + \Delta(b - \pi)_{t|t-1} + \lambda_{1t}(\pi^* - \pi)_{t-1} + \lambda_{2t}(e^* - e) + \varepsilon_t \qquad (3-3)$$

$$\pi_t^* = \lambda_{0t} + \delta_{1t}\pi_t^* + (1 - \delta_{1t})\pi_{t-1} \qquad (3-4)$$

$$e_t^* = e_{0t} + \delta_{2t}e_{t-1}^* + (1 - \delta_{2t})e_{t-1} \qquad (3-5)$$

对数形式的通胀水平和汇率分别为 π 和 e，二者的目标为 π^* 和 e^*，随机扰动项为 ε。

Razzak（2003）研究了利率和基础货币规则的不同点，具体表现在两大方面，一方面为具有不同的政策操作变量，另一方面为具有不同的政策传导机制。Razzak 对泰勒和麦卡勒姆规则进行了比较，在对麦卡勒姆规则进行修正时，其通过摒弃基础货币变量，选用联邦基金利率作为操作变量。Razzak 基于新凯恩斯理论，在货币政策框架下，为了有效检验上述两种规则是否具有很好的稳定性，在研究中使用了三种模型，具体包括前瞻性、后顾性、混合性预期模型。研究结果表明，修正之后的麦卡勒姆以及泰勒规则，基于无条件方差和通胀角度，其在根本上具有等价性，足够的利率平滑特征才能使得上述两种规则具有较好的稳定性。

2. 利率规则的产生和发展

学者们研究了各式各样的利率规则，大大丰富了货币政策理论。这其中最有名的莫过于泰勒规则，很多学者在实证研究中都运用该规则进行模型检验。1980 年，美联储大体已经接受货币政策具有单一性，把货币供应量作为对经济进行宏观调控的主要手段。20 世纪 90 年代以后，按照传统财政政策，美国政府往往通过税收及支出手段刺激经济，但是现在联邦政府已不再使用传统财政政策，往往不通过减少税收等手段刺激经济发展，这也就削弱了财政政策对于经济发展趋势的影响。政府在调控经济时，往往需要采用货币政策作为主要调控工具。由于经济政策发生变化，美联储果断摒弃了货币政策规则中所使用的货币供应量为操作变量，其决定在调控宏观经济时，采取以利率水平作为操作变量，在美国金融界，将上述规则称为"泰勒规则"（Tailor's Rule）。

泰勒在研究中，调查了英国、美国等发达国家的货币政策实际取得业绩数据，在研究中发现，影响经济发展和物价波动的因素有很多，在众多因素中，实际利率和经济增长以及物价水平具有长期稳定性关系，货币当局在具体操作时，可以通过调整短期利率。泰勒规则在操作时具有简单明了特点，更好地解释了政策制定规则。"泰勒规则"模型表达式为：

$$i_t = \pi_t + r + h(\pi_t - \pi^*) + g_y y_t \quad (3-6)$$

其中，实际产出缺口、通胀目标值、均衡实际利率、当期的预期通胀率、联邦基金名义利率分别用 y_t、π^*、r、π_t、i_t 表示。两个调整项的反应系数用 h 和 g_y 表示，其表示货币部门的偏好。其中，在泰勒条件中，经济稳定的条件为 $h>0$。当 $h<0$ 时，实际利率会随着通胀利率的升高而不断降低，进而使得产出规模上升。由此可见，为了确保经济的稳定运行，上式中的通胀系数必须大于 1。此外，经济结构的内在因素是实现这

些参数最优值选择的依据。

经济学家基于泰勒规则进行了大量的后续研究。利率运动路径的平滑性是央行关注的重点，确保其移动方向的缓慢性和相同性，最大限度避免运动方向改变（Siklos，2002）。很多论据表明了利率平滑现象的存在。通常来讲，利率规则根据调整的时间变量，可以分为以下三种：第一，后顾性模型（Backward - looking Model），其认为过去的数值是通胀和产出缺口的重要影响因子；第二，前瞻性模型（Forward - looking Model），其认为实际利率和未来预期产出对产出缺口有决定性影响；第三，混合型模型（Mixed Model），其认为预期值和过去数据都会影响通胀和产出缺口。当预先决定变量能够对这些政策变量产生影响，则可构建一个事先规定的反应函数，也就是显性的工具规则（Explicit Instrument Rule）；反之，当函数政策工具为前瞻性时，则可构建一个隐性的反应函数，也就是隐性的工具规则（Implicit Instrument Rule）。

第三节　利率期限结构与货币政策规则之间的理论关系

学者们不断深化研究利率规则，该规则具有很多优势特征。具体表现在能够使用同业拆借利率、存款、贷款利率等，有效调整各个利率，能够准确反馈给货币政策，从中可以看到货币政策的变化情况，以便经济学者能够更好地衡量货币政策状况。

一　前瞻性泰勒规则与货币政策规则

对利率规则有较高评价的研究学者认为，在金融领域，金融创新的出现在很大程度上影响了世界主要经济体。由于货币需求浮动较大，使得通胀与货币供应量之间逐渐存在不相关关系。基于货币实践角度，由于货币供应量不能有效实施，中央银行在选择操作变量时，往往使用利率规则，从而摒弃了供应量规则。我国学者们在研究中也得出，金融领域的改革已经影响了通货膨胀与供给量之间的相关程度，我国的央行在选择货币规则时，也更加倾向于使用利率规则。

基于上述论述，可以发现利率规则明显优于货币供应量，明显优于相机抉择。现在货币政策主要研究完全承诺的货币规则，可以将该规则归纳到操作方程中进行研究，该操作方程的前提条件为预期通胀率与利率之间具有高度相关关系。泰勒运用实证研究法，研究了美联储在1984—1992年如何操作货币政策，将其归纳为一个公式。在泰勒规则中，制定了一个标准，能够用来调整短期利率，大大简化了操作性。但是从另一方面讲，泰勒规则也具有一些弊端。其在制定货币政策时，忽略了预期因素的影响作用，并没有考虑其时滞性。为了促进货币政策更好地实施，时滞性应该作为基本考虑要素。泰勒规则的弊端表现在其在选择通胀缺口指标时，选用实际通胀率与目标通胀率的差值，未考虑预期因素，使得在操作货币政策，不具有高度前瞻性。刘斌应用随机模拟实验，在研究中提出了必须考虑前瞻性因素，才能有效提高福利水平，稳定大众预期，才能促进货币政策有效落实。其在研究中，将货币政策前瞻性区间划分为三大季度。

后续学者在研究利率规则时，往往会考虑前瞻性因素。货币政策规则虽然能够有效解决相机抉择的不一致性，但是仍然需要重视货币政策的滞后效应。研究导致货币政策存在滞后性的影响时发现，具体概括为三大原因，其一为操作货币政策，其二为传导货币政策机制，其三为央行所获取的信息。由于存在信息不对称，央行不能完全掌握私人信息，而且这是一个循序渐进的过程，不可能一蹴而就，这就导致了在获取信息时容易存在严重滞后性。而且金融市场在不断完善，在市场经济中，由于央行不能完全独立，这就影响了货币政策的有力落实，这会导致货币政策具有滞后性特征。由于价格存在黏性，宏观调控在力度上有所欠缺，导致货币政策的传导机制不具有畅通性，必然也会影响传导机制。上述滞后性的反应在很大程度上必然会影响货币政策的有效落实，实用性受到影响。

目前货币政策局限性表现在存在滞后效应，但是要求货币政策需要具有前瞻性特征，基于此，加利和格勒、克拉利达在拓展泰勒规则时，认为必须考虑预期因素。具体规则公式如下：

$$r_t^* = \alpha + \beta(E[\pi_{t,k}/\Omega] - \pi^*) + YE[x_{t,q}/\Omega] \qquad (3-7)$$

其中，名义利率、时间 t 的信息集、通胀目标值、从第 t 期到 $t+k$ 期的价格变化率、预期算子、第 t 期到 $t+q$ 期平均产出缺口、联邦基金利率的目标值分别用 α、Ω、π^*、$\pi_{t,k}$、Y、$E[x_{t,q}]$、r_t^* 表示。规则是否具有较强的前瞻性和通货膨胀的预期性有密切关系，同时在构建相应规则函数时，会对产出缺口、预期通胀、每一期利率目标、通胀水平等系数进行调整。

二 包含利率期限结构的前瞻性泰勒规则与货币政策规则

通过引入 k 期通胀预期因素 $E[\pi_{t,k}/\Omega]$，可以使泰勒规则具有前瞻性特征，但是在统计预期通胀率时，由于其具有突变性，大大增加了统计困难度。

由于不能准确得到预期通胀率的这一前提，如何选择利率期限结构，能够联合货币政策共同建模也是一大问题。在利率期限结构中，往往暗含了各式各样的经济信息，具体表现为产出率、未来通胀率等。往往可以通过利率曲线、利率水平变化以及长短利差有效反映上述信息，便于投资者直接观测。市场投资主体在预期判断经济趋势时，往往通过分析未来通胀率、短期利率以及经济增长趋势进行有效判断，分析长期利率水平。在利率市场化过程中，利用利率期限能够有效反映经济周期变化、预测利率水平以及未来通货膨胀率。在经济学上，名义利率涵盖了通胀率和实际利率，利率期限恰恰也包括了预期通胀率，在替代预期通胀率时，往往可以选择利率期限结构。

$$i = p + r + \alpha(p_t - p^*) + \beta(y_t - y^*) + \gamma_1 R_{t+1}$$
$$+ \gamma_2 R_{t+2} + \ldots + \gamma_m R_{t+m} \tag{3-8}$$

其中，通胀缺口和短期名义利率的调整系数、GDP 缺口、通胀缺口、目标通胀率、实际均衡利率、现实通胀率、t 期利率分别用 α、β、$(y_t - y^*)$、$(p - p^*)$、p^*、r、p、R_t 表示。

同时，可以用两参数的形式对上述货币政策规则进行简化：

$$i_t - r^* - \pi^* = \rho(i_{t-1} - r^* - \pi^*) + \theta \sum_0^M [R(t+m) - \pi^*]$$
$$\tag{3-9}$$

利率期限结构的利率规则设定可以通过上式进行描述。在该公式中，本书规避了当期产出缺口的影响，对利率规则进行调整，通过引入未来 m 期利率变量，确保规则信息量不受影响。当期产出缺口信息在进行预期考察时，由于丰富的利率期限结构，不会产生较大的波动。通过这种形式，可以实现规则的简便化，提升政策的可操性。

通过对上式中的未知参数进行求解，得出最优的货币政策选择。其中，针对当期利率、实际利率、未来各期利率与实际均衡利率、目标通胀之差的调整系数为 ρ、θ。

三　利率期限结构与货币政策规则的宏观设定

为了更好地发挥货币规则影响，需要进一步确定货币规则中的各参数系数，比如产出缺口、通胀缺口率、名义利率等，明确确定各指标的权重关系，尽可能地实现其最优解。纵观宏观经济，货币规则能够从整体上发挥作用，如果用货币规则作为反应函数，能够反映各个货币部门运作情况，必须基于总供给均衡条件，结合经济发展需求状况、市场出清等。具体的宏观经济模型如下：

$$y_t = A(l,g) y_t + B(l,g) i_t + \mu_t \quad (3-10)$$

上式中，独立分布的误差项、工具向量、内生变量向量分别用 μ_t、i_t、y_t 表示，滞后算子 L（$L(y_t) = y_{t-1}$）和货币政策规则参数 g 包含在 $A(l, g)$ 和 $B(l, g)$ 多项式中，则可以写成：

$$i_t = G(L) y_t \quad (3-11)$$

在该模型中，滞后算子为 $G(L)$，其符合卢卡斯评估特征，模型参数和货币政策的变化没有任何关系。因此，在计算货币政策规则时，本书基于该宏观计量经济模型，采用了最优控制方法。

所以，货币政策反应函数能够实现资源约束、信息约束、技术约束的最优解。在该函数中，学者采用动态优化方法，实现了跨期优化问题和一系列单期优化问题的转换，科学、准确地描述了经济主体及其最优决策行为，实现了社会福利损失的最小化。总而言之，该宏观经济模型可以通过总供给方程、宏观总需求进行构建；同时，为了确保货币政策规则的最优解，本书优化的货币政策规则，实现了社会福利损失函数的最小化。

在 DSGE 模型中，学者对政策福利效应、外生冲击的脉冲响应分析等方面进行深入分析。研究表明，在货币供应量规则等外生冲击的影响下，实体经济能够在利率规则的影响下呈现平稳发展，并且社会福利损失较小，从而使宏观经济平稳发展。

第四节 利率期限结构对货币政策规则影响的作用机理

分析利率期限结构的实质隐含条件，需要基于宽松的还是缩紧的货币政策前提。是否能够有效传导货币政策机制，所制定的货币政策是否能够达到目标。研究学者认为，中央银行在制定货币政策时，可以利用利率期限，将其作为参考依据，更好地分析货币政策。

一 利率期限结构的变化体现货币政策调整

如果某个国家经济发展速度飞快，而且该国无法控制其通货膨胀水平，这时候央行必须调整短期利率，采取缩紧型货币政策。由于大众投资者对货币政策充满自信，人们相信可以控制物价上涨速度，必然会对未来预期通胀率树立信心。这样的心理预期往往影响了长期债券收益率，其将处于上升状态，但是和短期国债收益率相比，上升幅度比较小。这样就缩短了长短期利率差，收益曲线比较平坦，斜率趋于零。基于货币具有可靠性的前提条件，才能有效改善通胀状态。如果市场投资者对于央行缺乏自信，而且该国的通胀现象尤为严重，那么央行的货币政策无法改变现状。大众对未来通胀预期增加，这将导致收益率曲线不再平缓，反而异常陡峭。

如果央行调整货币政策，由于利率会直接影响期限结构的变化，受到货币政策影响，收益率曲线才会有各种形态的变化，而且政策的调整能够直接影响市场投资主体的经济行为。较大的利率水平差异使得收益率曲线不具有平缓性，变得陡峭，陡峭的收益率曲线代表了扩张的货币政策，如果平和的收益率曲线则代表紧缩的货币政策，当短期长期利率比较趋近时，短期利率往往比较高。由于利率长度不同，必然导致较大的利率水平差异。

二 利率期限结构预测未来短期利率的变动

费舍尔提出了预期假说理论,在此基础上,可以利用利率期限更好地预测短期利率变动。预期理论表示取得短期利率的平均水平作为长期利率,因此,短期利率能够直接影响利率期限结构。而且在该结构中,能够获取短期利率预期信息,在利率市场化过程中,通过该信息也能够反映货币政策的调整力度。

若想运用预期理论,必须要具备一些假设条件,保证市场具有有效性。充分利用市场投资者的一切信心,各大投资主体具有相同的风险预期,其风险偏好也都相同。如果交易成本为零,基于以上条件,利率期限结构不会受到其他因素影响,只有市场预期才能发挥影响作用。预期假说认为,必须利用市场套利模型,才能使其发挥作用。而且利率变化会影响收益曲线的形状,如果利率比较稳定,收益曲线将呈现平坦形状。如果利率增大,则导致收益曲线向右上方倾斜。反之,如果利率减小,收益曲线将向右下方倾斜。为了有效观测收益率曲线,研究者们往往采用长期利差数值,进而分析短期利率的变化状态。

中央银行为了能够深入研究市场如何影响预期利率水平,主要通过研究利率期限结构。市场预期短期利率水平比目标利率水平要低,央行会采取一切措施提高短期利率水平,其往往通过窗口指导或者公开市场业务。如果市场预期短期利率水平比目标利率水平要高,中央银行则会采取措施降低市场利率,具体会采用买入国债措施或者降低再贴现率。当然,如果预期水平和目标利率趋同,央行往往会按部就班执行当前政策,表示在市场活动中,市场可以很好地理解近期政策。

三 利率期限结构预测未来通货膨胀率的波动

经济学上认为,预期通货膨胀率+实际利率=名义利率。分析上述公式,名义利率往往受到两大利率的影响,这两大利率其中一方的变动都会引起名义利率的变动。基于实际利率不变的前提条件,预期通胀率的变化将影响名义利率的变动。在表示名义利率时,一方面可以用长短期利差,另一方面也可以通过长期利率在不同时期的变动情况。基于实际利率不变条件,我们可以看到未来通胀预期率将受到长短期利差的影响。

中央银行为了研究预期通胀率,其往往通过研究利率期限结构。基于该期限结构,央行客观分析了市场预测能力。如果在市场经济下,预期通胀率明显高于正常值,央行必须采取缩紧型货币政策,以有效抑制通货膨胀,将其扼杀在摇篮里。如果预期通胀率明显低于正常值,央行应该果断采取扩张型货币政策,以便能更好地抑制通货紧缩现象。

为了有效预测通货膨胀率,研究者选取了几个有利于本书研究的观点,便于更好地解释利率期限理论。

第一种理论较为基础,其内容为通过实证分析方法,通过费雪方程对债券收益率曲线和通货膨胀信息进行深入分析。通常来讲,实际利率 $E_t r_t^{(m)}$ 和预期通胀率 $E_t \pi_t^{(m)}$ 是名义利率期限 $i_t^{(m)}$ 的两个重要组成部分。

$$i_t^{(m)} = E_t r_t^{(m)} + E_t \pi_t^{(m)} \qquad (3-12)$$

假设预期是理性的,则预期通胀率加误差项 $\varepsilon_{t+m}^{(m)}$ 可以代替实际通胀率 $\pi_t^{(m)}$,即:

$$\pi_t^{(m)} = E_t \pi_t^{(m)} + \varepsilon_{t+m}^{(m)} \qquad (3-13)$$

在等式(3-13)中带入 $E_t \pi_t^{(m)}$,可得:

$$\pi_t^{(m)} = i_t^{(m)} - E_t r_t^{(m)} + \varepsilon_{t+m}^{(m)} \qquad (3-14)$$

因此,预期通胀率在 m 年和 n 年 ($m > n$) 分别为:

$$\pi_t^{(m)} - \pi_t^{(n)} = a_1^{(m,n)} + b_1^{(m,n)} (i_t^{(m)} - i_t^{(n)}) + \eta_{t+m}^{(m,n)} \qquad (3-15)$$

其中,误差项为 $\eta_{t+m}^{(m,n)} = \varepsilon_{t+m}^{(m)} - \varepsilon_{t+n}^{(n)}$, $a_1^{(m,n)} = -(E_t r_t^{(m)} - E_t r_t^{(n)})$。本书通过对 $b_1^{(m,n)} = 0$ 进行核验,确定宏观信息是否存在利率期限结构中。如果利差能够预测通胀,则表示该假设可以拒绝。同时该模型的预测能力随着可决系数的增大而不断增强。

第二种,利用收益率曲线进行描述。期限利差会随着货币流动性收紧而不断降低,同时资本投资者会对通货膨胀产生变小的预测。反之,期限利差会随着货币流动性的释放而不断增大,通胀率预期会不断增加。这表明,通胀率的预测变化和利差变动呈正相关关系。因此,为了及时发现投资者对通胀率的预期现状,央行应该重点分析期限利差的变化状态。同时,为了科学预测宏观经济走势,货币部门必须深入分析利率期限结构的变化情况,制定针对性措施,确保经济波动的平滑性和稳定性。

第三种,利用预期理论进行解释。人们对通胀率的预期较低时,这表明短期通胀率处于较高水平,此时相较于短期债券,人们更乐意持有较低收益率的长期债券;反之,当人们对通胀率的预期较高时,这表明短期通胀率处于较低水平,此时人们会希望长期通胀率不断增加。由此可见,市场预期会对短期和长期利差产生非常重要的影响。

第四种,利用菲利普斯曲线阐述。在该理论中,学者对失业率和通胀率的关系进行描述。失业率会随着经济形势降低而升高,生产规模降低,通胀率下降;同时,失业率会随着经济形势向好而降低,生产规模不断扩大,通胀率上升。有些学者对该理论进行了更加深入的研究,创造性地用经济增长率代替失业率。美国学者奥肯提出,当经济变动周期较长时,失业率和经济增长率、通胀率呈现反相关关系。

四 利率期限结构预测未来货币政策的宏观经济效应

研究者将用下面六大例子更好地解释利率期限结构的预测作用。

其一,使用收益率曲线。在金融活动中,市场和中央银行应该做好沟通工作。央行采取宽松货币政策,必然会增大长短期利率差,降低了长期利率水平值,有效扩张了经济增长能力。如果央行采取缩紧型货币政策,必然会缩小长短期利率差,有效提高长期利率,导致经济增长受到阻碍。上述反应可以看出长短期限利差和经济增长往往呈现正比例关系,收益率曲线可以看出经济的发展趋势,平坦的收益率曲线表示经济低落,陡峭的收益率曲线表示经济具有很好的增长趋势。

其二,使用 IS-LM 模型。在该模型中,可以观测商品市场和货币市场的曲线位置,两条曲线相交位置则代表了实现了均衡水平状态。大众预期也会影响这两条曲线的移动,如果预期商品市场会影响经济趋势,则导致 IS 曲线的移动幅度明显大于 LM 曲线,曲线的移动会导致利率、社会总产出发生同向变化。在这种情况下,可以通过观测利率大小来反映市场投资者的预期长期利率值,两条曲线的变化能够看出长短期限利差。上述曲线变动情况能够更好地解释了经济增长趋势和期限利差的同方向变动。

其三，利用收益率曲线。收益率曲线往往能够传递两方面信息，一方面能够有效反映货币政策，另一方面也能预测未来经济发展趋势。在反应货币政策时，可以通过观察收益率曲线斜率。如果短期利率水平有所提升，必然会导致投资主体减少投资行为。主要原因是由于增高的利率导致成本增加，必然削减了投资收益率，投资主体不愿意过多投资，必然减少投资金额。由于存在价格粘性，如果采用紧缩型货币政策，可以提升短期利率，使得长期利率能够在短时间内保持稳定状态，表现在收益率曲线上面为平坦形状。由此可以证明，收益率曲线和经济发展成正比例关系，两者呈现同方向变化。

其四，利润期限结构。该结构具有一定的局限性，其可以反映货币政策，但是无法从本质上把握货币当局的目的。基于大众预测货币政策为扩张型货币政策，必然会降低实际利率。如果预期未来通胀率上升幅度明显高于实际利率下降幅度，这就表明长期利率在未来将快速上涨，可以看到一条陡峭的收益率曲线，代表不断增加的产出水平。研究者们认为，在预测未来产出时，可以使用收益率曲线，利用预期反馈机制，从而获得货币预测信息。收益率和经济产出成正比例关系。

其五，投资者债券购买行为。可以通过研究其跨期购买债券进行预测。对于市场投资者而言，如果预期未来经济发展处于衰落状态，收益率不断降低，投资者往往选择投资于长期债券，能够保证稳定收益，确保增加收入。按照上述投资行为，必然会影响长期债券市场，导致债券价格上升，观察收益率曲线，其形状比较平坦。在投资过程中，有些投资者会替换掉所有的短期债券，选择投资长期债券以增加收入，从经济学讲，长短期利率将趋于接近状态。

其六，利用经济周期理论。利用经济周期理论，可以更好地解释利差和收益率曲线的关系。如果未来经济发展趋势较好，导致实际利率必然上升，增大了长短期利差，在收益率曲线上面可以看到陡峭的收益率曲线。如果未来经济发展趋势比较糟糕，导致实际利率下降，缩小了长短期利差水平，观测收益率曲线的形状平坦。由此可见，长短利差的浮动适用于预测宏观经济情况，往往适用于非货币因素的影响。

本章小结

利率期限结构既能够帮助金融市场进行科学定价，又能够有效指导根据宏观经济情况制定货币政策，增强其执行效果。由于影响宏观经济具有多种因素，可以增强利率期限与货币政策的紧密性，控制短期利率变化。由于经济周期在不同阶段具有不同的表现形式，必然会影响到长短期利率的变化。研究者总结影响利率期限因素，具体包括通货膨胀、消费主题的投资、消费行为、技术支持、经济发展水平、就业现状等。经济学上将货币政策规则界定为央行会事先制定计划，在进行货币政策决策时，往往按照设定的计划进行安排，可以说，货币政策规则作为一种政策指南。在学术界，研究货币政策规则（Monetary Policy Rules）无论是从理论角度还是实践角度都取得了很大进展，在世界范围内具有较高的认可度。泰勒规则和通货膨胀目标制的广泛采用就是这种趋势的集中体现，货币政策规则在各国中央银行的货币政策决策和操作方面发挥着越来越大的作用。利率期限结构形态的变化隐含货币政策是紧缩还是扩张。如果某个国家经济发展速度飞快，而且该国无法控制其通货膨胀水平，这时候央行必须调整短期利率，采取缩紧型货币政策。如果央行调整货币政策，由于利率会直接影响期限结构的变化，受到货币政策影响，收益率曲线才会有各种形态的变化，而且政策的调整能够直接影响市场投资主体的经济行为。由于其暗含预期利率信息，在市场活动中，能够通过该信息体现货币政策的变化趋势，还能预测货币政策的宏观经济效应。

第 四 章

利率市场化背景下静态与动态利率期限结构的实证研究

随着财务市场的国际化，中国债券市场已经成为一个重要的资本市场。作为债券市场基础的利率期限结构问题对财务定价、债券交易和长期利率风险的回避有着重要的理论和现实意义。

第一节 基于 Nelson – Siegel 模型的静态利率期限结构实证研究

一 引言

利率期限结构理论模型主要分为静态估计模型和随机动态模型两大类。线性插值模型、样条拟合模型和 Nelson – Siegel 模型等是常见的静态估计模型，无套利模型和一般均衡模型是常见的随机动态模型，每个模型都有其自身的优缺点，其发展都是承前启后、一脉相承。本书主要采用线性拟合函数法中经典 N – S 模型来构建我国利率期限结构，主要原因在于：该模型能够生成多种形状的收益率曲线。在研究中往往只采用 4 个参数进行估计，该情况适用于比较少的债券数量，在此情况下，可以利用利率期限。从经济学角度分析，上述参数能够很好地解释该模型，便于理解。在研究债券市场的国债利率曲线时，其具有很好的拟合度。

市场交易中形成的国债价格，可以从静态分析角度分析利率期限，在估计市场利率期限结构时,可以通过采用曲线拟合技术。估计的方法有很多,每种方法都有优势和不足之处,预估结果必然存在误差,数据误差必然会影响衍生工具在定价时出现误差。静态利率期限结构分析可以按两个方向进行分类:第一,基本假设和推测技术是否高度重视贴现函数、即期利率或远期利率;第二,估计中是否考虑到各个到期日所有交易的国债,还是仅考虑各个到期日新发行的国债。所以,本书将利率期限结构静态估计法分为即期利率法、贴现因子法和远期利率法等。根据新发行的国债推算即期利率法是根据新发行的国债,运用线性内插或立体样条内插的利息剥离法来推算整个利率期限结构;根据所有债券测算贴现因子法是假设一个连续贴现函数,通过局部交叉回归测算出函数的系数;根据所有债券测算即期利率或远期利率法是假设一个即期或远期利率函数,通过一个"支付价格"的局部交叉回归估算出函数的系数。

二 数据选择与说明

在推进利率市场化过程中,在金融市场上,债券市场已经具有一定规模,在发展壮大过程中也暴露出一些问题。具体表现在不具有统一性,交易所和银行间国债分割特征比较明显,该特征为债券市场交易的主要特征。国债之间的分割特征具体指的是交易所市场与银行之间具有不完全流通性,在交易所之间不影响其资金流动,比如上交所和深交所不存在摩擦。各大商业银行、证券、基金、保险公司等构成了债券市场的参与主体。在金融体系中,上述金融机构占有重要意义,这就突出了国债市场的主导突出地位。虽然国债市场具有较大的资金存量,但是其缺乏较好的流通性,而且债券交易尤为不活跃,导致收益率曲线不能有效反映市场情况。保险、证券、基金公司以及相关机构共同构成了交易所市场参与主体,这其中不包括商业银行。交易所市场具有一定的优势特征,其具有较小的资金存量,但是在交易过程中尤为活跃,而且种类繁多,坚持价格优先原则,注重时间效率,实行统一进价等,因此通过交易曲线可以更好地反映资金供求状况。对比发现,在研究利率期限的拟合度时,并不适合使用银行间债券价格,本书选择上海证券交易所 2013 年 7 月到 2017 年 12 月期间 54 个月 60 只不同品种共(54×60 维)的固定息票利率的国债数据作为研究对象。

三 模型构建

Nelson – Siegel 模型是由 Nelson 和 Siegel 首先提出的,被证实是若干模型中相当具有代表性的一种。该模型主要基于指数衰减型函数估计瞬时远期利率,能够通过少量的参数有效定义经济意义,能够科学分析少量的债权样本。同时,N – S 模型在 m 时刻的到期瞬时远期利率 $r(m)$ 条件下,可以得出:

$$r(m) = \beta_0 + \beta_1 \exp\left(-\frac{m}{\tau_1}\right) + \beta_2 exp\left(-\frac{m}{\tau_2}\right) \qquad (4-1)$$

上式中,时间常数为 τ_1 和 τ_2,初始条件对参数 β_0、β_1、β_2 影响较大。所以,远期利率曲线根据 β_0、β_1、β_2 的变化而发生相应的变动。这些瞬时远期利率的平均值为债券收益率 $R(m)$:

$$R(m) = \frac{1}{m}\int_0^m r(x)dx \qquad (4-2)$$

Nelson – Siegel 据此构建了更加简便的模型:

$$r(m) = \beta_0 + \beta_1 \exp\left(-\frac{m}{\tau}\right) + \beta_2\left[\frac{m}{\tau} exp\left(-\frac{m}{\tau}\right)\right] \qquad (4-3)$$

将式 (4-3) 代入式 (4-2),得到债券到期收益率表达式:

$$R(m) = \beta_0 + \beta_1\left[\frac{1-\exp\left(-\frac{m}{\tau}\right)}{\frac{m}{\tau}}\right] + \beta_2\left[\frac{1-\exp\left(-\frac{m}{\tau}\right)}{\frac{m}{\tau}}\right] - exp\left(-\frac{m}{\tau}\right)$$

$$(4-4)$$

上述公式中,β_0、β_1、β_2、τ 为方程的待估参数,m 表示债券的剩余期限,$R(m)$ 表示债券的即期利率。曲线的长期水平因子用负荷为 1 的 β_0 表示,随着该参数的增大或减小,整个利率期限结构曲线呈现等量上移或者下移。β_1 为短期因子,其负荷为 $\frac{\tau}{m}[1-\exp(-\frac{m}{\tau})]$,因为 $\lim\limits_{m\to 0}\frac{\tau}{m}[1-\exp(-\frac{m}{\tau})] = 1$,$\lim\limits_{m\to\infty}\frac{\tau}{m}[1-\exp(-\frac{m}{\tau})] = 0$,可见利率水平受到 β_1

的影响较小，呈现逐级递减现象。同时，和长期利率相比，短期利率受到 β_1 的影响较大，对利率期限结构曲线的倾斜程度有较大影响。对于中期因子 β_2，其负荷为 $\frac{\tau}{m}[1-\exp(-\frac{m}{\tau})]-\exp(-\frac{m}{\tau})$，由于

$$\lim_{m\to 0}\frac{\tau}{m}[1-\exp(-\frac{m}{\tau})]-\exp(-\frac{m}{\tau})=0,$$

同时 $\lim_{m\to\infty}\frac{\tau}{m}[1-\exp(-\frac{m}{\tau})]-\exp(-\frac{m}{\tau})=0$，因此，相较于 β_0 和 β_1，β_2 对利率的影响较为中性，其负荷呈现先增加后减少的趋势。和长期、短期利率相比，β_2 对中期利率影响较为深远，进而对利率期限结构的曲度产生影响。我们的任务是通过估计四大参数 β_0、β_1、β_2、τ 即可对静态利率期限结构进行估计拟合。

表 4-1　　　　　　不同的值符号与收益率曲线形状的关系

参数符号	$\beta_1>0,\beta_2>0$	$\beta_1>0,\beta_2<0$	$\beta_1<0,\beta_2>0$	$\beta_1<0,\beta_2<0$
曲线形状	负斜率	负斜率	正斜率	正斜率
		凹谷型	驼峰形	

β_1 和 β_2 的衰减速度和参数 τ 有较为密切的联系。当二者的负荷衰减速度增大时，τ 较小，能够多短期曲线进行拟合；反之，可以科学拟合长期曲线。通常来讲，主要采用以下两种方法对参数 τ 进行估计，第一，以卡尔曼滤波法为基础，反复进行核验计算，得出参数的最优拟合，确定最佳的 τ 值；第二，当 τ 固定并且真实值和估算值接近时，可以通过最小二乘法得出 3 个 β 值，否则 3 个 β 值的估计将没有任何意义。

在估计拟合静态利率期限结构时，可以对上述 4 个参数进行估计。在传统理念中，通过计算样本债券的实际价格和理论价格最小差值确定 4 个参数。现如今，人们通常采用价格误差最小法，尤其是在 N-S 模型构建过程中，学者们通常采用最小化债券价格误差平方和构建收益率曲线。此外，本书在选定目标函数时，还可以利用最小化到期收益率误差平方和。在该方法中，当参数一定时，债券价格可以通过即期收益率进行计

算,进而得到相应的债券到期收益率。我们在选择最佳的目标函数估计参数时,必须确保实际观测值和到期收益率的误差平方最小。本书在计算过程中,考虑到最小化收益率误差平方和的直观和直接,因此选择该方法。

四 中国国债利率期限结构的实证分析

在 N-S 模型中,即期利率可以通过 4 个参数 β_0、β_1、β_2、τ 进行计算,进而得到债权的理论价格,实现市场价格的科学对比,进而对其拟合效果进行评估。所以,本书必须估计上述 4 个参数。参数 τ 和每日债券价格没有必然联系,对收益率曲线的拟合误差影响较小,是衡量指数衰减速度的时间常数。因此,本书在估算过程中,考虑到非线性的 N-S 模型,选择非线性最优化的计算方法,确保实际价格和理论价格的误差最小。下式为目标函数:

$$\min \sum_{i=1}^{n} \omega_i^2 \frac{(P_i^* - P_i)^2}{n}, i = 1,2,3\ldots 60 \qquad (4-5)$$

上式中,债券的理论价格、实际价格、各债权的久期分别用 P_i、P_i^*、$\omega_i = \frac{1/du\, r_i}{\sum 1/du\, r_i}$,$du\, r_i$ 表示。

理论价格的贴现率和即期利率之间存在关系为:$R(m) = -\frac{\ln B(t)}{m}$,进而得到债券的理论价格:$P_i = \sum_t C F_t^i \cdot B(t)$

本书采用了 MATLAB 的非线性最优化算法,结合国债数据,静态拟合了中国利率期限结构,进而得到 N-S 模型的最佳参数组合:

$\beta_0 = 0.0431$,$\beta_1 = -0.02$,$\beta_2 = 0.004$,$\tau = 0.79$,由此可得:

$$R(m) = 0.0431 - 0.02\left[\frac{1 - \exp(-\frac{m}{0.79})}{\frac{m}{0.79}}\right]$$

$$+ 0.004\left[\frac{1 - \exp(-\frac{m}{0.79})}{\frac{m}{0.79}} - \exp(-\frac{m}{0.79})\right] \qquad (4-6)$$

如图 4-1 所示为相应的各债券即期利率。为了确保利率期限结构的完整性，本书必须对样本较少的长期国债进行大量补充。同时，在该模型中，债券的中短期拟合效果非常明显，剩余期限对整体即期利率的影响呈现正相关关系，而边际量不断降低，这表明随着到期期限的增加，即期利率曲线变得较为平滑。

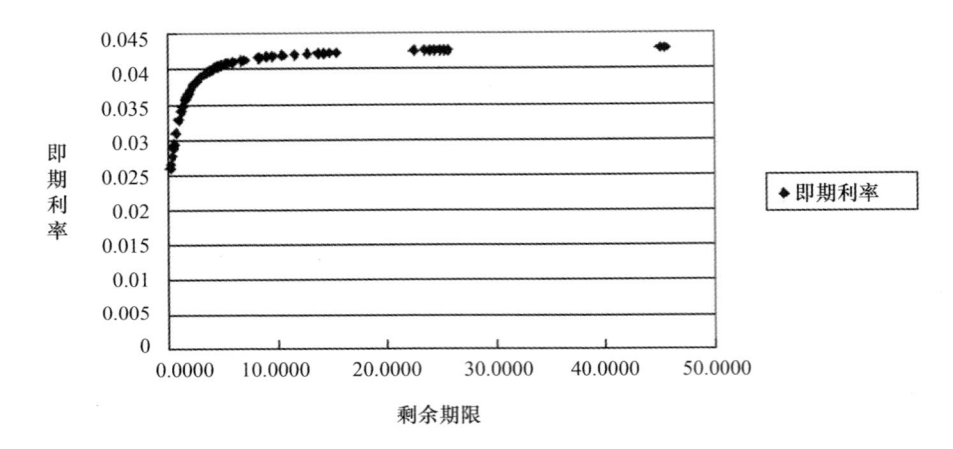

图 4-1　2017 年 11 月 28 日中国利率期限结构散点

如表 4-2 所示，利率节点为 0.5、1、2、3、4、5、6、7、10、15、20、25 年的剩余期限对应的即期利率：

表 4-2　　　　　　　2017 年 5 月 14 日国债利率期限

剩余期限	0.5 年	1 年	2 年	3 年	4 年	5 年
即期利率%	2.9121	3.2597	3.6365	3.8891	3.9934	4.0569
剩余期限	6 年	7 年	10 年	15 年	20 年	25 年
即期利率%	3.0992	4.1294	4.1836	4.2257	4.2468	4.2594

根据表 4-2，可以得出图 4-2：

从图 4-3 可以看出，国债价格利用 N-S 模型可以得出较好的拟合

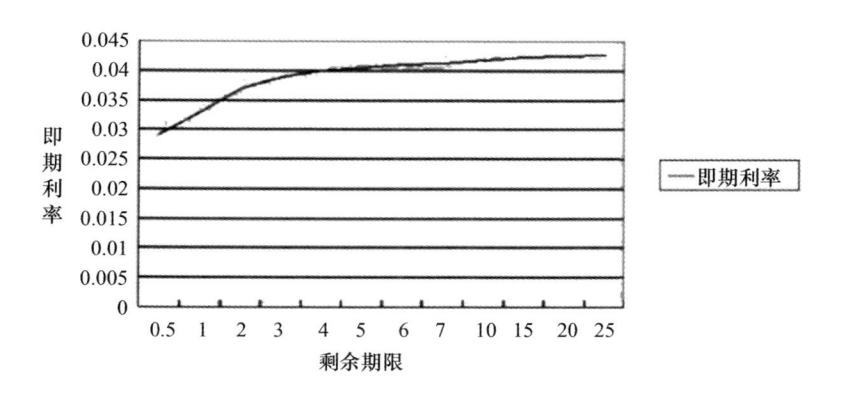

图 4 - 2 国债收益率曲线

效果，但是拟合误差在长期债券中有变大的态势。

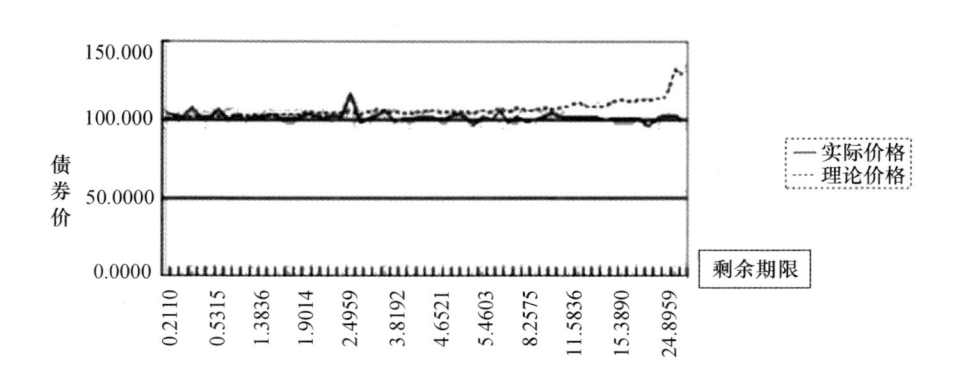

图 4 - 3 2017 年 11 月 28 日中国国债理论价格与实际价格对比

利用上交所固定息票利率的 60 个不同品种的国债从 2013 年 7 月到 2017 年 12 月 54 个月每个月最后一个收盘日交易数据采用约束条件下非线性逐步逼近达到最优拟合法进行 MATLAB 编程，得到各期参数估计的结果见表 4 - 3：

表 4-3　　2013 年 7 月—2017 年 12 月上交所国债利率期限结构曲线参数估计

日期	β_0	β_1	β_2	τ
2013-7-31	0.0421	-0.013	0.009	0.79
2013-8-31	0.0442	-0.014	0.009	0.79
2013-9-30	0.0420	-0.015	0.008	0.8
2014-10-31	0.0423	-0.021	0.002	0.853
2014-11-30	0.0419	-0.014	0.009	0.79
2014-12-31	0.0419	-0.014	0.007	0.59
2015-1-31	0.042	-0.015	0.008	0.79
2015-2-28	0.0415	-0.014	0.008	0.672
2015-3-31	0.0421	-0.016	0.008	0.67
2015-4-30	0.0423	-0.016	0.008	0.67
2015-5-31	0.0425	-0.018	0.004	0.58
2015-6-30	0.0424	-0.018	0.008	0.69
2015-7-31	0.0426	-0.02	0.005	0.716
2015-8-31	0.0425	-0.018	0.008	0.69
2015-9-30	0.0423	-0.014	0.008	0.69
2015-10-31	0.0425	-0.019	0.004	0.593
2015-11-30	0.0423	-0.017	0.008	0.561
2015-12-31	0.0425	-0.015	0.008	0.659
2016-1-31	0.0427	-0.021	0.002	0.717
2016-2-28	0.0427	-0.019	0.004	0.7
2016-3-31	0.0424	-0.019	0.009	0.659
2016-4-30	0.0423	-0.015	0.009	0.59
2016-5-31	0.0424	-0.022	0.007	0.806
2016-6-30	0.0424	-0.02	0.009	0.79
2016-7-31	0.0425	-0.017	0.007	0.805
2016-8-31	0.0424	-0.016	0.005	0.796
2016-9-30	0.0422	-0.015	0.006	0.59
2016-10-31	0.0425	-0.02	0.003	0.815
2016-11-30	0.0421	-0.013	0.009	0.45
2016-12-31	0.0425	-0.021	0.001	0.524

续表

日期	β_0	β_1	β_2	τ
2017 - 1 - 31	0.0421	-0.013	0.009	0.45
2017 - 2 - 28	0.0422	-0.015	0.009	0.45
2017 - 3 - 31	0.0425	-0.022	0.005	0.628
2017 - 4 - 30	0.0424	-0.019	0.008	0.6
2017 - 5 - 31	0.0423	-0.022	0.004	0.62
2017 - 6 - 30	0.0421	-0.023	0.003	0.619
2017 - 7 - 31	0.0425	-0.023	0.005	0.4
2017 - 8 - 31	0.0425	-0.02	0.005	0.4
2017 - 9 - 30	0.0421	-0.014	0.003	0.409
2017 - 10 - 31	0.0420	-0.012	0.006	0.4
2017 - 11 - 30	0.0427	-0.026	0.001	0.49
2017 - 12 - 31	0.0416	-0.018	0.006	0.478

估计所得的国债收益率曲线如图4-4所示：

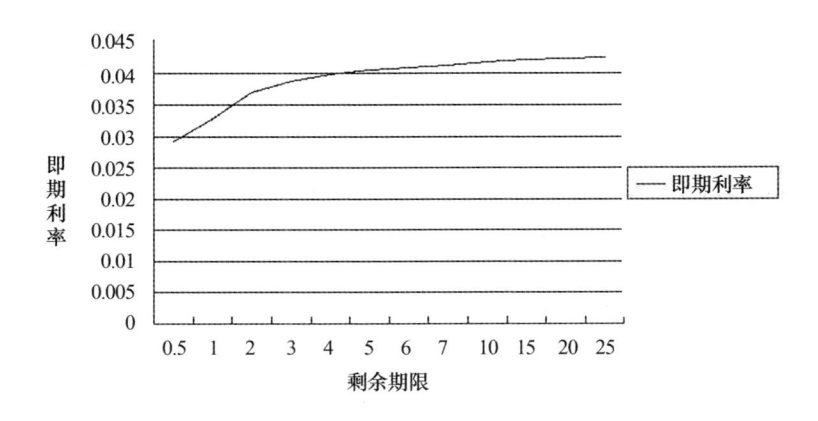

图4-4　2017年12月上交所国债即期收益率曲线

本书模型参数拟合出来的收益率曲线基本走势如图4-4所示符合现实经济现象，随着到期期限的时间的加长，收益率不断增加与预期理论符合。目标函数中实际价格与理论价格拟合的误差波动在一定的范围内，基本趋势大体一致，误差值较小。另外，各月份的参数估计的值变化范围不大，稳定性比较好。总体而言，利用 N-S 模型构建的我国国债利率期限结构曲线的稳健性、光滑性、拟合度都不错，这极大地方便了下一阶段的研究。

本书在计算任意时点或者长度的即期利率时，可以参考估计的收益率曲线，由于我们样本所选的数据范围是 54 个月长度的利率曲线，从而可以计算下文所需要的这 54 个月时间节点的名义利率序列。如表 4-4 所示 2013 年 7 月到 2017 年 12 月的各时间长度的名义即期利率：

表 4-4　　　　　　　各特定时点的名义即期利率

日期	0.5 年	1 年	2 年	3 年	5 年	7 年	10 年	15 年
2013/7/31	0.0344	0.0373	0.0399	0.0409	0.0415	0.0416	0.0418	0.0419
2013/8/31	0.0337	0.0368	0.0397	0.0407	0.0414	0.0416	0.0418	0.0419
2013/9/30	0.0325	0.0357	0.0388	0.0400	0.0409	0.0412	0.0414	0.0416
2013/10/31	0.0268	0.0305	0.0348	0.0370	0.0391	0.0400	0.0407	0.0412
2013/11/30	0.0334	0.0365	0.0394	0.0404	0.0411	0.0413	0.0415	0.0416
2013/12/31	0.0342	0.0372	0.0397	0.0405	0.0411	0.0413	0.0415	0.0416
2014/1/31	0.0326	0.0358	0.0388	0.0400	0.0409	0.0412	0.0414	0.0416
2014/2/28	0.0335	0.0366	0.0392	0.0401	0.0407	0.0409	0.0411	0.0412
2014/3/31	0.0327	0.0361	0.0392	0.0402	0.0410	0.0413	0.0416	0.0417
2014/4/30	0.0329	0.0363	0.0394	0.0404	0.0412	0.0415	0.0418	0.0419
2014/5/31	0.0314	0.0351	0.0384	0.0398	0.0409	0.0413	0.0417	0.0420
2014/6/30	0.0314	0.0352	0.0387	0.0400	0.0410	0.0414	0.0417	0.0419
2014/7/31	0.0293	0.0333	0.0373	0.0390	0.0404	0.0411	0.0415	0.0419
2014/8/31	0.0315	0.0353	0.0388	0.0401	0.0411	0.0415	0.0418	0.0420
2014/9/30	0.0342	0.0373	0.0399	0.0408	0.0415	0.0417	0.0419	0.0420
2014/10/31	0.0306	0.0345	0.0381	0.0395	0.0407	0.0412	0.0416	0.0419
2014/11/30	0.0331	0.0368	0.0396	0.0406	0.0413	0.0416	0.0418	0.0420
2014/12/31	0.0338	0.0371	0.0399	0.0409	0.0416	0.0418	0.0420	0.0422
2015/1/31	0.0280	0.0320	0.0362	0.0382	0.0400	0.0408	0.0413	0.0418
2015/2/28	0.0300	0.0338	0.0375	0.0392	0.0406	0.0412	0.0416	0.0420
2015/3/31	0.0312	0.0353	0.0388	0.0401	0.0411	0.0415	0.0417	0.0420
2015/4/30	0.0344	0.0378	0.0403	0.0411	0.0416	0.0418	0.0419	0.0421

续表

日期	0.5 年	1 年	2 年	3 年	5 年	7 年	10 年	15 年
2015/5/31	0.0275	0.0318	0.0363	0.0383	0.0400	0.0407	0.0412	0.0416
2015/6/30	0.0295	0.0336	0.0377	0.0394	0.0406	0.0412	0.0415	0.0418
2015/7/31	0.0313	0.0348	0.0382	0.0397	0.0409	0.0413	0.0417	0.0420
2015/8/31	0.0316	0.0347	0.0380	0.0394	0.0406	0.0411	0.0415	0.0418
2015/9/30	0.0336	0.0368	0.0394	0.0404	0.0411	0.0414	0.0417	0.0418
2015/10/31	0.0282	0.0318	0.0359	0.0379	0.0397	0.0405	0.0411	0.0416
2015/11/30	0.0367	0.0395	0.0411	0.0415	0.0417	0.0418	0.0419	0.0420
2015/12/31	0.0292	0.0334	0.0374	0.0390	0.0404	0.0410	0.0415	0.0418
2016/1/31	0.0367	0.0395	0.0411	0.0415	0.0417	0.0418	0.0419	0.0420
2016/2/28	0.0356	0.0388	0.0408	0.0413	0.0417	0.0418	0.0419	0.0420
2016/3/31	0.0285	0.0330	0.0372	0.0389	0.0404	0.0410	0.0414	0.0418
2016/4/30	0.0315	0.0355	0.0389	0.0402	0.0411	0.0415	0.0417	0.0420
2016/5/31	0.0282	0.0326	0.0368	0.0386	0.0401	0.0407	0.0412	0.0416
2016/6/30	0.0271	0.0316	0.0361	0.0380	0.0396	0.0403	0.0409	0.0413
2016/7/31	0.0308	0.0355	0.0389	0.0401	0.0411	0.0415	0.0418	0.0420
2016/8/31	0.0325	0.0366	0.0395	0.0405	0.0413	0.0416	0.0419	0.0421
2016/9/30	0.0349	0.0377	0.0398	0.0406	0.0412	0.0415	0.0417	0.0418
2016/10/31	0.0369	0.0393	0.0408	0.0412	0.0415	0.0417	0.0418	0.0418
2016/11/30	0.0267	0.0319	0.0367	0.0386	0.0403	0.0410	0.0415	0.0419
2016/12/31	0.0321	0.0358	0.0387	0.0397	0.0405	0.0408	0.0410	0.0412
2017/1/31	0.0349	0.0381	0.0401	0.0406	0.0410	0.0411	0.0412	0.0413
2017/2/28	0.0332	0.0359	0.0383	0.0393	0.0401	0.0404	0.0407	0.0409
2017/3/31	0.0309	0.0349	0.0381	0.0392	0.0401	0.0405	0.0408	0.0410
2017/4/30	0.0346	0.0373	0.0396	0.0403	0.0407	0.0409	0.0410	0.0411
2017/5/31	0.0336	0.0365	0.0391	0.0401	0.0408	0.0410	0.0412	0.0413
2017/6/30	0.0372	0.0395	0.0407	0.0409	0.0410	0.0411	0.0411	0.0411
2017/7/31	0.0368	0.0392	0.0404	0.0407	0.0408	0.0409	0.0410	0.0410
2017/8/31	0.0305	0.0352	0.0385	0.0396	0.0406	0.0410	0.0413	0.0415
2017/9/30	0.0361	0.0389	0.0405	0.0409	0.0411	0.0412	0.0413	0.0414
2017/10/31	0.0259	0.0315	0.0365	0.0385	0.0401	0.0408	0.0414	0.0418
2017/11/30	0.0316	0.0353	0.0385	0.0397	0.0407	0.0411	0.0414	0.0417
2017/12/31	0.0291	0.0329	0.0370	0.0389	0.0406	0.0413	0.0418	0.0423

第二节 基于 CIR 模型的动态利率期限结构实证研究

一 数据选择与说明

同业拆放利率在金融市场上占有非常重要的地位，伦敦同业拆放利率（Libor）已经作为国际金融市场上大多数浮动利率的基础利率，中国对外筹资成本也是在 Libor 的基础上加一定的百分点。现如今，香港同业拆放利率和纽约同业拆放利率是影响较为深远的同业拆放利率。同业拆放利率水平的高低不同程度受到中央银行货币政策、宏观经济形式、货币市场其他金融工具的收益率以及资金拆借信用度和期限等因素的影响，近年来对货币市场产生越来越重要的影响。同业拆放利率是中国货币市场上主要的利率品种，也是中国最早市场化的利率，是商业银行决定存贷款利率的重要标准之一。从 2017 年 4 月开始，上海银行间同业拆放利率（Shibor）经过十多年的发展，基本实现了货币政策传导机制和市场利率化的构建，为利率体系的构建奠定了坚实基础。

本书动态利率期限结构的研究对象选择 Shibor 的原因之一在于同业拆放利率是银行间的短期资金借贷的利率，作为无担保、批发型、单利的利率，在计算其算数平均利率时，通常通过信用等级较高的银行自主报价同业拆放利率得出。而中国的利率体系中只有同业拆放利率放开时间最长，市场化程度较高，主要为由隔夜、1 周、2 周、1 个月、3 个月、6 个月、9 个月、1 年长短不同的期限构成的较为完整的 Shibor 体系。但 Shibor 利率不是真实的成交利率，而是银行报价后计算出的平均利率，这也是其缺点之一。

本书通过分析比较成熟的利率期限结构模型研究中国的同业拆放市场利率，建立相应的利率期限结构模型。本书样本选取 2013 年 7 月 1 日至 2017 年 12 月 31 日共 956 个 7 天上海银行间同业拆放利率数据，并对原始数据和其一次差分数据进行描述性统计，结果如表 4-5 所示：

表 4–5　　　　　　　　　Shibor 7 天同业拆放利率描述性统计

	7 天	一阶差分
平均值	3.6782	-0.00086
中值	3.4982	-0.003
最大值	11.0040	4.85
最小值	1.6038	-3.2993
标准差	1.2502	0.4925
峰度	6.5668	20.8601
偏度	1.3912	0.9092
Jarque – Bera	815.1656	12824.48
Probability	0	0

数据来源于 wind 数据库。

二　模型构建

由上文可知 CIR 模型可以表示为 $dr(t) = a[b - r(t)]dt + \sigma \sqrt{r(t)}dw_t$，该模型为随机的形式，难以直接用最小二乘法对其进行估计，因此要求首先对连续时间模型进行欧拉离散化，得到以下模型：

$$r_{t+1} - r_t = \alpha + \beta r_t + \varepsilon_{t+1} \quad (4-7)$$

约束条件为：$E(\varepsilon_{t+1}) = 0, E(\varepsilon^2_{t+1}) = \sigma^2 r_t$

在对 CIR 模型进行离散化之后，我们将用最小二乘法对模型中的 α、β 进行估计。

三　实证结果分析

在经济序列中，很多时间序列呈现不平稳性，由于时间的变化其均值或者协方差不断变化。本书在计算过程中，设定各个变量之间没有任何依存关系，但是得出的结论却截然相反。因此，本书必须对数据的平稳性进行校验，确保实证分析的正确性。首先观察 7 天同业拆放数据以及其一阶差分的走势图，可以看出，在 2013—2014 年 Shibor 利率呈上升趋势，在 2016—2017 年，Shibor 利率几乎在 3.7% 的水平上下波动，说明了同业拆放利率具有一定的均值回复特征。然而在 2016 年年末至 2017 年年初呈现出较高的超过均值的同业拆放利率水平。

同时，从图 4-5 也可以看出，当利率水平较高的时候，其波动性也比较大，特别是 2010 年年末和 2013 年这段时间波动比较剧烈。从图 4-5 和图 4-6 中可以看出 7 天 Shibor 利率原数据和其一阶差分的标准差分别为 1.2502 和 0.4925，这说明在研究样本期间 7 天同业拆放利率的波动较大。同时描述性统计数据显示峰度大于 4，表示利率的分布在均值周围的同时又有部分利率远离均值，符合正太分布的尖峰厚尾的形态特征。

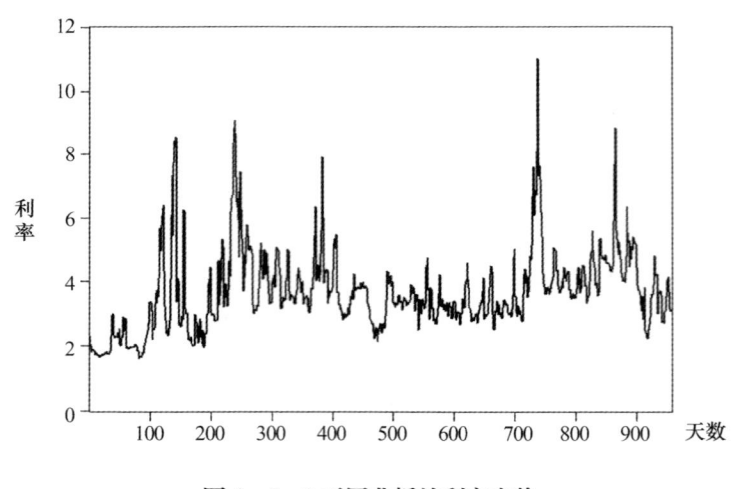

图 4-5　7 天同业拆放利率走势

从图 4-7 可以看出，尽管 r_t 的自相关系数衰减速度比较慢，但是 $r_{t+1} - r_t$ 的自相关系数没有系统出现正值或负值，因此可以认为 7 天同业拆放利率的变化是平稳的。

接下来本书采用 ADF 来检验它的平稳性，结果如表 4-6 所示，可以看出检验的 t 统计量为 -6.15792，大于 1% 的临界值，因此判断拒绝存在单位根原假设，即不存在单位根，是平稳序列。

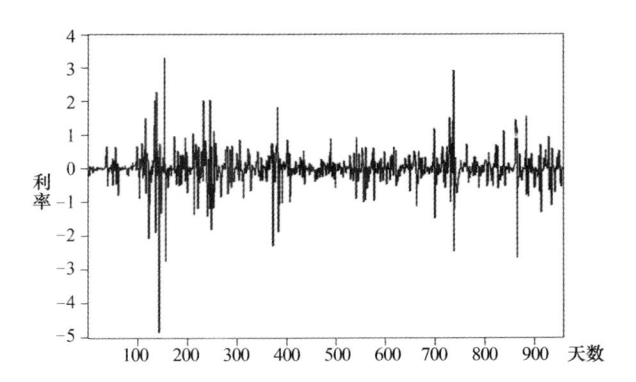

图 4-6 7 天同业拆放利率一阶差分走势

图 4-7 Shibor 利率相关系数

表 4-6　　　　　　　　7 天同业拆放利率的平稳性检验

		t 值	P 值
ADF 检验 t 统计值		-6.15792	0
检验临界值	1%	-3.43698	
	5%	-2.86435	
	10%	-2.56832	

上文中提及 CIR 模型的转变 $r_{t+1} - r_t = \alpha + \beta r_t + \varepsilon_{t+1}$，即 $r_{t+1} = a + b r_t + \mu_t$，从而建立 AR（1）模型，利用 eviews9.0 软件对 7 天同业拆放利率进行 OLS 回归，得到如下结果：

表 4-7　　　　　　　　7 天同业拆放利率回归结果

Variable	Coefficient	Std. Error	t - Statistic	Prob
C	3.689774	0.200220	18.42856	0.0000
AR（1）	0.921939	0.012502	73.74345	0.0000
R - squared	0.850876	Mean dependent var		3.679634
Adjusted R - squared	0.850740	S. D. dependent var		1.250074
S. E. of regression	0.482976	Akaike info criterion		1.384394
Sum squaredresid	222.3137	Schwarz criterion		1.393976
Log likelihood	-659.0372	Hannan - Quinncriter.		1.387672
F - statistic	5438.087	Durbin - Watson stat		1.846429
Prob（F - statistic）	0.000000			

从表 4-7 中可以得出模型表达式为：$r_{t+1} = 0.2882 + 0.9219 r_t$，即 $r_{t+1} - r_t = 0.2882 - 0.0781 r_t$。回归结果中显示各变量 t 检验的伴随概率均为 0，拒绝变量系数显著为零的原假设。方程拟合优度 R^2 反映了模型拟合实际利率的程度，可以看出拟合效果较好。DW 值也显示了拟合方程残

差不存在相关性，其他统计指标 AIC、SC、F 均显示了该方程的拟合效果较优。

$r_{t+1} = a + br_t + \mu_{t+1}$ 中的 $|b| < 1$，那么时间序列 r_t 就不会"过分"偏离其均值水平，即平稳的利率时间序列 r_t 表现出一种向其均值水平回复的特征，也就是均值回复。表 4 – 5 中，$-\alpha/\beta = 0.2882/0.0781 = 3.6898\%$，这说明在长期利率围绕着 3.6898% 的水平上下波动，这一结果与上文中描述性统计中的平均值 3.6782% 相符，其向均值回复的速度为 0.0781。$|b|$ 越大，ACF 表现得越平缓，这种现象被称为惯性、持久性、平滑性或者记忆性。在本书样本数据回归结果中 $b = 0.9219$ 接近于 1，这与现实中利率等宏观金融事件序列变量经常表现出的较高持久性相符。

第三节 利率期限结构变动的主成分分析

一 数据选择与说明

主成分分析所用数据是根据前文估计的 2013 年 7 月至 2017 年 12 月期间每月末的 N – S 模型，分别计算 0.5 年、1 年、2 年、3 年、4 年、5 年、6 年、7 年、10 年、15 年、20 年、25 年共 12 年利率主干点的即期利率，共 54 个月度数据。

如表 4 – 8 所示，可以看出各期限国债收益率的统计量描述，其中，波动幅度最小的为 0.5 年、1 年等短期限的债券收益率，而中期债券即期利率波动幅度逐渐增大，15 年期及以上的债券收益率波动幅度又呈现减小的趋势。可以看出相对于中期债券收益率来说，短期和长期的收益率表现出平滑的趋势。

表 4 – 8　　　　　各利率主干点利率数据描述性统计

期限	均值	中位数	最大值	最小值	标准差	J – B 统计量
0.5 年	0.032015	0.032278	0.037204	0.025930	0.002913	1.395963
1 年	0.035587	0.035743	0.039545	0.030492	0.002344	1.466482

续表

期限	均值	中位数	最大值	最小值	标准差	J-B 统计量
2 年	0.038674	0.038825	0.041105	0.034782	0.001474	2.520877
3 年	0.039873	0.040089	0.041489	0.036999	0.000991	3.855742
4 年	0.040463	0.040582	0.041649	0.038267	0.000724	4.496955
5 年	0.040809	0.040877	0.041740	0.039062	0.000569	4.310369
6 年	0.041037	0.041060	0.041800	0.039599	0.000474	3.597754
7 年	0.041198	0.041219	0.041843	0.039985	0.000416	2.953617
10 年	0.041488	0.041525	0.042039	0.040679	0.000344	3.748240
15 年	0.041713	0.041809	0.042257	0.040899	0.000334	6.121219
20 年	0.041825	0.041964	0.042468	0.040999	0.000346	7.021760
25 年	0.041893	0.042028	0.042594	0.041048	0.000358	7.184363

二 ADF 检验

本书通过分解样本数据协方差矩阵，结合债券的样本数据，采用主成分分析法，对其进行研究。但是，由于缺乏丰富的经验和全面的数据，本书在研究过程中要高度重视此问题给实证结果带来的不利影响。在对样本数据进行主成分分析之前，要判断利率的时间序列是否平稳，如果是非平稳随机过程，那么这种非平稳性会对主成分分析结果带来不确定的影响。

时间序列数据一般是高度相关的，但也不排除平稳情况。因此在进行主成分分析之前首先要进行平稳性检验，本书在核验数据的单位根时，利用了 ADF 方法，其结果如表 4-9 所示。可以看出在 99% 的置信度水平下，通过检验的为前 9 个利率节点，而后 3 个则没有通过核验，表明原序列存在单位根，即不平稳。因此不可以直接进行主成分分析，为了保持一致性，对所有节点利率均进行差分处理。

表4-9　　　　　　　　　原序列单位根检验结果

	ADF 值	1%	5%	10%
x_1	-7.478398	-3.560019	-2.917650	-2.596689
x_2	-7.555682	-3.560019	-2.917650	-2.596689
x_3	-7.929662	-3.560019	-2.917650	-2.596689
x_4	-8.197579	-3.560019	-2.917650	-2.596689
x_5	-8.189820	-3.560019	-2.917650	-2.596689
x_6	-7.874510	-3.560019	-2.917650	-2.596689
x_7	-7.308420	-3.560019	-2.917650	-2.596689
x_8	-6.612077	-3.560019	-2.917650	-2.596689
x_9	-4.712918	-3.560019	-2.917650	-2.596689
x_{10}	-3.226111	-3.560019	-2.917650	-2.596689
x_{11}	-2.811965	-3.560019	-2.917650	-2.596689
x_{12}	-1.824460	-3.562669	-2.918778	-2.597285

注：数据由 eviews 整理得出。

表4-10是对原序列进行一阶差分后的单位根检验结果，不难看出在99%的置信区间下，一阶差分后的序列是平稳的。因此，本书主要对一阶差分数据进行主成分分析。

表4-10　　　　　　　　一阶差分后的数据单位根检验结果

	ADF 值	1%	5%	10%
$d\,x_1$	-8.326454	-3.565430	-2.919952	-2.597905
$d\,x_2$	-8.457207	-3.565430	-2.919952	-2.597905
$d\,x_3$	-8.651776	-3.565430	-2.919952	-2.597905
$d\,x_4$	-8.758172	-3.565430	-2.919952	-2.597905
$d\,x_5$	-8.785366	-3.565430	-2.919952	-2.597905
$d\,x_6$	-8.745334	-3.565430	-2.919952	-2.597905
$d\,x_7$	-8.641481	-3.565430	-2.919952	-2.597905
$d\,x_8$	-8.476536	-3.565430	-2.919952	-2.597905
$d\,x_9$	-10.47798	-3.562669	-2.918778	-2.597285
$d\,x_{10}$	-9.573487	-3.562669	-2.918778	-2.597285
$d\,x_{11}$	-9.639915	-3.562669	-2.918778	-2.597285
$d\,x_{12}$	-9.980974	-3.562669	-2.918778	-2.597285

三 实证结果分析

本书利用 KMO 测试和巴特利特球形检验来验证上述变量是否适合因子分析。用 SPSS 软件分析后，结果如表 4-11 所示。结果表明，KMO 测试值为 0.772，表示变量间的公因子较多，样本数据适合用于因子分析。巴特利特球形检验结果为 6272.612，检验的显著性水平为 0.000，拒绝巴特利特球形检验的零假设，即相关矩阵不是单位矩阵，同样表明数据适合进行因子分析。

表 4-11　　KMO 测试值及巴特利特球形检验

取样足够的 Kaiser - Meyer - Olkin 度量		0.772
Bartlett 的球形度检验	近似卡方	6272.612
	df	91
	Sig.	0.000

运用 SPSS 软件对差分后的序列进行主成分分析，主成分的特征值、方差贡献度和累积贡献度如表 4-12 所示。当累计贡献率达到 80%—95% 时，可以确认为主成分数据。可以看出，前 2 个主要因素的方差贡献度分别为 73.542%、25.959%，累计贡献度为 99.964%，表明这两个主成分解释的利率期限结构变异高达 99.964%，具有较高的解释度。在大多数学者的研究中，提取出三个主成分因子，即水平因子、斜率因子和曲度因子，本书主成分分析结果显示第三个因子的方差贡献率为 0.463%，解释力度不大，因此，本书认为从当前中国国债市场样本收益率数据提取的因子主要有两个：水平因子和斜率因子。

表 4-12　　主成分分析结果

成分	初始特征值			提取平方和载入		
	合计	方差贡献率	累计方差贡献率	合计	方差贡献率	累计方差贡献率
1	8.825	73.542	73.542	8.825	73.542	73.542
2	3.115	25.959	99.501	3.115	25.959	99.501

续表

成分	初始特征值			提取平方和载入		
	合计	方差贡献率	累计方差贡献率	合计	方差贡献率	累计方差贡献率
3	0.056	0.463	99.964			
4	0.004	0.035	99.999			
5	0.000	0.001	100.000			

崖底碎石图4-8表明特征值曲线在因子2处出现"拐点"，因子1、2之间的斜率较大，其他因子间斜率较小。所以，本书通过主成分1和主成分2，对上交所的国债收益率风险因素进行深入分析。

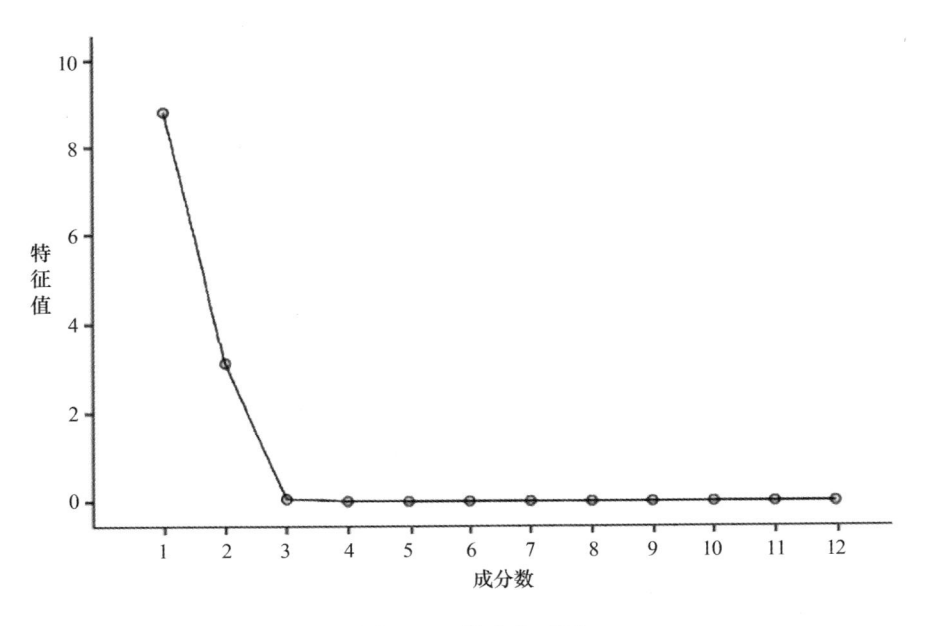

图4-8 崖底碎石图

进一步求出主成分因子的负荷矩阵如表4-13所示。当主成分代表水平因素时，这表明在不同时期内第一主成分的负荷因子相同；当主成分代表长短期利差时，这表明随着期限的增加，第二主成分的符合因子呈现增加或者减少趋势；当主成分代表曲率因子时，表明第三主成分的长期、短期负荷因子较低，中期期限较大。

表4-13　　　　　　　　　因子负荷矩阵

变量	PC 1	PC 2
x_1	0.863	-0.474
x_2	0.909	-0.407
x_3	0.949	-0.312
x_4	0.972	-0.232
x_5	0.986	-0.155
x_6	0.996	-0.074
x_7	0.999	0.013
x_8	0.993	0.105
x_9	0.920	0.391
x_{10}	0.651	0.759
x_{11}	0.386	0.921
x_{12}	0.205	0.977

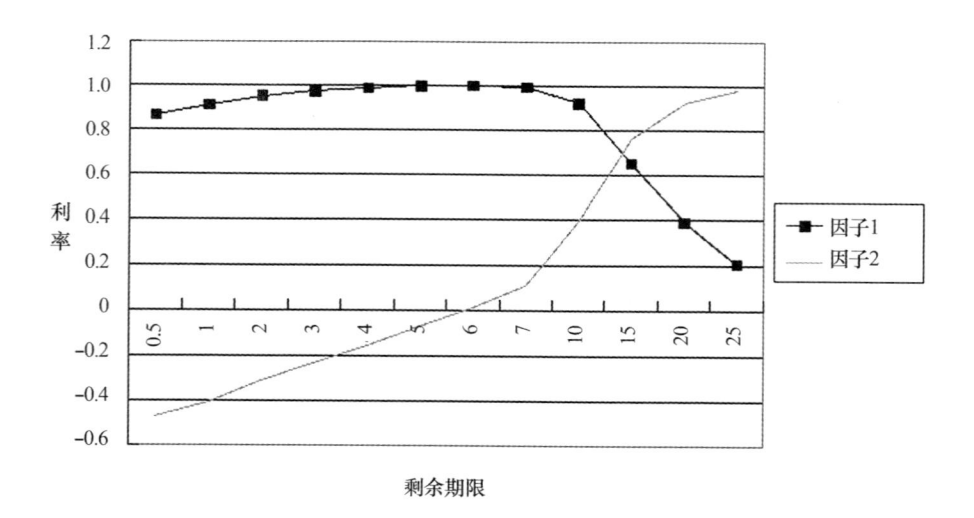

图4-9　利率变动的主成分分析

第一个主成分系数基本上呈现出非负特征，这表明不同曲线的收益率受到水平因素的影响程度和方向较为一致。其中，中国利率曲线结构随着水平因素的影响呈现平行移动。可以看出水平因素的贡献率为

73.542%，对利率期限结构的变动起着决定性影响作用。这一贡献率在外国国债市场中通常为70%以上，与国外市场相比，由于我国市场化基准利率不断完善，现阶段水平因素对我国利率期限结构影响较为显著。

利率曲线的斜率变化可以通过第二个主成分进行解释。和长期利率水平相比，短期和中期利率受到倾斜因素的影响幅度较大，并且在不同方向都对长短期利率产生影响，因此，随着到期期限的增加，我国收益率曲线更加平滑，长期国债收益率偏低。与国外相比，中国国债利率期限结构中倾斜因素发挥的作用比较大。

复杂的曲率因素可以同时被第三个主成分进行分析。其中，中期利率和长、短期利率变化的方向截然不同。本书得出的第三个因子贡献度仅为0.463%，与国外较低的水平大致相当。这主要是因为国内国债投资者大多为机构投资者，而近年来国债品种不断丰富，金融市场产品创新不断增强，可供投资者投资的金融资产越来越多，国债交易并不活跃。国债市场投资者更显理性，使得利率期限结构并未过于复杂。

表4-14　　　　　　　　　　因子得分系数矩阵

	成分	
	因子1	因子2
x_1	0.098	-0.152
x_2	0.103	-0.131
x_3	0.108	-0.100
x_4	0.110	-0.075
x_5	0.112	-0.050
x_6	0.113	-0.024
x_7	0.113	0.004
x_8	0.113	0.034
x_9	0.104	0.126
x_{10}	0.074	0.244
x_{11}	0.044	0.296
x_{12}	0.023	0.314

分析表 4-14 可知，对于国债利率期限结构的前两个主成分可以分别表示为：

第一主成分：

$$\begin{aligned} P_1 =\ & 0.098\, x_1 + 0.103\, x_2 + 0.108\, x_3 + 0.110\, x_4 \\ & + 0.112\, x_5 + 0.113\, x_6 + 0.113\, x_7 \\ & + 0.113\, x_8 + 0.104\, x_9 + 0.074\, x_{10} \\ & + 0.044\, x_{11} + 0.023\, x_{12} \end{aligned} \qquad (4-8)$$

第二主成分：

$$\begin{aligned} P_2 =\ & -0.152\, x_1 - 0.131\, x_2 - 0.100\, x_3 - 0.075\, x_4 \\ & - 0.050\, x_5 - 0.024\, x_6 + 0.004\, x_7 \\ & + 0.034\, x_8 + 0.126\, x_9 + 0.244\, x_{10} \\ & + 0.296\, x_{11} + 0.314\, x_{12} \end{aligned} \qquad (4-9)$$

本章小结

本书采用利率期限结构的 Nelson – Siegel 静态模型，根据市场交易的国债价格，采用最小化到期收益率误差平方和进行参数估计，然后运用曲线拟合技术估计整个市场的利率期限结构的过程。研究发现，利用 N – S 模型能够取得比较好的拟合效果，在分析短期债券时，整体即期利率和剩余期限成正比例关系，剩余期限增加使得即期利率也在不断上升，边际量在不断缩小。分析即期利率曲线，期限增加，该曲线呈平缓状态。通过对比实际价格与国债理论价格（利用 N – S 模型拟合），运用 N – S 模型能够更好地拟合近期国债价格，但是从长期讲，仍然能够增大拟合误差。本书利用上述模型，所拟合的收益率曲线与经济现象比较相符。随着到期期限的时间的加长，收益率不断增加，与预期理论符合。目标函数中实际价格与理论价格拟合的误差波动在一定的范围内，基本趋势大体一致，误差值较小。

本书通过分析比较成熟的利率期限结构模型研究中国的同业拆借市场利率，建立相应的利率期限结构模型。说明了同业拆借利率具有一定的均值回复特征。当利率水平较高的时候，其波动性也比较大，这说明在研究样本期间 7 天同业拆放利率的波动较大。在长期,利率围绕着 3.6898% 的水平上下波动,这一结果与描述性统计中的平均值 3.6782% 相符,其向均值回复的速度为 0.0781。在本书样本数据回归结果中 b = 0.9219 接近于 1,这与现实中利率等宏观金融事件序列变量经常表现出的较高持久性相符。

相对于中期债券收益率来说,短期和长期的收益率表现出平滑的趋势。研究第一个主成分系数,其具有非负特征。受到水平因素的影响,不同到期收益率在影响程度和方向方面,比较趋于一致。我国利率期限由于在水平因素的影响作用下,其能够保持平行移动。中国长期国债收益率曲线随着到期期限的增加逐渐变得平缓,长期国债收益率偏低。与国外相比,中国国债利率期限结构中倾斜因素发挥的作用比较大。中期利率的变化方向和长短期利率变化方向不同,长短期利率能够保持同向变化,中国国债市场投资者更显理性,使得利率期限结构并未过于复杂。

第 五 章

利率期限结构内含宏观经济信息的实证研究

利率期限涵盖了多种信息,比如通货膨胀、经济增长趋势、宏观经济发展等。各大信息的变动情况直接体现了经济周期的波动。研究该结构中的宏观经济信息,一方面可以丰富学术界理论基础,另一方面有助于指导央行制定货币政策。

第一节 利率期限结构与宏观经济信息的关联性

经济学上分析利率差距能够直接反映经济发展趋势,较小的利差代表紧缩的经济状态,较大的利差则代表扩张的经济状态。在使用利率期限预测分析宏观经济时,往往需要用到多个理论基础。Estrella(1997)建立了理性预期模型,运用多种理论基础,该模型能够为预测宏观经济信息提供一个完善的理论框架。另外,参照 Oda 和 Suzuki(2007)研究模型,本书也构建一个利率期限结构和宏观经济信息的一个分析框架。

分析图 5-1,可以发现利率期限和宏观经济具有较高的相关程度。在宏观经济政策方程中涵盖了三大要素,即总供给、总需求以及货币政策。该方程中的各个信息因素往往能够转化为 VAR,能够动态作用于利率期限结构。

利率期限模型涵盖信息比较全面,一方面考虑了市场金融秩序如何影响宏观经济,另一方面也包含了宏观经济信息。利用该模型,能够客

第五章 利率期限结构内含宏观经济信息的实证研究　◀◀　85

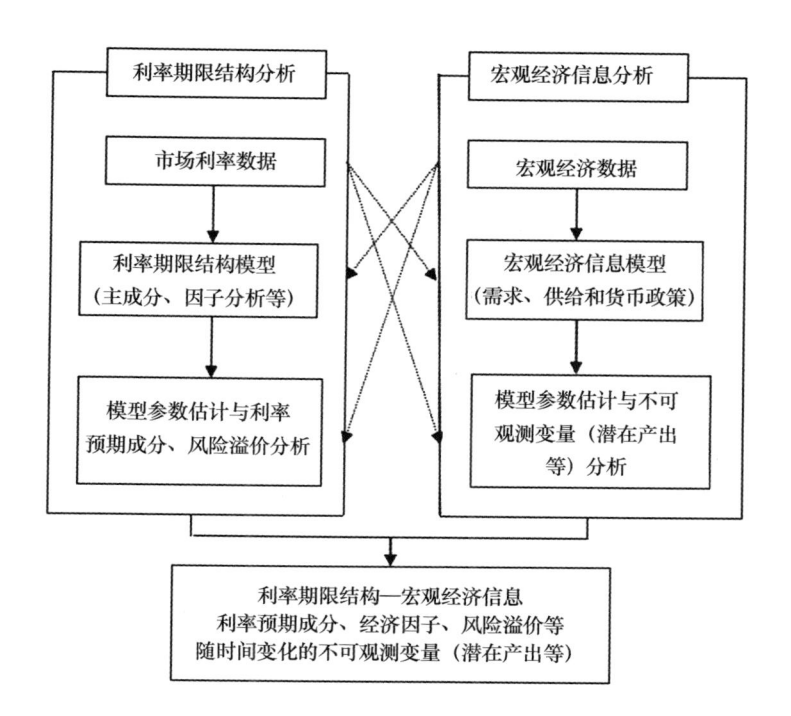

```
┌─利率期限结构分析──┐      ┌─宏观经济信息分析──┐
│                    │      │                    │
│   ┌──────────┐   │      │   ┌──────────┐   │
│   │ 市场利率数据 │   │      │   │ 宏观经济数据 │   │
│   └──────────┘   │      │   └──────────┘   │
│         ↓         │      │         ↓         │
│   ┌──────────┐   │      │   ┌──────────┐   │
│   │利率期限结构模型│   │      │   │宏观经济信息模型│   │
│   │(主成分、因子分析等)│  │      │   │(需求、供给和货币政策)│ │
│   └──────────┘   │      │   └──────────┘   │
│         ↓         │      │         ↓         │
│   ┌──────────┐   │      │   ┌──────────┐   │
│   │模型参数估计与利率│ │      │   │模型参数估计与不可│ │
│   │预期成分、风险溢价分析│ │      │   │观测变量(潜在产出│  │
│   │                │   │      │   │等)分析        │   │
│   └──────────┘   │      │   └──────────┘   │
└────────────────┘      └────────────────┘
                    ↓
        ┌──────────────────────┐
        │ 利率期限结构—宏观经济信息      │
        │ 利率预期成分、经济因子、风险溢价等 │
        │ 随时间变化的不可观测变量(潜在产出等)│
        └──────────────────────┘
```

图 5-1　利率期限结构与宏观经济信息的关联性

观分析通货膨胀、经济产出、货币政策的相关程度，能够有效识别不可测量因素，比如分析潜在产出。宏观经济也能反作用于利率期限结构，其对该结构具有一定的作用，能够有效度量宏观经济市场价，利用方差分析、脉冲函数等，基于定量研究角度，可以准确获得两者之间的相关度，进而为宏观经济调控提供理论参考。

第二节　利率期限结构与宏观经济信息之间的实证研究

一　数据选择与说明

同本书第四章第一节，本书选择上海证券交易所 2013 年 7 月到 2017 年 12 月期间 54 个月 60 只不同品种共（54×60 维）的固定息票利率的国债数据作为研究对象。

二 利率期限结构曲线的主成分分析

Litterman 和 Scheinkman 在研究中首次提出了因子模型，收益率曲线包含三大因子，具体表现为斜率（S 即 Steepness）、水平（L - level）以及曲度（C - Curvature），可以用上述 S、L、C 综合解释收益率曲线。水平（L - level）因子在和即期利率数阵中的根进行对应时，其对应最大特征根，平行移动决定了利率曲线的变动，具有主导作用，增加水平因子能够在很大程度上同等程度的增加期限收益率。斜率（S 即 Steepness）因子在对应即期利率矩阵中，其和第二特征根进行对应。斜率因子往往和收益率曲线的斜率具有高度相关关系，由于斜率因子的存在，导致长短期收益率变化方向不尽相同，必然会影响收益率曲线的倾斜程度。曲度（C - Curvature）因子和第三特征根进行对应，曲度因子能够和曲率高度相关，曲度不会影响长短期收益率，主要作用于中期收益率，从而使得收益曲线的曲率发生变化。

在本书中，通过使用 54 个月的调查数据，选取了其中的 12 个利率主干点，其代表了关键期限利率。运用一阶差分法，分析 12 个主干利率点的变动情况，根据十二大主干点的历史数据，在进行主成分分析时，采用 SPSS17.0 软件以进行统计分析。得到结果如下：

公共因子碎石图如图 5 - 2 所示，图中纵轴代表了因子特征数值，横轴代表了公共因子数量个数。最前面的三个公共因子具有明显的特征值，第四个公共因子的特征值比较稳定。在描述原变量信息时，可以有效提取前三个公共因子，其具有明显的显著性。

主成分分析结果如表 5 - 1 所示，分析表中数据可以发现，前三大因子在为收益曲线方差贡献方面，数值为 76.68%、14.63% 和 8.63%，可以看出在解释总体方差时，解释能力能够达到约 99.94%，前三大因子能够更好地解释了我国国债利率期限结构收益率曲线的动态特征。

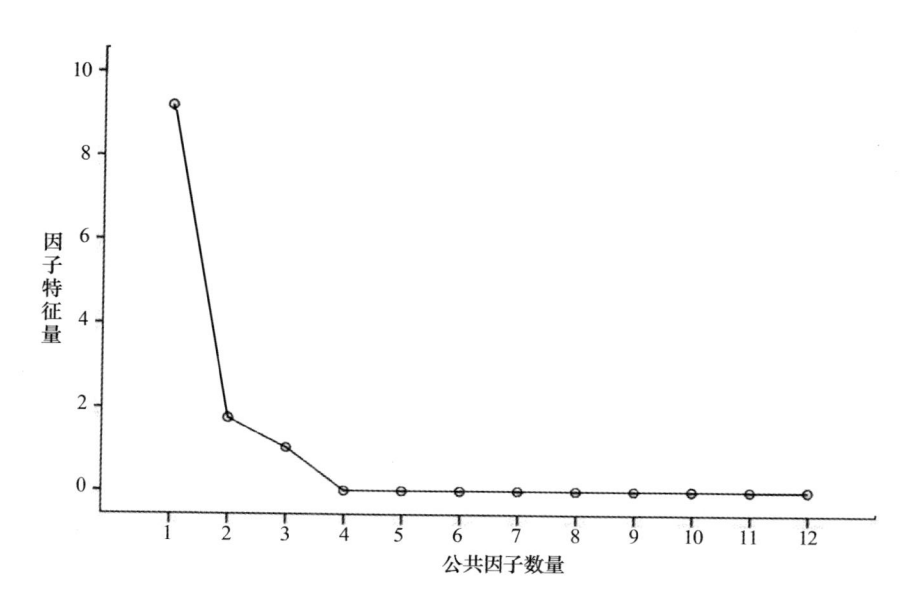

第五章　利率期限结构内含宏观经济信息的实证研究　　◀◀　87

图 5 - 2　公共因子碎石图

表 5 - 1　　　　　　国债利率期限结构主成分分析结果

Component	Total	% of Variance	Cumulative %	Yeild	Component1	Component2	Component3
1	9.202	76.681	76.681	0.5	0.629	0.494	0.6
2	1.756	14.633	91.314	1	0.796	0.287	0.533
3	1.035	8.627	99.941	2	0.949	-0.186	0.255
4				3	0.914	-0.402	0.041
5				4	0.906	-0.419	-0.05
6				5	0.937	-0.341	-0.08
7				6	0.966	-0.237	-0.101
8				7	0.984	-0.126	-0.12
9				10	0.989	-0.005	-0.145
10				15	0.963	0.208	-0.162
11				20	0.758	0.601	-0.255
12				25	0.596	0.682	-0.422

图 5-3 代表不同成分的潜在因子：

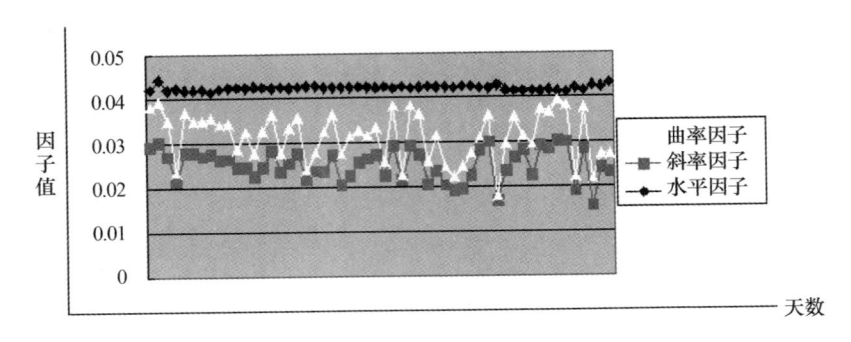

图 5-3　上交所国债利率期限结构水平、斜率和曲率因子

三　斜率因子与通货膨胀的关联

基于前人研究的基础上，收益率曲线的形状可以反映预期通胀率，如果收益率曲线形状陡峭，而且向右上方倾斜，代表在未来预期通胀率能够提高。反之如果收益率曲线向右下方倾斜，则代表了预期通胀率将呈现下降趋势。斜率因子与通货膨胀有着相同变化的趋势。本书采用每月 CPI 的价格指数代替通货膨胀指标的变化，以及利用上文提取的斜率因子进行描述统计如下：

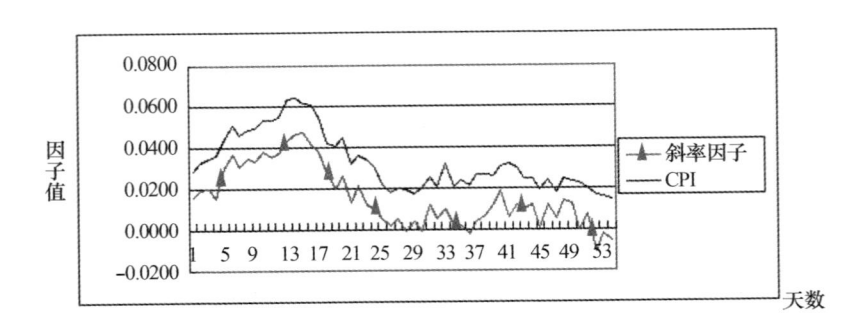

图 5-4　斜率因子与通货膨胀关系

图 5-4 显示斜率因子变化的趋势与通货膨胀变化的趋势基本一致，可见斜率因子与通货膨胀率存在着一定的关联。

四 水平因子与经济产出的关联

由预期理论可知,水平因子代表长期利率水平,而长期利率水平则是人们根据利率期限结构中预期未来短期利率水平,它实则反映了实体经济未来对资金需求状况以及未来经济周期。当未来收益率水平整体上移时,则预测未来经济出现繁荣的态势,企业往往急需资金,具有很高的资金需求。如果收益率整体下降,可以看出未来经济发展趋势将呈现衰落,企业对资金的需求回落。如图5-5所示,由于经济产出的GDP值为季度数据,为方便比较我们采用工业增加值来替代该值与主成分分析提取的水平因子进行描述统计,结果如图5-5所示。

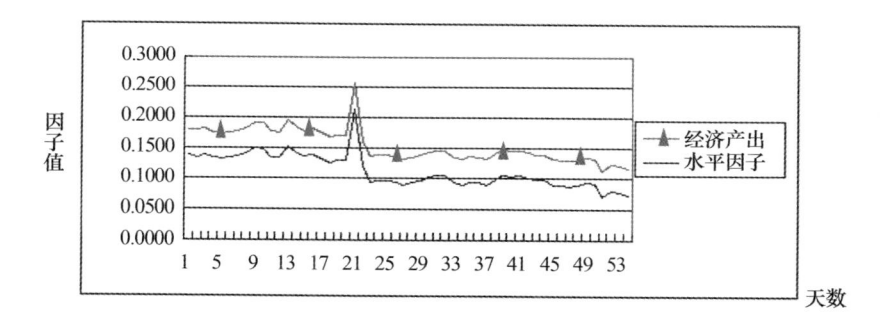

图5-5 水平因子与经济产出的关联

图5-5显示经济产出的变动趋势基本上与水平因子一致,这也正是反映了两者正相关的关系。说明透过利率期限结构可以预测经济增长的变动趋势。

第三节 利率期限结构潜在因子与宏观经济信息的VAR检验

一 数据选取与指标体系的构建

利用N-S动态模型,可以使用三大主要因子斜度、水平、曲率进行有效拟合,以便能更好地体现利率期限的变化情况。对于宏观经济指标除了上文我们所初步研究与描述的经济产出 INA（工业产出增加值）与通货膨胀 CPI 等变量与潜在因子关系外，我们还选取了代表货币政策的市场流动性指标 M_2、直接反映了银行间市场资金松紧状况的银行间同业拆借利率（Interbank Rate）。其中，居民消费价格指数（CPI）是衡量物价水平的最佳指标，因为它能够直观地反映出物价的变动趋势，能够很好地检验通货膨胀的效应。广义货币供应量（M_2）体现了中间市场与投资行为的活跃性。可以利用 M_2 水平来反映市场经济中的投资行为。如果 M_2 过高，代表在市场活动中投资行为过热，有危机风向；反之，如果 M_2 过低，代表在市场活动中投资行为严重不足，将面临涨价风险。GDP 作为季度数据，研究者为了更好研究工业生产状况，在本研究中使用工业增加值（INA）。

本节所用数据的频率均为月度数据，选用 2013 年 1 月到 2017 年 12 月区间的上交所数据，数据来源中国人民银行、Wind 数据库的网站。为了消除原始数据的季节性因素和异方差，本节采用 M_2、居民消费价格指数、银行间同业拆借利率、工业增加值四组总量数据的同比变化率作为分析的对象，表 5 - 2 所示为具体变量：

表 5 - 2　　　　　　　　　变量符号与代表的数据

变量符号	代表数据
M_2V	M_2 的同比变化率
Interbank Rate	银行同业拆借利率的同比变化率
CPI	居民消费者价格指数同比变化率（上年同月 = 100）
INA	工业增加值同比实际变化率

二　ADF 检验

在使用 ADF 进行检验时，往往需要用到三个模型。第一个要使用的模型需要涵盖截距和趋势项，第二个需要用到的模型只包含截距，第三个需要用到的模型不包括截距和趋势项。而且提出，若 ADF 值小于 Mackinnon 临界值，则序列具有平稳性，否则相反。在检验单位根时，首先从水平序列进行检验，若是不存在单位根，使用一些差分法进行检验。如果仍然有单位根，则使用二阶差分法、高阶差分法等，直到该序列具有平稳性才能停止检验。将 I（0）为零阶单整，I（1）为一阶单整，I（2）为二阶单整，I（n）为 n 阶单整。结果如表 5 – 3 所示：

表 5 – 3　　　　　　　　　变量的平稳性检验

变量名	(C, T, L)	ADF 值	5% 显著性水平的临界值	P 值	结论（5% 显著性水平）
M_2V	(1, 0, 4)	-1.950175	-2.917650	0.3075	不平稳
Interbank Rate	(1, 0, 4)	-3.093538	-3.004861	0.0419	平稳
CPI	(1, 0, 4)	-0.993571	-2.917650	0.7493	不平稳
INA	(1, 0, 4)	-2.605189	-2.917650	0.0983	不平稳

在 ADF 模型中，以 SIC 最小法则确定的滞后阶数、不含趋势项、含趋势项、不含截距项、含截距项分别用 L、T = 0、T = 1、C = 0、C = 1 表示。

从表 5 – 3 可以看出，平稳序列为 Interbank Rate，其余都为不平稳序列。所以，本书将 M_2V、CPI、INA 进行一阶差分后，得到 DM_2V、DCPI，对其进行单位根核验，可以得出：

表 5 – 4　　　　　不平稳变量一阶差分后的平稳性检验

变量名	检验形式 (C, T, L)	ADF 值	5% 显著性水平的临界值	P 值	结论（5% 显著性水平）
DM_2V	(1, 1, 0)	-8.611024	-2.918778	0.0000	平稳
DCPI	(1, 1, 0)	-8.631197	-2.918778	0.0000	平稳
DINA	(1, 1, 0)	-9.833095	-2.918778	0.0000	平稳

从上表可得，三个因子都是不含单位根的平稳序列。

三　VAR 模型的脉冲响应分析和方差

通过对变量的滞后期进行科学确定，本书构建了较为准确的 VAR 模型。其中，模型的自由度和滞后期有着密切联系，会对参数的估计效果产生影响。通常而言，滞后期小，自由度小。通过 AIC 和 SC 原则选取 VAR 模型的最优滞后阶数为 2 期，本书在构建模型时选择滞后期为 2 期，可以得出：

$$\begin{bmatrix} CPI_t \\ INA_t \\ INTERBANK_t \\ M_2V_t \\ LEVEL_t \\ SLOPE_t \\ CURVATURE_t \end{bmatrix} = \begin{bmatrix} -0.324015 & 0.028627 & -0.087666 & 0.176743 & 0.817337 & -1.583533 & -4.423167 \\ 0.950182 & -0.403161 & 0.028679 & -0.093696 & 6.539355 & -12.80851 & -42.25241 \\ -0.299389 & -0.009711 & 0.317801 & 0.044385 & 1.313010 & -2.174700 & 7.459949 \\ 0.484363 & 0.067770 & -0.232255 & 0.699088 & 3.693241 & -6.541086 & -9.515488 \\ 0.185851 & 0.071195 & 0.024435 & -0.082020 & -0.378923 & 0.390421 & -2.181836 \\ 0.072094 & 0.031532 & 0.010090 & -0.019736 & -0.412488 & 0.710311 & -0.248151 \\ 0.008627 & 8.79E-05 & 0.005619 & -0.009877 & -0.080274 & 0.139195 & -0.248151 \end{bmatrix} \begin{bmatrix} CPI_{t-1} \\ INA_{t-1} \\ NTERBANK_{t-1} \\ M_2V_{t-1} \\ LEVEL_{t-1} \\ SLOPE_{t-1} \\ CURVATURE_{t-1} \end{bmatrix}$$

$$+ \begin{bmatrix} -0.083084 & 0.023738 & 0.054843 & -0.049019 & -1.006348 & 2.509360 & 0.266546 \\ 0.161577 & -0.354968 & 0.6727823 & 0.155536 & -6.994996 & 13.42632 & 6.009978 \\ -0.001828 & 0.001128 & -0.128361 & 0.027445 & 2.0721478 & -3.537766 & -2.312200 \\ -0.009779 & -0.110213 & -0.128217 & 0.1277826 & -1.175161 & 1.811076 & 4.419475 \\ 0.2832339 & 0.0551408 & 0.0474291 & 0.0251416 & -1.104390 & -2.181836 & 1.4164056 \\ 0.1103929 & 0.024334 & 0.0191837 & -0.002460 & -0.559136 & -0.248151 & 0.662895 \\ 0.021354 & 0.0019233 & 0.0029741 & 0.0073770 & 0.005171 & 0.052710 & -0.218183 \end{bmatrix} \begin{bmatrix} CPI_{t-2} \\ INA_{t-2} \\ INTERBANKRATE_{t-2} \\ M_2V_{t-2} \\ LEVEL_{t-2} \\ SLOPE_{t-2} \\ CURVATURE_{t-2} \end{bmatrix}$$

$$+ \begin{bmatrix} 0.007383 \\ 0.044757 \\ -0.316785 \\ -0.205519 \\ 0.239540 \\ 0.092290 \\ 0.008553 \end{bmatrix}$$

本书在计算过程中，确保整个 VAR 模型稳定性的条件下，对各变量进行方差分解和脉冲响应分析。

从图 5-6 中可以看出，单位圆内有很多模型的特征根，最大值为 0.994471，这表明整个系统都较为平稳，能够进行下一步的计算。

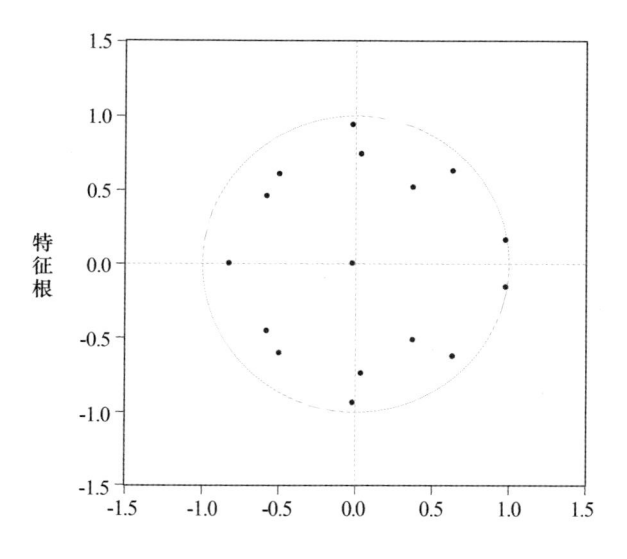

图 5-6　平稳性检验结果

四　利率期限结构对宏观经济变量的影响

从前文可知，本书选取最优的滞后阶数为各变量的 2 阶滞后变量。通过 VAR 检验发现，滞后期的曲率、斜率、水平因子对 CPI、银行同业拆借利率、M_2、工业增加值产生较为显著的影响。这与主流经济学者研究的利率期限结构是宏观经济的指示器作用的结论相符合。

从表 5-5 可知，CPI 和滞后一期的斜率呈现正相关关系，这表明通胀变化和利率期限结构的变化有非常密切的内在联系，其未来通胀趋势的预测和评估可以通过利率期限结构水平进行判断。由于银行同业拆借利率基本为短期利率，银行同业拆借利率同滞后一期的水平因子成正相关关系。由此可见，银行同业拆借利率的走势可以通过利率期限结构的水平因子进行判断。同理，滞后一期的利率期限结构斜率一直和 M_2 呈现负向相关关系，长短期利差变小，经济的景气指数不被看好，资金在中间市场的活跃度下降，人们对市场的信心不足。而曲率因子和斜率因子对工业增加值影响不稳定，没有明显地显示出正向还是负向的关系。

表 5-5　　滞后期期限结构因子对宏观经济变量的显著影响

	CPI	INA	INTERBANKRATE	M_2V
LEVEL (-1)	0.817337 (1.45725) [0.56088]	6.539355 (4.83013) [1.35387]	1.313010 (2.88353) [0.45535]	3.693241 (2.24429) [1.64562]
LEVEL (-2)	-1.0063 (1.50951) [-0.66667]	-6.9950 (5.00336) [-1.39806]	2.072147 (2.98694) [0.69374]	-1.1752 (2.32478) [-0.5054]
SLOPE (-1)	-1,5835 (2.98012) [-0.53137]	-12.8085 (9.87775) [-1.29670]	-2.1747 (5.89690) [-0.36879]	-6.5411 (4.58964) [-1.42519]
SLOPE (-2)	2.509360 (3.08840) [0.81251]	13.42632 (10.2367) [1.31159]	-3.5378 (6.11116) [-0.57890]	1.811076 (4.75640) [0.38077]
CURVATURE (-1)	-4.4232 (4.95683) [-0.8923]	-42.2524 (16.4297) [-2.5717]	7.459949 (9.80831) [0.76057]	-9.5155 (7.63394) [-1.2464]
CURVATURE (-2)	0.266546 (4.77254) [0.05585]	6.009978 (15.8188) [0.37993]	-2.3122 (9.44365) [-0.24484]	4.419475 (7.35012) [0.60128]

从图 5-7 分析，宏观变量的冲击受到曲率因子影响较小。具体从各经济变量分析来看，只有工业增加值呈现上下波动的反应，其中正向波动幅度最大达到 1.00 左右，负向波动值达到 -0.005 左右，其他变量大部分都没有显著变化。

水平因子对未来 6 期的物价指数 CPI 和银行同业拆借利率的影响为正向的冲击效应，正向冲击的最大值为 1.00 左右，随后便不断地收敛于 0；而对货币供应量 M_2 的效应恰巧相反为负的冲击效应，在未来第三期的时

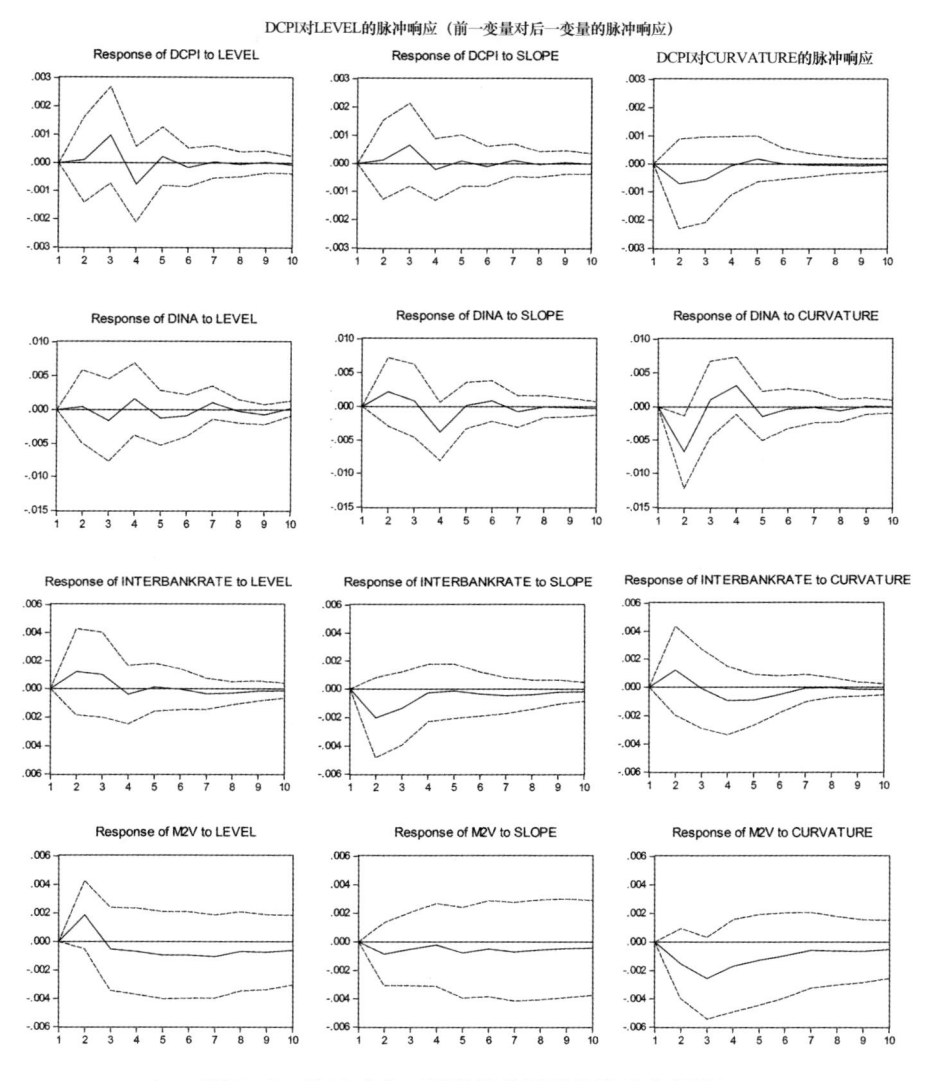

图 5-7 脉冲响应（期限结构因子作为冲击变量）

候达到最大值接近 -0.018。工业增加值呈现上下波动的效应，正向冲击达到 1.8 左右，负向冲击达到 -0.01 左右。水平因子对物价指数 CPI 的影响为负向的冲击效应，其最大值为第三期时间节点。这表明：第一，投资者的未来通胀预期能够通过债券市场的利率期限结构曲率进行判断，可以预测通胀的未来趋势；第二，市场流动性等宏观经济状况能够对通胀和水平因子产生影响，经济状况受到利率期限结构的影响更加敏感和迅速。水平因子对工业增加值的影响在前 8 期为正的冲击效应，此后由正转变为负的冲击效应，直至收敛于 0。

五 宏观经济变量对利率期限结构的影响

在上述研究中，研究者分析了宏观经济和利率期限的相关性，两者能够互相影响、互相作用，具有高度相关程度。经济变量能够有效影响利率期限，利率期限也会受到经济趋势的反作用。总之，这部分我们将从利率期限结构是否也受到上述宏观经济变量的影响，以此确定他们的关系是否是双向的影响关系。与上述分析的方法类似，如表 5 - 6 所示。

表 5 - 6　　滞后的宏观经济变量对期限结构因子的显著影响

	LEVEL	SLOPE	CURVATURE
DCPI（-1）	0.185851 (0.12910) [1.43959]	0.072094 (0.06258) [1.15209]	0.008627 (0.00810) [1.06494]
DCPI（-2）	0.283233 (0.13360) [2.12004]	0.110392 (0.06476) [1.70473]	0.021354 (0.00838) [2.54735]
DINA（-1）	0.071195 (0.03293) [2.16196]	0.031532 (0.01596) [1.97542]	8.79E-05 (0.00207) [0.04254]
DINA（-2）	0.055140 (0.03404) [1.61989]	0.024334 (0.01650) [1.47488]	0.001923 (0.00214) [0.90059]

续表

	LEVEL	SLOPE	CURVATURE
INTERBANKRATE (-1)	0.024435 (0.06700) [0.36472]	0.010090 (0.03247) [0.31072]	0.005619 (0.00420) [1.33668]
INTERBANKRATE (-2)	0.047429 (0.06780) [0.69957]	0.019183 (0.03286) [0.58373]	0.002974 (0.00425) [0.69914]
M_2V (-1)	-0.0820 (0.08096) [-1.01314]	-0.0197 (0.03924) [-0.50295]	-0.0099 (0.00508) [-1.94449]
M_2V (-2)	0.025141 (0.07610) [0.33038]	-0.0025 (0.03688) [-0.06670]	0.007377 (0.00477) [1.54490]

在分析期限结构因子和宏观经济变量关系时，可以看出，M_2、工业增加值 INA 和同业拆借利率和水平因子呈现正相关关系。这表明经济预期良好时，M_2、INA 不断变强，市场发展良好，利率期限结构平稳增长。

斜率因子受基础货币 M_2V 的负向冲击，说明当政府实施扩张的货币政策以刺激实体经济呈现欣欣向荣的发展速度时，资本市场中债券市场会产生挤出效应，使得利率期限结构的中期因子呈现向下平移。

曲率因子则受到较多宏观变量的影响，且受到的影响都为正向冲击的效应，表明利率期限结构短期收益率可以通过宏观经济变量的变化趋势获得。

从图 5-8 的冲击效应来看，银行同业拆借利率对曲率因子的正向冲击效应明显，M_2V 对水平因子的冲击则为上下波动的效应，在第二期的正向冲击达到了 0.008 左右。INTERBANKRATE 以及 M_2V 对斜率因子有正向冲击效应；其他的物价指数、工业增加值、对斜率因子的冲击为上下波动的效应，其中物价指数的波动幅度最大，从前三期来看整体上呈

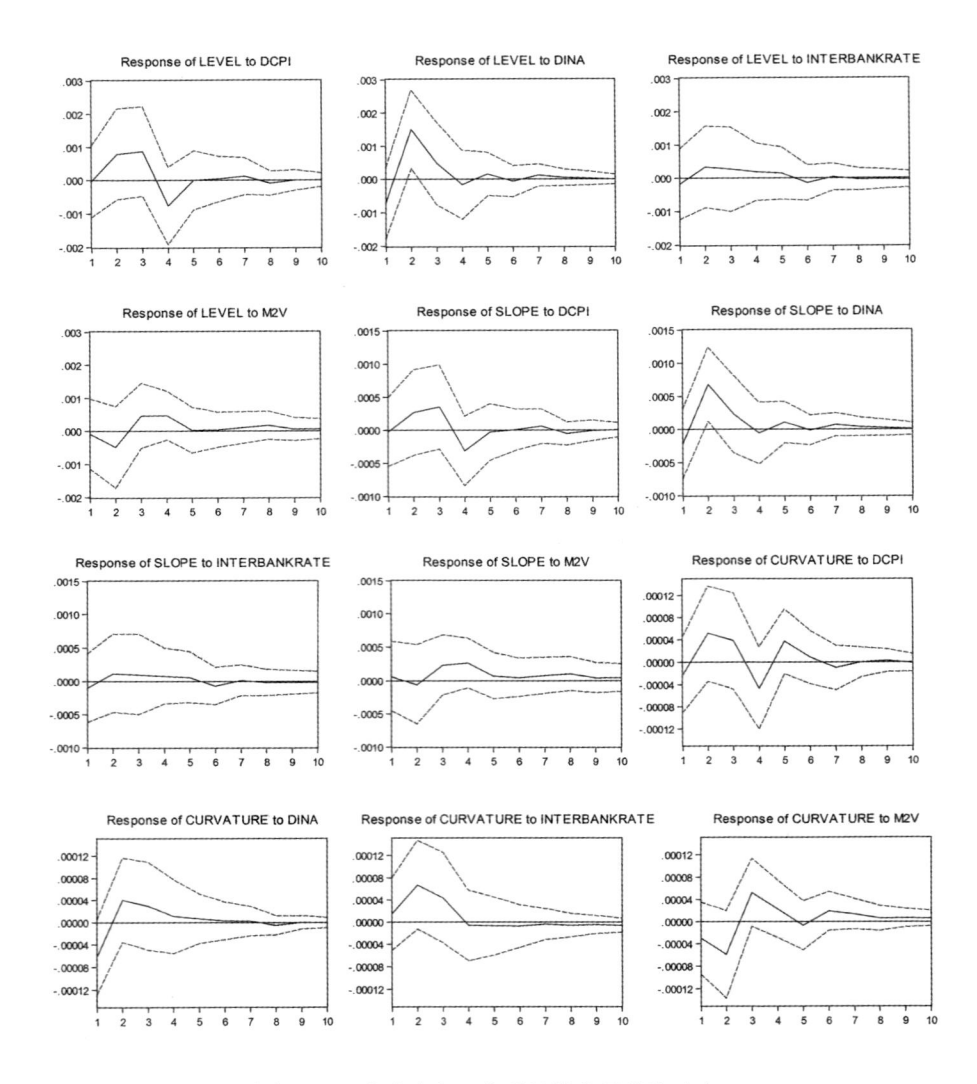

图 5-8 脉冲响应（宏观经济变量作为冲击）

现正向冲击，但其内部出现了短暂的从上升到下降的变化趋势，另外工业增加值的冲击效应上下波动的幅度比较小。

曲率因子受到 CPI 和基础货币供应量 M_2V 的负向冲击较多，受到银行同业拆借利率的正向冲击，而受工业增加值的影响则比较小。

表 5-7　　　　　　　　　　水平因子方差分解

Period	DCPI	DINA	INTERBANKRATE	M_2V	LEVEL	SLOPE	CURVATURE
1	0.005890	3.258878	0.199489	0.046982	96.48876	0.000000	0.000000
2	3.310444	14.46696	0.754715	1.266562	78.24969	1.308510	0.643117
3	6.646434	14.21366	1.028690	2.183182	71.83531	3.423220	0.669509
4	8.958417	13.66720	1.140638	3.098308	68.87505	3.618030	0.642359
5	8.831637	13.58846	1.224326	3.059461	68.43707	3.676322	1.182724
6	8.817627	13.57211	1.307652	3.058984	68.29057	3.669208	1.283846
7	8.821660	13.53678	1.303639	3.089539	67.91988	4.053901	1.274598
8	8.830148	13.50845	1.305377	3.209570	67.76478	4.108937	1.272745
9	8.816975	13.49262	1.307184	3.219643	67.72993	4.159664	1.273986
10	8.812396	13.48478	1.310777	3.236788	67.69089	4.185996	1.278376

表 5-8　　　　　　　　　　斜率因子方差分解

Period	DCPI	DINA	INTERBANKRATE	M_2V	LEVEL	SLOPE	CURVATURE
1	0.017363	1.325077	0.283644	0.116989	94.36516	3.891765	0.000000
2	1.720919	12.09494	0.564053	0.178697	80.01148	5.392210	0.037706
3	4.173368	11.92698	0.717501	1.307938	73.24485	8.595431	0.033829
4	5.916641	11.37522	0.803235	2.625725	69.98894	9.238538	0.051693
5	5.778716	11.30236	0.860200	2.662626	69.11239	9.461327	0.822383
6	5.754821	11.25653	0.949056	2.696090	68.82503	9.542169	0.976306
7	5.750680	11.20894	0.942291	2.779127	68.18155	10.16738	0.970031
8	5.765872	11.16790	0.942171	2.968900	67.87351	10.29701	0.984634
9	5.745941	11.13924	0.942299	2.994409	67.76553	10.41668	0.995899
10	5.736733	11.12277	0.943942	3.029275	67.66507	10.49149	1.010727

表 5-9　　　　　　　　　　曲率因子方差分解

Period	DCPI	DINA	INTERBANKRATE	M₂V	LEVEL	SLOPE	CURVATURE
1	0.884784	6.486699	0.369176	1.541070	1.083923	45.52093	44.11342
2	4.226547	7.223478	6.179894	5.845659	4.171371	37.89137	34.46168
3	5.451173	7.398446	7.669869	8.358346	5.217435	35.43434	30.47039
4	7.517090	7.055522	7.223678	8.393038	7.998747	33.18405	28.62788
5	8.834288	6.949137	7.121582	8.261052	7.992682	32.66085	28.18040
6	8.842811	6.905186	7.126048	8.578674	8.128284	32.45340	27.96559
7	8.904679	6.874557	7.104295	8.726434	8.240462	32.33034	27.81923
8	8.894600	6.894550	7.134271	8.756301	8.231620	32.30028	27.78838
9	8.892780	6.887823	7.152524	8.795414	8.223546	32.27941	27.76851
10	8.886926	6.882228	7.184635	8.827384	8.218820	32.25578	27.74423

从方差分解表 5-7 至表 5-9 中可知，是以水平因子、斜率因子、曲率因子的排序方式进行的，从表中可以发现无论是水平因子、斜率因子的变化率，方差分解贡献度最大的变量都是水平因子。而曲率因子分解中斜率因子是贡献最大的。在未来一期的方差分解中，利率期限结构受宏观经济变量的影响小，随着预测期限的加长，影响程度不断增大并逐步地稳定下来。

其中对于水平因子来说，宏观变量对水平因子的影响到第 5 期都非常稳定，其中从未来第 6 期到未来第 12 期以后有 30% 左右的部分来自宏观经济变量部分。

斜率因子受自身影响外，其受水平因子的影响最大，随期限的增长到最后持平的状态。其中受宏观变量影响程度的大小依次是：工业增加值、物价指数、货币供应量、银行同业拆借利率，分别占 14%、9%、3%、1.3%。

曲率因子整体上来自自身的影响部分呈现递减趋势，受宏观变量的影响在前期时的部分所占比都比较小，其中货币供应量和物价指数的影响部分比较大，到后期分别占到了 8.82%、8.88%；工业增加值、同业拆借利率分别是 6.88%、7.18% 的比例。

总之，短期的情况来看，水平因子、斜率因子、曲率因子受到宏观经济变量影响的部分所占的比例都比较低，但随着期限的增长比例逐渐增大，说明宏观经济变量在短期来看影响不是很明显，但在中长期的影响不容忽视。

通过分析上述实证研究结果，宏观经济各个变量和利率期限的相关性中，绝大部分相关关系并不具有双向性特征，M_2 经济变量则呈现双向关系，除此之外，其他经济变量都不能双向影响利率期限。研究影响利率期限因素发现，货币供应量作为一大因素，预期未来货币供应也能进行反应。利率期限能够科学指导宏观经济，可以分析宏观经济中的各大经济变量，比如工业增加值、CPI 以及同业拆借利率等，均有显著关系。利率期限不具有时滞性，能提前反应预期通胀，不具有滞后性，我国的债券市场总体上来说能够有效运行。由此可见，在指导宏观经济时，利率期限可以作为指示器，其自身受到哪些宏观经济因素的影响，应当分而论之。

本章小结

在推进利率市场化过程中，在金融市场上，债券市场已经具有一定规模，在发展壮大过程中也暴露出一些问题。具体表现在不具有统一性，交易所和银行间国债分割特征比较明显，该特征为债券市场交易的主要特征。国债之间的分割特征具体指的是交易所市场与银行之间具有不完全流通性，在交易所之间不影响其资金流动。水平（L-level）因子在和即期利率数阵中的根进行对应时，其对应最大特征根，平行移动决定了利率曲线的变动，具有主导作用，增加水平因子能够在很大程度上同等程度地增加期限收益率。斜率（S 即 Steepness）因子在对应即期利率矩阵中，其和第二特征根进行对应。斜率因子往往和收益率曲线的斜率具有高度相关关系，由于斜率因子的存在，导致长短期收益率变化方向不尽相同，必然会影响收益率曲线的倾斜程度。曲度（C-Curvature）因子和第三特征根进行对应，曲度因子能够和曲率高度相关，曲度不会影响长短期收益率，主要作用于中期收益率，从而使得收益曲线的曲率发生变化。经济产出的变动趋势基本上与水平因子一致，这也正是反映了两者正相关的关系，说明透过利率期限结构可以预测经济增长的变动趋势。

通过 AIC 和 SC 原则选取 VAR 模型的中各变量的 2 阶滞后阶数为最优的滞后阶数。通过 VAR 检验发现，受到滞后性影响，M_2、工业增加值、SHICV 的三大主成分因子也会发生变化。为了有效预测同业拆借利率，可以通过水平因子的变化以预测走势。M_2 具有流动性，斜率因子滞后利率期限，其呈现负相关关系，缩短长短期利差数值，经济的景气指数不被看好，资金在中间市场的活跃度下降，人们对市场的信心不足。宏观变量对曲率因子的脉冲响应几乎没有影响。水平因子对物价指数 CPI 的影响为负向的冲击效应，最大值可以在第三期达到，在债券市场上，通过分析其利率期限的曲度，可以分析在市场活动中，投资者如何预测预期通胀率，能够有效反映通胀趋势。同时受到经济变量的影响，具体表现在水平因子以及斜率、通胀方面，可以说利用利率期限，能够迅速反映经济发展趋势，其具有高度的敏感性。从短期的情况来看，水平因子、斜率因子、曲率因子受到宏观经济变量影响的部分所占的比例都比较低，但随着期限的增长比例逐渐增大，说明宏观经济变量在短期来看，影响不是很明显，但在中长期的影响不容忽视。

第六章

利率市场化背景下中国货币政策规则的实证研究

货币政策在执行过程中,往往受到多种因素的干扰,比如传导机制、信息不对称等,导致在落实货币政策时具有严重的滞后性。由于收益率曲线具有前瞻性,蕴含着大容量的信息,可以通过分析收益率曲线形状,分析我国的货币政策。在我国,货币当局一直推崇货币供应量。经济形势迅速发展,在金融领域不断推进创新改革,在很大程度上影响了货币供应的可控性和可测量性。本书基于我国货币政策实践,为了更好地验证货币供应量能否一如既往地作为操作变量,本书将基于操作变量角度,研究货币政策的相关性、可控性、可操作性以及可测量性。

第一节 货币供应量作为政策变量的实证研究

一 数据选择与指标体系的构建

基于中国实际,我们选取的分析变量为1998年1月至2017年12月的季度数据。同时,为了最大限度降低季节性趋势和异方差的影响,本书分别调整了原始数据的 X-12 季节数据和求取了相应的对数。数据来源于中国人民银行网站、Wind、同花顺等金融分析平台。

表 6-1　　　　　　　　　　　变量选取

变量名称	变量选取
基础货币（B）	货币当局资产负债表中的储备货币季度数据
货币供应量（M_2）	M_2 增长率的季度数据
银行信贷（Loan）	国内信贷的季度数据
利率（r）	7 天同业拆借利率
国内生产总值（GDP）	GDP 增长率的季度数据
物价指数（CPI）	全国居民消费价格指数季度数据

二　货币供应量 M_2 与产出关系的实证分析

1. 单位根检验

本书利用单位根核验，对相关变量进行计算，最大限度避免伪回归现象的出现，得出表 6-2 所示结果：

表 6-2　　　货币供应量、银行信贷与实际产出的 ADF 检验

变量	$LogM_2$	LogGDP	LogB	LogLOAN	$DlogM_2$	DlogGDP
ADF 值	-2.836	-2.640	-3.223	-3.261	-6.00	-8.636
5% 临界值	-2.904	-2.902	-2.910	-2.903	-2.907	-2.903
结论	不平稳	不平稳	平稳	平稳	平稳	平稳

从表 6-2 结果来看，M_2 与 GDP 不平稳，一阶差分后结果变平稳，为一阶单整。M_2 与银行信贷、实际 GDP 存在长期均衡关系，其协整关系如下：

$$LogM_2 = 0.443 LogLOAN + 0.740 LogGDP \qquad (6-1)$$

2. 格兰杰因果检验

从表 6-3 可以看出：在 10% 的显著性水平下，货币供应量 M_2 和信贷规模都是实际产出的原因，这表明 GDP 的变动和 M_2、LOAN 存在较强的内在联系。我国货币传导主要依靠信用渠道和货币渠道，但是 M_2、LOAN 的 Granger 并不是 GDP 引起的，这表明信贷供给和货币供应量之间不存在内在联系。

表6-3　　LogM₂、LogLOAN 与 LogGDP 之间 LogGranger 因果检验

原假设	F 统计量	P 值
LogM₂ 不是 LogLOAN 的格兰杰原因	1.47474	0.2366
LogLOAN 不是 LogM₂ 的格兰杰原因	2.30339	0.1083
LogGDP 不是 LogM₂ 的格兰杰原因	0.05883	0.9429
LogM₂ 不是 LogGDP 的格兰杰原因	2.38813	0.0901
LogGDP 不是 LogLOAN 的格兰杰原因	2.02094	0.1407
LogLOAN 不是 LogGDP 的格兰杰原因	2.36241	0.0944

3. 脉冲响应函数分析——基于 VAR 模型

为了确保长期稳定性和短期动态调整关系的科学性和准确性，本书在研究 $logM_2$、logLOAN 与 logGDP 过程中，利用误差修正模型。其结果如下表所示。

表6-4　　LogM₂、LogLOAN 与 LogGDP 的 VAR 模型

解释变量	LogM₂	LogLOAN	LogGDP
LogM₂（-1）	0.778724	0.456381	0.177773
LogLOAN（-1）	0.163221	0.939949	0.037309
LogGDP（-1）	-0.026665	-0.568489	0.841622
C	0.881188	-0.019050	0.116475
R-squared	0.654085	0.782863	0.673259
F-statistic	19.22397	36.65475	20.94867

表6-5　　VECM 的估计结果

解释变量	被解释变量		
	D（LogM₂）	D（LogLOAN）	D（LogGDP）
CointEq1	-0.392757	-0.159396	0.147499
D［LogM₂（-1）］	0.140095	0.459951	0.052654
D［LogLOAN（-1）］	0.067597	0.050908	0.058636

续表

解释变量	被解释变量		
	D（LogM$_2$）	D（LogLOAN）	D（LogGDP）
D［LogGDP（-1）］	-0.160707	-0.649793	-0.069264
C	-0.006284	-0.005540	-0.003596
R-squared	0.241035	0.161353	0.119819
F-statistic	2.676780	1.621627	1.147378

从上表可以看出，本书研究的变量在长期范围内具有收敛的潜力，同时，M$_2$和LOAN则呈现出收敛的态势，但GDP没有这种趋势。

利用脉冲响应函数，能够更好地分析宏观经济中的各个变量如何受到冲击的影响。图6-1为脉冲响应函数，体现了三个变量的不同反应。分析下图，上述三大变量都具有强烈的冲击反应。分析M$_2$可以发现，信贷规模作为其一大来源，其在受到冲击之后，在三期后能够一直保持0.06的平稳数值，LOAN的变化为1%，M$_2$变化了6%。第5期可以作为一个分水岭，M$_2$对GDP在该期之前为负响应，在该期之后为正响应，M$_2$在受到冲击后，在第7期后能一直保持0.02左右的稳定水平。由此分析，在冲击敏感度方面，M$_2$对LOAN的响应远远高于对GDP的响应，可以说对LOAN具有更高的敏感度。研究信贷规模发现，M$_2$冲击响应在第三期达到峰值，然后呈下降趋势，在第6期至第7期时处于平稳状态，能够维持0.03水平；GDP对M$_2$为负响应，7期之后趋于稳定，维持在-0.02左右。对GDP而言，其对M$_2$的响应在4—5期达到最大，其后开始下降，8期后趋于稳定为0.035左右；对LOAN的响应在2—3期之前是负响应，之后就是正响应，6期后趋于平稳为0.015。总而言之，M$_2$、LOAN会对GDP产生较为显著的冲击作用，但是相较于LOAN，M$_2$的影响更为显著。

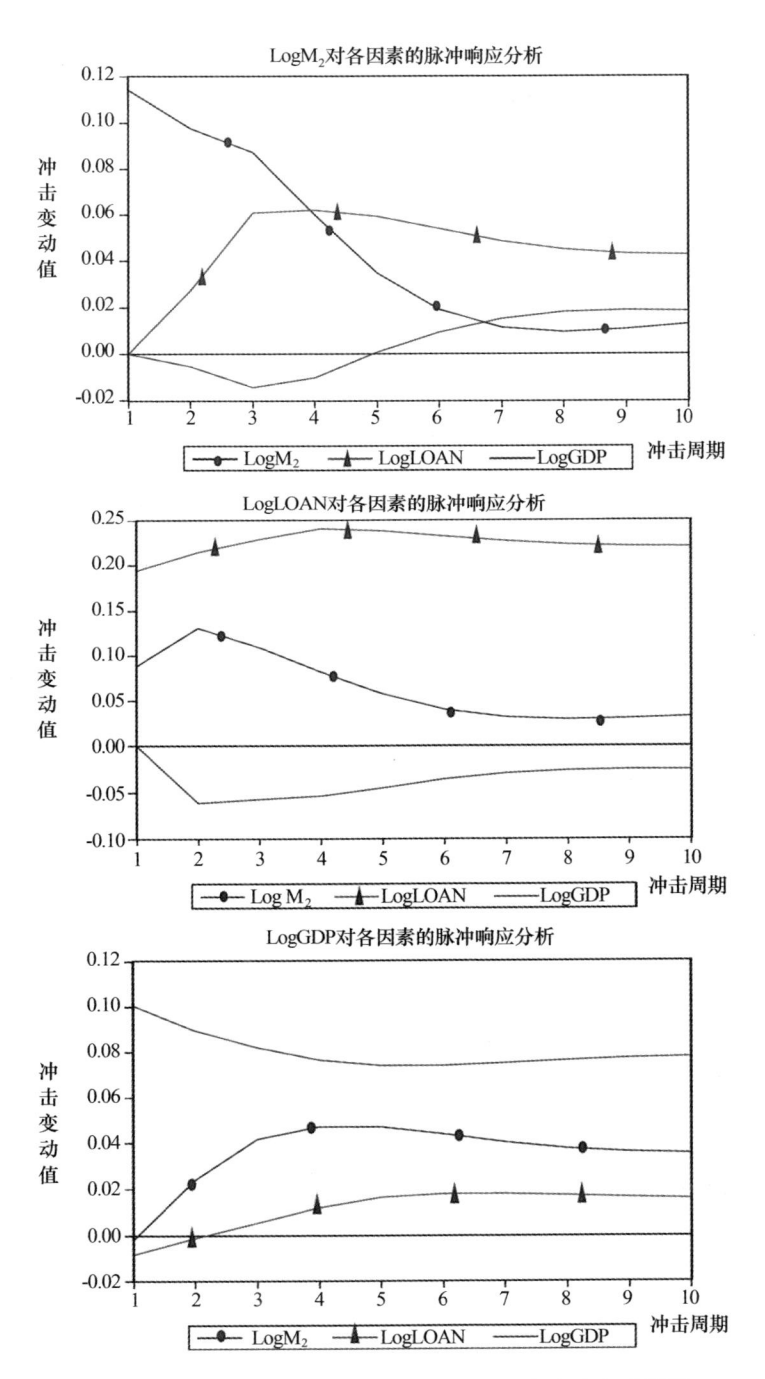

图 6-1　LogM₂、LogLOAN 及 LogGDP 脉冲响应函数图

三　货币供应量与物价关系的实证分析

1. 平稳性检验

表6-6　　　　　　　　变量单位根的ADF检验

变量	ADF值	临界值 1%	临界值 5%	临界值 10%	判断
lnM_2	3.4857	-2.6120	-1.9475	-1.6126	不平稳
$lnCPI$	-1.1596	-4.1446	-3.4987	-3.1786	不平稳
$DlnM_2$	-2.6154	-2.6093	-1.9471	-1.6128	平稳
$DlnCPI$	-5.8041	-4.1485	3.5005	-3.1796	平稳

由表6-6可知，变量CPI与M_2的原始序列均不平稳，但其一阶差分序列在1%的显著性水平下均平稳，两者都是I（1）单位根过程。

2. 协整检验

CPI与M_2的协整关系如下：

$$LnCPI = 2.5518 + 0.1692 lnM_2 + \varepsilon_t \quad (6-2)$$
$$(0.0543)\ (0.0042)\ (0.3189)$$

检验残差项的平稳性，结果如表6-7所示：

表6-7　　　　　CPI与M_2协整关系的平稳性检验

协整关系残差	ADF值	临界值 1%	临界值 5%	临界值 1%	判断
ε_t	-4.1735	-2.6120	-1.9475	-1.6126	平稳

由协整结果可知，我国物价CPI和货币供应量M_2之间存在较为稳定的长期均衡关系。

同时，方程的拟合度较高，M_2对CPI有显著的正相关影响，但从影响系数上看M_2对CPI的影响程度较小，M_2每增加1%，CPI将增加

0.1692%。可见 M_2 的每一次变动对 CPI 的影响较小。导致这种结果的原因除了我国货币政策一定程度上失效外，主要原因还在于我国 CPI 核算没有完全反映实际情况，缺乏科学性与规范性。

3. 格兰杰因果检验

表 6-8　　　　　　M_2 与 CPI 的格兰杰因果检验结果

原假设	F 统计量	P 值
LnM_2 不是 LnCPI 的格兰杰原因	7.8290	0.0012
LnCPI 不是 LnM_2 的格兰杰原因	3.0024	0.0595

由表 6-8 可知，M_2 不是 CPI 的格兰杰原因的 F 统计量的相伴概率是 0.0012，小于 1% 的显著性水平，概率越小，自变量预测因变量的能力就越强。因此，M_2 不是 CPI 的格兰杰原因这一假设被拒绝，故 M_2 是 CPI 的显著的格兰杰原因。在货币供应量与物价的相关性关系中，货币供应量占主导地位，货币供应量能显著引起物价增长。同时，在 10% 的显著性水平下，CPI 不是 M_2 的格兰杰原因这一假设被拒绝，故 CPI 是 M_2 的显著的格兰杰原因，物价的增长在一定程度上会推动货币供应量的增长，但效果较弱。

4. 脉冲响应分析

M_2 的一个扰动对 CPI 的影响，开始时是负向作用，在第 4 期时达到最大，随着时间推移，从第 7 期之后出现正向作用，此时货币供应量 M_2 开始对物价产生拉动作用。同时 CPI 的一个扰动对 M_2 开始时是负效应，但大约在第 2 期后出现正效应，并在第 7 期出现最大正向作用，之后趋于平缓。如图 6-2 所示。

四　可控性分析

1. 目标值与实际值的偏离

表 6-9 为我国 2006 年之后 M_2 增长率的相关指标值：

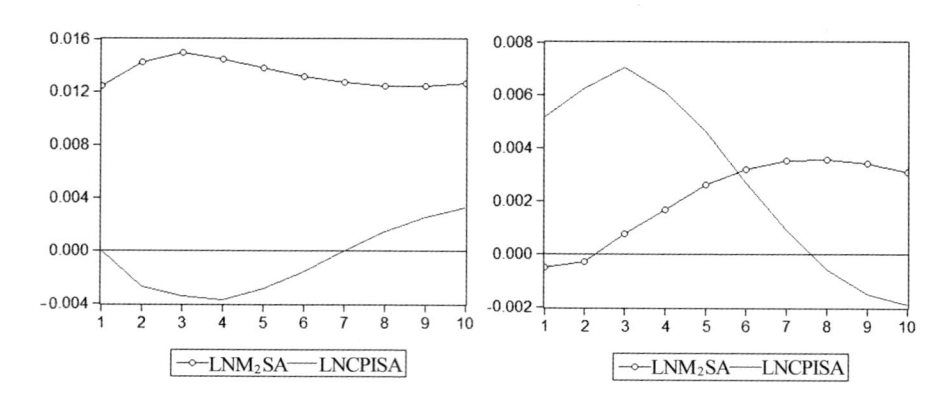

图 6-2　lnM₂ 与 lnCPI 的脉冲响应分析

表 6-9　　　　　　M₂ 增长率预期目标值和实际值的偏离

年份	目标值（%）	实际值（%）	偏差（%）
2006	13	16.8	3.8
2007	16	20.0	4.0
2008	17	14.6	-2.4
2009	15	17.6	2.6
2010	16	16.95	0.9
2011	16	16.7	0.7
2012	16	17.8	1.8
2013	17	27.7	10.7
2014	17	19.7	2.7
2015	14	13.3	-5.1
2016	13	11.9	-8.4
2017	12	8.2	-31.6

从表 6-9 中我们可以看出，这些年的货币供应量目标的实现情况并不理想，由此可以反映我国的央行在控制货币供应量方面，不能有效操控货币供应量。货币当局的每一个决策往往能够影响实际值和目标值的偏离度，从本质上分析，央行在市场经济中的独立能力以及为实现目标所做出的努力往往会影响货币供应量，是否具有较高可控性。

2. 货币供应的内生性检验

（1）货币供应的内生性表现

研究我国货币政策发现，货币供应量具有内生性特征。在1997年之前，货币供应的内生性表现为"倒逼机制"。受到当时的信贷规模影响，可以控制货币供应量，随着经济发展，投资主体逐渐呈现多元化趋势，其中包括地方政府。地方政府的参与更加影响了货币供给量，导致过热的信贷需求，而且政策性和商业贷款融为一体，两者不相独立，银行可以进行商业贷款，但是对于政策性贷款，如果存在较大资金缺口，这就推给了中央银行。在贷款过程中，如果金额过大，必然会增加贷款风险，央行不得不追加货币投放。由于体制问题，导致政企不分，消费基金更加膨胀，于是出现了过热的投资现象，使得企业逼银行，银行逼央行，这就是"倒逼机制"。在推进利率市场化过程中，必然会在很大程度上削弱货币供应内生性。

在1998年之后，货币供应内生性具体表现为"惜贷"，受到亚洲金融危机影响，银行在开展金融业务时，会慎重考虑业务的风险系数。"惜贷"经济行为严重制约了企业投资力度，导致经济个体消费能力急剧下降，这一连锁反应必然会影响到流通中的基础货币量。在2000年之后，中央银行实施了宽松的货币政策，外汇占款大幅度增加为该时期的货币供应内生性表现。进入21世纪，在基础货币中，外汇占款所占比重迅猛增加，在2007年其所占比重已大于100%，远远超过了货币总量。由此可见，在国际经济中，我国货币总量呈现"双顺差"失衡。2008年爆发金融危机，随着危机的蔓延，自2010年开始，我国开始逐渐减少外汇占款。随着我国金融市场改革进程的不断深入，基础货币中存款货币比重不断降低，这表明央行受到商业银行倒逼机制的影响非常小。

（2）货币供应内生性的实证检验

通过上述研究，由于经济结构存在失衡状态，迅速增加的外汇占款使得被迫投放很多基础货币，这种"倒逼机制"必然会直接影响基础货币量。研究者将使用实证研究法，以准确检验货币供应内生性特征。

在选取数据方面，调查了1998—2017年的货币量数据，通过平稳性检验得出结果。如表6-10所示，研究发现所有数据变量表现为一阶单整，证明了基础货币、债券以及外汇占款的关系具有协整性特征，基础货币 B、债券 DB、外汇占款 FM 具有协整关系。

表6-10　　　货币供应量、银行信贷与实际产出的 ADF 检验

变量	lnDB	DlnDB	lnFM	DlnFM
ADF 值	-1.9915	-8.6550	-2.2884	-2.9238
5%临界值	-3.4717	-2.9036	-3.4753	-2.9036
结论	不平稳	平稳	不平稳	平稳

因此可得相应的 OLS 回归方程：

$$lnB = 2.3102 + 0.1593 * lnDB + 0.6801 * lnFM + 0.9174 * AR（1）$$

(6-3)

　　（2.5622）　　　（2.8887）　　　（10.1376）　　　（17.6802）

$R^2 = 0.9960$，D.W = 2.4798

分析上述统计指标，可以看到该方程具有很好的拟合程度。研究对外汇占款的弹性系数，基础货币对其弹性系数为 0.0068，这个数据可以解释为每增加 1%的外汇占款，必然会增加 0.68%的基础货币投放量。研究对存款货币债券的弹性系数，基础货币对其弹性为 0.0016，可以将这个数据解释为每增加 1%的银行债权，仅仅会增加 0.16%的基础货币投放量。对比这两大弹性系数，可以发现外汇占款具有较大的影响力，而存款货币债权对于基础货币的作用力往往很薄弱。

运用格兰杰因果检验各个变量间的关系，具体结果如表 6-11，分析表中数据，其一，造成基础货币量的主要原因为外汇占款 FM，但是其不能作为 M_2 主导因素。其二，影响外汇占款的主要因素为存款货币债权，并非基础货币。其三，影响基础货币的主要因素为存款货币债权。其四，研究 M_2 原因发现，基础货币不能作为影响因素，外汇占款往往作为内生力量，能够有效推动基础货币量，存款银行债权仅仅可以推动基础货币量变化。其五，M_2 具有外生性特征，由于货币当局在调整货币量时，往往具有有限的控制能力，因此在控制 M_2 时，应该重点控制其货币乘数。

表 6-11　　lnB、lnM$_2$、lnDB、lnFM 的格兰杰因果检验

原假设	样本值	F 统计值	p 值
lnB 不是 lnDB 的格兰杰原因	72	0.0488	0.9524
lnDB 不是 lnB 的格兰杰原因		4.4003	0.0160
lnB 不是 lnFM 的格兰杰原因	72	1.3760	0.2596
lnFM 不是 lnB 的格兰杰原因		6.4579	0.0027
lnDB 不是 lnFM 的格兰杰原因	72	3.4570	0.0373
lnFM 不是 lnDB 的格兰杰原因		0.0234	0.9768
lnM$_2$ 不是 lnB 的格兰杰原因	69	2.4323	0.0959
lnB 不是 lnM$_2$ 的格兰杰原因		1.7388	0.1839
lnDB 不是 lnM$_2$ 的格兰杰原因	69	1.1033	0.3380
lnM$_2$ 不是 lnDB 的格兰杰原因		0.0249	0.9754
lnFM 不是 lnM$_2$ 的格兰杰原因	69	1.7777	0.1773
lnM$_2$ 不是 lnFM 的格兰杰原因		0.2562	0.7748

通过深入分析货币供应量，研究其内生性特征，外汇占款以及存款银行债权这两大因素，在很大程度上使得存在内生性特征。M$_2$ 对于外汇占款具有内生性特征，对于基础货币具有外生性特征。在控制基础货币供给量时，可以有效控制其货币乘数。

3. 货币流通速度的稳定性

在反映货币可控性能力时，可以采用流通速度稳定性指标。西方发达国家在选择操作变量时，已经摒弃了货币供应量指标。究其原因，主要表现为不稳定的货币流通速度以及不稳定的货币需求。M$_2$ 流通速度不断降低，分析其下降原因具体包括三大方面：（1）经济吸收了大量货币，能够有效扩张交易市场；（2）在经济体制改革过程中，大众对货币需求量不断增加，由于大众的预期心理因素，预防性需求和动机不断增加，大众的购买欲望不断缩小，GDP 往往需要储备更多的货币存量，必然会使货币流通速度呈下降趋势；（3）2006 年以来货币流通的速度比较平稳。综上所述，M$_2$ 流通速度的可预测性已逐渐减弱，其可控性受到怀疑。

4. 货币乘数

货币可控性和货币乘数有非常密切的联系。根据前文分析可得，央行在控制货币供应量时，考虑到基础货币的外生 M_2，对货币乘数进行观点关注。同时，本书分析了货币乘数的变化态势。从图中可以看出，在 2006 年以前，货币乘数一直呈上升趋势，这可能是由于：（1）非现金交易的渠道呈现多元化发展；（2）商业银行在管理过程中，加强流动性管理，降低了超额准备金规模。2006 年之后除 2008 年和 2009 年由于 4 万亿刺激计划导致的激增外基本呈下降趋势。2009 年之后的下降可能是由于央行多次提高存款准备金的结果。

为了确保货币供应量可控性研究的科学性，本书构建了货币乘数的回归模型，对其进行对数处理，用 lnK 表示，回归结果如下：

$$\ln K = 0.1547 + 0.8923 * \ln K(-1) \quad (6-4)$$
$$(2.3823) \quad (19.1004)$$

$R^2 = 0.8429$，D.W = 2.3111

货币乘数具有稳定、简单的关系，这表明模型拟合性良好，下一期货币乘数可以通过上期进行预测。同时，当 M = KB 时，假定可以预测货币乘数，则央行在控制货币供应量时，可以通过调整基础货币的方式来实现。

对相关性的考察，本书研究不同变量之间的影响时，主要对非结构模型的协整性进行核验。得出如下结果：从长远角度分析，M_2、LOAN、GDP、CPI 之间关系较为稳定。同时，M_2 受到 GDP、CPI 的冲击会做出较为明显的反应，说明 M_2 的增加能推动产出与物价的上升，物价水平的上涨也会推动货币供应量的增加。总之，货币政策目标和 M_2 的内在联系明显降低，但是二者仍然符合相应的变化规律。目前我国通过货币供应量的调节来促进经济稳定发展、物价稳定增长的货币政策是有效的。

在考察可控性时，可以从四大方面进行有效分析。第一，基于目标值能否实现，央行不能有效控制 M_2 水平，但是在研究目标值能否实现时，必须要考虑央行的货币决策。第二，基于内生性特征，具体要考虑存款货币债权以及外汇占款的影响力，研究发现外汇占款能够更有效地影响基础货币，其能够发挥主导作用。货币供应量对于基础货币具有外生性特征，央行在控制货币供应量时，应该重点控制货币乘数。第三，基于货币流通速度，该指标往往作为一个重要因素。分析 M_2 的流通速度不断下降，其影响因素不是单一的，往往是由多种因素造成的，比如不断扩张的市场规模以及增强的预防性大众心理。第四，基于货币乘数分析。由于 M_2 具有较强的内生性，可以通过使用其货币乘数进行预测，用上一期数据能够预测下一期乘数。中央银行可以通过控制货币乘数进行有效预测，可以控制基础货币，从而实现对货币供应量的控制。综上所述，M_2 仍然具有可控性。

研究者发现，我国央行在选择货币政策操作变量时，如果选用货币供应量，发现其在可控性、相关程度以及可测性方面，仍然不能发挥出好的政策效果，往往受到一定约束。但是不能因为这一限制，就放弃了选择该变量。在选择操作变量时，需要从综合角度慎重考虑。

第二节 利率规则在中国的检验及适用性分析

一 变量选取和估算

本书选取了 1998 年到 2017 年的各个相关变量数据，深入分析了泰勒规则的相关变量。

1. 潜在 GDP 及产出缺口的估计

首先，对实际 GDP 进行计算。本书对实际 GDP 进行对数处理，确保异方差影响的最小化。同时，实际 GDP 可以通过名义 GDP 和 CPI 的比值获得。

其次，计算潜在 GDP。本书采用了线性趋势法。在计算过程中，本书融入了季节因素的虚拟变量，最大限度降低了产出水平季节性的影响。

$$D_1 = \begin{cases} 1, & 第一季度 \\ 0, & 其他季度 \end{cases}, D_2 = \begin{cases} 2, & 第二季度 \\ 0, & 其他季度 \end{cases}, D_3 = \begin{cases} 3, & 第三季度 \\ 0, & 其他季度 \end{cases}$$

在该模型中，解释变量和被解释变量分别为季度虚拟变量和时间趋势、真实 GDP 的对数。采用下列回归方程，计算出潜在的 GDP 数据：

$$\ln RGDP = 0.123 + 0.987 TREND - 0.140 D1 - 0.107 D2$$
$$- 0.097 D3 + 0.565 AR(1) \quad (6-5)$$
(5.632)(121.509)(-61.289)(-40.996)(-42.668)(6.780)
$R^2 = 0.999$, DW = 2.134, F = 17767.61

因此，本书可以通过较好的模型模拟，得出相应的数据，最后得出产出缺口。

2. 通货膨胀率的估算

现阶段，我国主要通过消费者价格指数和商品零售价格指数计算通胀率。其中，和后者相比，前者能够对第三产业的变化进行计算，对物价变动的反应较为全面，数据可得性较强。因此本书选用 CPI 作为衡量通货膨胀率的指标。计算公式为：

$$通货膨胀 = \frac{当期物价指数 - 上期物价指数}{上期物价指数} \quad (6-6)$$

结合费雪交易方程，通胀目标值可以通过物价的潜在指数进行计算，得出：

$$P^* = \frac{MV^*}{Y^*}, \quad V^* = \frac{名义 GDP}{M_2}, \quad 所以 P^* = \frac{名义 GDP}{潜在 GDP}$$

通货膨胀的目标值为：$\pi^* = P^* - 1$。

3. 利率的选择

由于利率在我国并没有完全市场化，同时由于我国货币政策目标并不是利率，所以我们需要选择一个已经市场化的利率作为市场利率代理变量。这一指标应当能够充分反映社会资金的供求信息，并且假定这一利率是中国货币政策的工具变量。本书选用 7 天同业拆借利率表示市场利率。

在计算实际利率时，本书选择同业拆借利率和通胀水平的差值方法，实际均衡利率的稳定值表示长期均衡利率，如图 6-10 所示。通过计算，本书得出长期均衡利率为 2.37%。

4. 引入利率市场化因素

考虑到利率市场化程度的影响，我们通过引入虚拟变量 D 将样本分为两个阶段，1998 年第 1 季度到 2017 年第 4 季度为利率市场化水平处于中下水平，2008 年第 1 季度到 2017 年第 4 季度利率市场化处于较高水平。

$$D = \begin{cases} 1, & tt \geq 2005 \\ 0, & 其他 \end{cases}$$

5. 单位根检验

在进行模型估计前首先检验各个序列的平稳性，检验结果如表 6 – 12 所示：

表 6 – 12　　　　　泰勒规则估计变量的 ADF 检验结果

变量	r	π	gap	M_2
ADF 值	-2.791	-4.103	-2.524	-3.634
5% 临界值	-1.945	-2.902	-1.945	-2.905
结论	平稳			

由表 6 – 12 结果可知，利率 r、通货膨胀率 π、产出缺口 gap、广义货币增长率 M_2 都是平稳序列。

二　我国线性泰勒规则的实证检验

如表 6 – 13，可以预估线性泰勒规则的 OLS、GMM 结果。分析数据发现，利率政策的平滑参数为 0.75，该数据表示具有显著的平滑性特征，能够有效抵消自相关。在金融市场上，调整了存贷款基准利率，市场利率必然也会随之调整。根据格兰杰因果关系，由于存贷款基准利率和同业拆借利率存在显性相关性，由于基准利率具有平滑性特征，其也会不断进行传递，同业拆借率往往受到影响，其也具有平滑性特征，通过分析回归结果发现，这是一种正向传导。在 1996 年，央行首次公开市场操作，受到金融危机影响，在 1998 年又重新恢复了公开市场业务。这次不断增强了公开市场业务的灵活程度，充分发挥公开市场业务，通过价格招标、数量招标、更新操作频率等，尽可能地发挥市场利率功能。公开市场业务也能引导同业拆借利率，能够传递利率平滑型特征。

表 6-13　　　　　　　　我国线性泰勒规则的估计结果

	OLS 估计			GMM 估计	
	模型 1	模型 2	模型 3	模型 4	模型 5
π	0.561***	0.147***	0.115***	0.159*	0.274**
	(14.212)	(4.341)	(2.746)	(2.563)	(2.190)
gap	0.145**	0.021	0.097	0.052	0.312
	(2.089)	(0.574)	(1.619)	(1.095)	(1.371)
D	-2.553***	-0.619**	-0.553*	-0.658*	-1.181*
	(-7.035)	(-2.055)	(-1.701)	(-1.674)	(-1.830)
R(-1)		0.753***	0.691***	0.754***	0.814***
		(13.878)	(10.731)	(8.290)	(7.159)
M_2			0.255		1.057
			(0.394)		(1.386)
J-stat				0.022	0.001
Adj. R^2	0.792	0.932	0.843	0.927	0.756
DW	0.927	2.557	2.475	2.539	2.304
信息准则	3.796	2.681	2.753	301.306	305.069

注：模型 1 为加入利率市场化变量的泰勒规则原式：$r_t = c + \alpha\pi_{t-1} + \beta gap_{t-1} + \gamma D2 + u_t$；模型 2 和模型 3 为引入利率平滑的前瞻性泰勒规则 OLS 估计结果，模型的形式为：$r_t = (1-\rho)[c + \alpha\pi_{t+2} + \beta gap_{t-1} + \gamma d2 + \kappa M_2] + \rho r_{t-1} + v_t$；模型 1—3 OLS 估计的信息准则为 AIC。模型 4 与模型 5 为线性泰勒规则的 GMM 估计结果，估计模型为：$r_t = (1-\rho)[c + \alpha\pi_{t+2} + \beta gap_{t-1} + \gamma D2 + \kappa M_2] + \rho r_{t-1} + v_t$，SBIC = N * ln(RSS) + k * lnN，K 为回归参数个数，N 为样本容量，RSS 为残差平方和。*、**、*** 分别表示参数在 10%、5% 和 1% 的水平下显著不为零。

从表（6-13）可知，我国货币政策操作能够通过前瞻性较强的利率规则获得。通胀参数在 GMM 估计模型中并不明显，这表明我国无法快速应对通货膨胀。产出缺口均显著为正，说明我国利率对产出缺口存在正向反应。模型 5 引入了 M_2 增长率，变量参数不显著，这表明当中介目标作为货币供应量时，银行间同业拆借利率对 M_2 增长率的变化影响较小。

通过检验泰勒规则，能够更好地探究其适用范围，并研究在我国是否适合使用泰勒规则。研究者在进行检验时，通过使用政策函数法、历史分析法进行了有效检验。按照标准化的泰勒规则，运用该规则能够基本反映我国货币政策特征。按照具有前瞻性以及利率平滑性的泰勒规则，在模拟我国利率方面，具有较好的吻合度。利率具有较高的敏捷程度，能够快速反应通胀缺口，但是不能快速反应产出缺口。由于我国货币利率的反应系数比1小，而且具有平滑性特征，适用于我国的泰勒规则，应该具有不稳定性特征。在研究中，通过对比原始规则与引入其他因素的泰勒规则，发现具有一样的检验结果，但是不具有很好的拟合度。运用协整检验法，在检验泰勒规则时发现，我国可以运用泰勒规则，但是在当前经济形势下，由于经济发展具有复杂性特征，目前不太适合使用该规则，而且其不能描述同业拆借利率。

综上所述，在模拟我国利率趋势方面，具有前瞻性和平滑性的泰勒规则更具有优势特征。如果在我国货币政策中应用泰勒规则，并不能取得良好效果，而且该规则不具有稳定性特征。

三 泰勒规则在中国的适用性分析

泰勒规则在具体操作中具有简洁性，但是其却能有效反应通货膨胀、基准利率以及经济产出的相关性。该规则能够反映央行货币政策的真正目的，能够模拟货币政策的施行行为。运用泰勒规则，货币当局在选取操作工具时选择使用利率指标，通过调整利率，以实现政策目标。该规则更加突出了货币政策的预见性特征，能够持续发挥作用。而且公众能够很好地理解泰勒规则，这样可以更好地做好央行和广大公众之间的沟通工作，能够进行有效反馈，使得政策更加公开透明，在落实过程中更能发挥有效性特征。

泰勒规则具有很多优势，国内外学者往往偏爱使用泰勒规则，各大国家的银行也积极应用。调查我国货币数据发现，在我国金融市场上，有一些规则和泰勒规则很类似，但是并不适合完全采用泰勒规则，在运用过程中仍然受到很多阻碍。

其一，由于多目标制的存在。我国在制定货币政策目标时，保持人民币值稳定（即维持物价水平稳定状态），在此基础上促进经济增长。如果在我国采用泰勒规则，从本质上讲调整单一货币操作量，从而实现物价稳定及经济增长两大目标。按照这一观点，这与丁伯根法有所背离。

丁伯根法规定，如果操作变量为一个，那么政策目标个数不能超过一个。即目标个数必须少于操作变量数量。如果超过了操作变量数量，必然会面临两难选择，多目标制往往不利于实现货币政策目标。

其二，基于央行独立能力角度。由于我国中央银行不具有较好的独立性特征，往往在很大程度上受到政府干扰。在具体实施货币政策时，其政策目标往往需要服从于政府的目标。在很大程度上，降低了货币政策的可信性，可能会阻碍目标实现。但是在运用泰勒规则时，前提条件为政策需要具有可行性以及稳定性特征。基于央行独立能力角度，这也是影响该规则应用的一大阻碍。

其三，不断完善的金融体系以及利率市场化进程。从本质上分析泰勒规则，央行通过调整基准利率，影响宏观经济政策，使得公众对经济行为的预期也发生变化，在这过程中才能实现货币政策目标。实现上述机制需要以适当的经济环境为前提，比如发达的市场经济、通畅的利率传导机制、较高的利率化水平以及完善的金融体系。但是我国目前的经济环境远远不符合上述条件，虽取得了一些成就，但是仍然相差甚远。

其四，泰勒规则的稳定性。在测量对利率反应程度时，可以使用通胀缺口以及产出缺口系数，该指标也代表了货币当局的目标偏好。基于理论角度，系数超过1，代表泰勒规则具有稳定性特征。为了检测泰勒规则的稳定性，可以使用通胀缺口系数以直接反映，该系数超过1，提升了通胀率，导致实际利率有所提升，名义利率的变化幅度远远高于通胀变化幅度，在很大程度上利率上升会抑制需求上涨，从而能够稳定经济发展，控制通货膨胀水平。反之，若该系数低于1，则不能有效控制通货膨胀水平，不能促进经济稳健增长。运用实证法分析上述结果，在我国可以存在泰勒规则，但是系数都低于1，由此可见，不能有效控制通胀水平，不能稳定经济发展。在我国，泰勒规则的不稳定性无法调节经济运行，使其正常有序发展。

利率规则是货币政策发展的趋势，但在我国实施利率规则的条件尚不充分，利率规则作为货币政策的备选规则之一，通过引入利率规则理论，有助于帮助我国更好地制定货币政策，促进货币政策有效落实。利率规则的优势性具体体现在能够提高中央银行的独立能力，有利于推进利率市场化过程，有利于提高政策能力，使货币政策更加透明公开，提高其可信度。利率规则能够提高金融机构应对风险的能力。为了提高其适用性，我国应该积极改善经济环境条件，为转型做好准备。

其一，推进利率市场化进程，利率能够真正指导市场供求关系。完善利率疏导机制，保证其在传导过程中具有通畅性，拓宽传导渠道。完善同业拆借利率制度，使同业拆借利率能够作为市场利率的参考。

其二，使用具有平滑性的泰勒规则，借鉴其成功经验，在货币政策操作指标体系中，允许纳入同业拆借利率，为了有效治理通货膨胀，可以将同业拆借利率作为调节政策工具。

其三，提高市场主体的反应度，能够对利率做出灵活反应。为了削弱货币政策滞后性反应，市场主体对利率的反应程度在很大程度上能够影响货币政策的效果发挥。反应越灵敏，越能够削弱货币政策的滞后性。

其四，完善金融机制，进一步加强对其监管力度。构建完善金融机制，有助于降低改革风险系数，保持利率具有稳定性特征，推进利率市场化改革进程。

第三节 通货膨胀目标制在中国的实证检验

一 模型的校准及数据选取

采用阿罗普拉特风险估计法，家庭支出的跨期替代弹性 σ，使用风险投资决策的 θ 值有效测量模型（A-P），σ 的倒数就是 θ 值。研究者选取了 1998—2017 年的经验数据，用其平均数值以跨期替代弹性。赋予 σ 值为 0.2279。在菲利普斯曲线中，对应产出缺口的反应系数。我们直接采用 GDP 衡量产出水平，可以得到 $\kappa = 0.0212$ 和 0.99 使用折现因子 δ 的经验值。同时还需要确定在央行损失函数中通胀惯性的具体数值。基于中央银行十分重视通胀水平具有稳定性特征这一前提条件，比较实际值和通胀目标值之间的关系，如果实际值明显偏于目标水平数值，中央银行在采取政策时可以使用软着陆。基于上述情况，用 γ 代表通胀惯性，假定 $\gamma = 1$，$\lambda_y = 0.03$，$\lambda_i = 0.03$，按照参数设置，由此可以计算出 $\theta_\pi = 1$，$\theta_y = 1.415$，$\theta_i = 1.140$，$\theta = 6.272$。

我们选取的总样本区间为1998年第1季度至2017年第4季度,考虑到我国利率市场化程度,将总样本分为两个样本区间:1998年第1季度至2007年第4季度,2008年第1季度至2017年第4季度。

表6—14　　　　　　　　　　　变量选取

变量名称	变量选取
通货膨胀率(π)	CPI衡量的通货膨胀水平
目标通货膨胀水平(π^*)	采用"潜在物价指数法"计算
产出缺口(y_t)	真实GDP与潜在GDP间的缺口表示
短期名义利率(i_t)	银行七天同业拆借率
最优稳定名义利率水平i^*	滞后4期(季度)银行间同业拆借利率的平均水平

二　检验结果

我们将1998年第1季度至2007年第4季度、2008年第1季度至2017年第4季度两组数据代入公式,分别得到w1、w2的数值。显然,w1偏离0轴幅度较大,而w2则基本在0轴附近波动,但是w2的序列相关现象存在与否对白噪音序列起着决定性影响。如下图所示可以得出w1和w2的自相关、偏相关系数。其中,自相关正负2倍估计标准差构成了图中的虚线区域。当该区域包含自相关数值时,5%的显著水平几乎没有影响。当该区域不包含w1的1-8阶时,则表明序列存在自相关现象。同时,当显著性水平为1%时,原假设拒接,这表明各阶滞后的Q统计量p值都低于1%,这表明w1存在序列自相关关系。w2的自相关值则显著不为0,虚线区域不包含其系数,这表明该序列没有自相关关系。当显著性水平为5%时,原假设接受,这表明各阶滞后的Q统计量p值都大于5%,这表明w2不存在序列自相关关系。该检验结果说明,随着我国金融深化、利率市场化的改革趋近完成,我国的实际数据初步满足实施通货膨胀目标制的操作条件。

通过对样本数据进行实证分析可得,我国现阶段货币政策实践和灵活通胀目标制规则较为相符。前十年数据检验效果不理想,主要原因是我国正处于经济转型阶段,非平稳特性是通胀波动和产出波动的主要特

第六章 利率市场化背景下中国货币政策规则的实证研究

自相关	偏相关		AC	PAC	Q-Stat	Prob
		1	0.762	0.762	22.674	0.000
		2	0.741	0.384	44.790	0.000
		3	0.626	-0.039	61.055	0.000
		4	0.672	0.280	80.348	0.000
		5	0.505	-0.280	91.622	0.000
		6	0.514	0.078	103.65	0.000
		7	0.350	-0.239	109.43	0.000
		8	0.303	-0.167	113.90	0.000
		9	0.188	0.040	115.68	0.000
		10	0.136	-0.209	116.66	0.000
		11	-0.011	-0.079	116.67	0.000
		12	-0.065	-0.074	116.91	0.000
		13	-0.096	0.180	117.47	0.000
		14	-0.171	-0.124	119.28	0.000
		15	-0.213	0.097	122.23	0.000
		16	-0.261	-0.023	126.90	0.000

图 6-3　w1 自相关图

自相关	偏相关		AC	PAC	Q-Stat	Prob
		1	0.264	0.264	2.7959	0.095
		2	-0.147	-0.233	3.6854	0.158
		3	0.133	0.275	4.4361	0.218
		4	0.071	-0.125	4.6548	0.325
		5	-0.125	-0.032	5.3546	0.374
		6	-0.178	-0.187	6.8224	0.338
		7	-0.041	0.051	6.9040	0.439
		8	0.205	0.213	8.9970	0.343
		9	0.074	-0.030	9.2819	0.412
		10	-0.073	0.006	9.5702	0.479
		11	0.049	-0.037	9.7047	0.557
		12	0.125	0.078	10.612	0.562
		13	-0.098	-0.144	11.195	0.594
		14	-0.152	0.029	12.641	0.555
		15	-0.008	-0.036	12.645	0.630
		16	-0.210	-0.324	15.684	0.475

图 6-4　w2 自相关图

征，我国经济发展方向正在经历不同时期的转变。同时，我国通胀在市场转型过程中，经历了高通胀、软着陆、货币紧缩、温和通胀的历程，实现了经济过热和平稳发展的产出变化。而近十年的数据表明，政府政策实施的稳健型随着我国市场的深化而变得更加稳定，通胀和产出波动极为平滑，数据检验效果较好。

然而，若想真正实现通胀目标制，必须提高央行在操作货币政策时的可信度、公开性，使其更加具有责任性。经济学上将通货膨胀目标制的实现条件界定为三种，第一种需要具备明确的决策规则，中介目标设定为通胀预期，具有可操作性；第二种为通胀目标能够可测量；第三种为央行具有较高的责任性，所作出的货币决策能够更加公开透明。

我国货币政策目前只实现了通胀目标具有可测量性，在每年的政府工作报告中都会向公众公开上一年度的通胀目标。明确的决策规则仍然还在完善当中，学术界也在不断研究该规则，这也成了相关部门的研究任务。我国经济正处于转型时期，必须要结合该时期特点，设计出明确的决策规则。具有较高透明度的央行决策这一条件和央行决策思路息息相关。若想改变货币政策操作，由相机抉择转向规则性操作，若想实现这一转型，央行必须大力提高其决策的透明度，加强其责任性。货币政策制度应该匹配通胀目标值的货币政策。

对于央行建立政策的决策程序，应该尽可能地坚持公开透明原则，提高其履行承诺能力，能够有效操作货币政策。通过上述步骤，可以提高公众预期能力，公众的预期将影响央行决策。在选择操作工具时可以采用预期因素，央行才能更好地实现货币政策目标。如果公众未能形成稳定预期，必然会影响货币当局的操作力度。货币当局无法使用预期作为货币政策目标，所以，我国应尽快建立起明确的目标规则，并保证一定的公信力来为通货膨胀目标制的实施创造条件。

第四节　中国货币政策规则对宏观经济的影响程度模拟

一　模拟思路的确定

由于我国目前的货币政策操作框架是以相机抉择为主，以规则为辅，货币政策包含着两大成分，即相机抉择以及规则成分。在本书中，选择货币政策的规则成分进行模拟测验，研究其对宏观经济的影响程度。首先能够生成相机决策，该成分包含更小的标准差，在此基础上构建VAR模型，运用方差分解法提高货币政策的实施效果。在分析相机抉择的成分时，分析其模拟变量数值，从而对比真实值与模拟值，借助数值比较，可以分析转变相机抉择是否能够发挥货币政策效应？能否有助于稳定经济发展，减少波动，更好地促进经济稳定有序运行？

本书研究遵循卞志村（2009）的模拟思路，结合 McCallum 和 SVAR 规则，实现相机抉择成分 $\Delta b^* shock$ 和规则成分 $\Delta b^* rule_t$ 构成基础货币增长率。同时，本书结合计量经济学模型和货币政策相机抉择定义，认定二者呈现正交或者不相交。同时，设定列向量 γ，其数值为 $\Delta b^* rule_t$ 序列与 $\Delta b^* shock$ 序列的成绩。本书同时构建随机正态分布序列 λ^*，其标准差和均值分别为 0.1 和 0，得到序列 $\Delta b^* shock^*$ 等于 λ^* 除以 $\Delta b^* rule_t$，保持 $\Delta b^* rule_t$ 不变的条件下，实现 $\Delta b^* shock$ 序列标准差大于新序列 $\Delta b^* shock^*$。按照这种思路，本书构建了3个相应的模型，从产出通胀、汇率等宏观经济变量层面对货币政策规则进行深入分析。

$$VAR(y_{xt}, \Delta b^* rule_t, \Delta b^* shock^*) \qquad (6-7)$$

$$VAR(y_{pt}, \Delta b^* rule_t, \Delta b^* shock^*) \qquad (6-8)$$

$$VAR(y_{et}, \Delta b^* rule_t, \Delta b^* shock^*) \qquad (6-9)$$

二 模拟结果的分析

基于货币政策模拟序列，在此基础上构建了研究模型，在 VAR 模型中构建了一个分析框架，引入了汇率、利率、通胀率、产出等经济变量，坚持规则为主的货币政策，同时辅以相机抉择，从而研究如何影响经济变量。

应用 VAR 模型可以有效预测内生变量，但是在预测过程中也会存在误差。如果误差值比较大，代表了比较大的波动程度，取得不佳的预测效果。运用方差分解法，可以用其来解释内生变量之间的互相解释程度，其一个内生变量来解释另一个内存变量的误差。如果能够很好地解释预测误差，说明方差分解能力越好。分析上述模型，影响宏观经济的变量均为内生变量，规则成分和相机抉择可以在某种程度上影响宏观经济变量。如果影响能力越强，说明规则成分能够起到更好的治理效果，大大提升了预测经济能力。

表6-15　　以规则为主的货币政策对宏观经济的模拟结果

T	y_{xt}	规则	冲击	y_{pt}	规则	冲击	y_{et}	规则	冲击
1	100.00	0.00	0.00	100.00	0.00	0.00	100.00	0.00	0.00
2	80.48	19.51	0.01	89.50	10.33	0.16	87.68	10.01	2.31
3	81.80	18.15	0.04	88.69	10.36	0.94	85.95	12.28	1.74
4	76.42	22.85	0.65	88.12	10.86	1.02	87.00	11.18	1.79
5	73.97	25.28	0.63	87.90	10.91	1.02	87.29	10.92	1.76
6	73.54	25.67	0.70	87.65	11.28	1.05	87.26	11.02	1.76
7	72.52	27.04	0.78	87.32	11.59	1.09	87.30	10.96	1.76
8	72.11	27.09	0.81	87.13	11.78	1.10	87.28	10.92	1.77
9	91.95	27.19	0.83	86.89	11.99	1.11	87.27	10.91	1.77
10	71.73	27.40	0.84	86.53	12.34	1.12	87.26	10.91	1.80
11	71.74	27.40	0.85	85.33	13.54	1.13	87.26	10.91	1.81
12	71.68	27.43	0.85	84.11	14.75	1.13	87.26	10.91	1.81
13	71.64	27.48	0.86	83.16	15.70	1.13	87.25	10.89	1.81
14	71.63	27.48	0.86	82.31	16.55	1.14	87.25	10.89	1.82
15	71.61	27.49	0.86	81.16	17.69	1.14	87.25	10.89	1.82
16	71.58	27.51	0.87	80.49	18.36	1.14	87.25	10.89	1.82
17	71.58	27.51	0.87	79.66	19.19	1.14	87.25	10.89	1.82
18	71.57	27.53	0.87	76.29	22.56	1.15	87.25	10.89	1.82
19	71.57	27.53	0.87	76.29	22.56	1.15	87.24	10.87	1.83
20	71.57	27.53	0.87	76.29	22.56	1.15	87.24	10.87	1.83

分析表6-15的计算结果,如果将货币政策规则作为主要规则,该规则对于通胀率的效应数值约占到23.7%,其中相机抉择占到了1.2%,规则效应达到约22.5%。如果在具体操作货币政策时,摒弃相

第六章 利率市场化背景下中国货币政策规则的实证研究　◀◀　127

机抉择，从而转向规则为主的货币政策时，在这里通胀效应方面，数值能提升到23.7%，上升了近11%。坚持规则为主，由于其影响力比较平缓，而且往往在循序渐进中才能体现影响趋势，更有利于在市场活动中形成合理预期。由于价格具有粘性，导致通胀缺口具有连续性特征，而且最终结果仍未收敛于0，研究货币政策操作实践发现，在调整通货膨胀时，并不是将零通胀作为目标，而是选择2%左右的通胀作为主要调控目标。

表6-16　货币政策操作模式对宏观经济变量波动程度的影响

模式与效应 变量	以规则模式为主的货币政策			以相机抉择模式为主的货币政策		
	总效应	规则效应	相机抉择效应	总效应	规则效应	相机抉择效应
y_{xt}	28.41%	27.52%	0.87%	25.11%	0.72%	24.37%
y_{pt}	23.71%	22.54%	1.15%	12.58%	1.98%	9.98%
y_{at}	12.72%	10.89%	1.83%	1.58%	0.12%	1.46%

分析表6-16，有效解释了McCallum规则如何影响产出，同时也对比了相机成分的影响程度。总体分析结果，货币政策在治理经济产出的数值占比为28.41%，相机抉择效应占比为0.87%，剩下的规则主成分占比为27.53%。通过分析两大主成分的占比关系，如果坚持规则为主，必然会大大降低相机决策的占比，有效提升了规则成分的解释程度。相机决策成分大幅减少，可以提高货币政策的熨平效果，保持产出的稳定性。微调规则为主的货币政策，在很大程度上能够收敛均衡水平，保持经济稳定发展，更有利于构建稳定机制。由于大幅下降了相机决策成分，降低了其对经济的影响程度，可以减少时滞性带来的不良反应，有利于增加经济的稳定性。

为了深入分析各变量的波动程度，本书进一步模拟以规则为主的货币政策下各个宏观经济变量估计值的方差，根据前文所述，可以得出下表所示的不同内生变量预测值及其方差：

表6-17　　货币政策转型前后对宏观经济变量的波动程度比较

	数值	标准差	方差	方差减小程度
产出缺口	真实值	0.1069	0.0114	57.15%
	模拟值	0.0701	0.0049	
通货膨胀率缺口	真实值	1.7675	3.1242	12.81%
	模拟值	1.6503	2.7237	
汇率失调程度	真实值	0.0282	0.0007	37.51%
	模拟值	0.0223	0.0004	

从表6-17可以得出，不同内生变量的真实值的波动频率和幅度远远大于其模拟值的变化。当采取以规则为主的货币政策操作模式时，实际产出缺口、通胀缺口、汇率失调正度波动方差分别减少了57.15%、12.81%和37.51%。总体来说，采取以规则为主的货币政策操作时，模拟的结果相对来说，整体趋势比较好，其波动的频率和幅度也比真实值减缓了许多。

本章小结

对相关性的考察，通过测量其相关性，在研究中构建非结构模型，运用协整分析法以更好地检验变量之间的关系。研究结果证明了四大经济变量 M_2、LOAN、CPI 以及 GDP 这四者之间具有稳定的相关程度。GDP、CPI 对于 M_2 的响应结果看出，这两大变量对 M_2 的冲击有明显反应，说明 M_2 的增加能推动产出与物价的上升，物价水平的上涨也会推动货币供应量的增加。总之，大量的研究表明，货币政策目标和 M_2 内在联系较低，但是仍然符合一定的规律变化。目前我国通过货币供应量的调节来促进经济稳定发展、物价稳定增长的货币政策是有效的。通过对基础货币的控制来间接控制货币供应量，在当前情况下，M_2 还是可控的。M_2 与货币政策目标具有长期相关性，M_2 具有稳定的流通速度以及较强的可预测性货币乘数。因此，货币当局可以控制货币乘数，从而能够实现 M_2 的可控性。统计技术获得了飞速发展，经济学上的各项制度，比如会计制度也在不断完善，可以说未来 M_2 的控制程度将不断提升，从而能更好地克服难以测算、概念模糊等问题。基于我国市场经济情况，在市场化方面仍然具有较低的程度，而且受到不完善金融体系的影响，严重阻碍了传导机制。因此，在我国仍然适合继续采用货币规则，在选择操作变量时 M_2 是合适的。

灵活通胀目标制规则在当前中国的货币政策实践中基本适合。在推进市场经济转型时，回顾我国的经济政策变化，其通货膨胀类型主要经历了这样一个转变路径，高通胀—软着陆—通货紧缩—宽松通胀，由一开始的经济过热产出，现在产出也实现平稳增长。而近十年的数据表明，政府政策随着市场利率化的不断深入而更加稳健，使得产出波动和通胀波动较为平稳，数据检验效果较好。在操纵货币政策时，如果要彻底转向规则型为主的货币政策，摒弃相机决策成分。必须提高央行的货币政策透明度，加强其责任能力。而且货币政策制度应该尽可能地相匹配，基本符合通胀目标制。货币政策与宏观经济所有的变量均为内生变量，货币政策规则成分的影响程度越大时，上述说明无论是规则主成分，还是相机抉择主成分，任何一种成分若能够起到明显的治理效果，则表示能够更好地预测宏观经济发展。如果微调规则成分为主的货币政策，可以更好地使经济趋于均衡水平，便于更好地形成稳定机制。采取以规则为主的货币政策操作时，模拟的结果相对来说，整体趋势比较好，其波动的频率和幅度也比真实值减缓了许多。

第 七 章

基于利率期限结构的中国货币政策规则影响的实证研究(1)

第一节 研究设计

本章实证检验分为两部分。第一部分,在构建国债利率结构时,运用 Diebold – Li 方法,运用适合我国的泰勒规则,通过对比引入长短利差的泰勒规则,从而比较规则的优势之处。此外,在验证利率期限和宏观经济变量的关系时,运用 VAR 模型以有效检验该结构和利率、通胀率与经济增长的关系,以此判定该结构是否涵盖预期信息。研究者将更好地运用扩展的泰勒规则以更好地研究预期信息的影响程度,研究者从期限结构中对三因子进行的提取,通过对比引入前和引入后的各指标变化,以此判定泰勒规则的优化程度,从而更好地检验结果。由此可以更好地证明我国利率期限对货币规则的影响程度。

第二节 利率期限结构对货币政策规则影响的检验

一 我国利率期限结构模型的构建

在国债市场上,相关利益群体比如投资者会重点关注经济政策的变化趋势,而且会根据信息情况及时做出反应。可以说,在我国国债收益率中,具体包含了投资者的预期因素。在我国中央银行可以密切关注国债利率变化情况,以此来分析市场对宏观政策的反应程度,分析经济变化趋势，才能做出相应调控。在 7.2 节，研究者在构建利率期限结构时，将使用债券收益率。

1. 利率期限结构模型介绍

在研究期限结构模型时，需要对不同时点上的即期利率进行有效估计，才能更好地研究结构模型。发达国家的学者们对其进行深入讨论，最后归纳了两种方法，其一为非参数估计法，Fama – Bliss 法运用得更为广泛；其二为使用参数估计法，MaCulloch 的三次样条函数估计法、Nelson 和 Siegel 的 N – S 估计法等应用的比较广泛。

上述方法具有优势以及不足之处，可以通过方法大致计算出利率期限结构，但是如果从细节上分析，仍然存在很多不足。这些不足可能会产生出一些问题，影响参数估计结果，可能会存在失真，必然会影响最终模型的构造。Diebold 和 Li 通过运用 Fama – Bliss 方法，在研究中使用了 N – S 模型，利用上述模型和方法的优势特征，该学者总结提炼出了更具有实操性的计算方法，即 Diebold – Li 方法。基于 Fama – Bliss 方法，可以截取某一时间的即期利率，该利率具有离散性特征，以此作为横截面数据；而后在研究中，通过使用线性最小平方方法（Inear Least Squares Estimate）大致估计出参数值，以此数值作为在 N – Siegel 模型中主要要素。分析 Diebold – Li 方法，能够解决一些问题，提高了样本外预测能力，而且保证了可以得到精确的参数估计结果。因此，在本书中，研究者在估计国债利率期限结构时，将采用 Diebold – Li 方法。

通过调查债券市场的交易数据，基于不同期限的收益率，在研究中运用 Fama – Bliss 转换模型，能够计算数某一天的静态债券期限结构。此外，由于 N – S 模型往往不需要太多的参数，在进行模型估计时，等式两边分别代表了利润函数以及时间参数，分别一一对应，从而确定参数的经济含义。

其推导过程如下：

远期利率：

$$f(t) = \beta_0 + \beta_1 e^{-t/\tau} + \beta_2 \frac{t}{\tau} e^{-t/\tau} \qquad (7-1)$$

其中，$r(t)$ 方程与 $f(t)$ 方程之间有如下函数关系：

$$r(t) = -\frac{\ln[D(t)]}{t} = \frac{1}{t}\int_0^t f(u)\,d_u \qquad (7-2)$$

进而求出即期利率曲线：

$$r(t) = \beta_0 + \beta_1\left[\frac{1-e^{-t/\tau}}{t/\tau}\right] + \beta_2\left[\frac{1-e^{-t/\tau}}{t/\tau} - e^{-t/\tau}\right] \qquad (7-3)$$

从上式可得，该模型能够得出较为光滑的收益率曲线。其中，水平、斜率、曲度因子分别为 β_0、β_1 和 β_2，指数的减弱速度用 τ 表示。

2. 样本选择和数据来源

基于我国目前研究状况，若想对市场利率进行有效估计，提高其准确度，仍然存在很大难度。但是从债券市场上进行比较，上交所的国债利率具有比较优势特征，无论是从国债数量，还是交易活跃度方面，债券收益率受供求关系影响，都可以作为比较好的样本选择。在本书中，在实证分析时，将以上交所的国债价格即期利率作为研究对象，从中取 2012 年至 2017 年的样本期间数据，观测这 72 个月的样本数据，从 Wind 数据库获得数据。本书选用月度指标从而分析宏观经济状况。因此，在该章节中通过运用 Fama-Bliss 法，在选取即期汇率数据时，选用最后一个交易日，以此来计算出不同时间点上的即期利率，这些数据也就是本书的样本资源。

3. 利率期限结构模型估计

分析 N-S 模型的函数形式，该模型中包含四大参数，可以根据其求出即期利率，从而利用得到的贴现函数进一步计算债券价格，通过对比市场价格，最终来评价该模型是否具有很好的拟合效果。在本书中，需要有效估计四大模型参数，上述研究中所使用的参数是作为一个时间常数，其能够测量指数降低速率，而且该参数不会随债券价格变化而改变，再选取参数值时，基本不会影响收益率曲线的拟合程度。也就是说，选取的参数值对拟合度具有较低的敏感程度。使用 N-S 模型参数，所估计出的结果往往是非线性的，因此，本书在进行估算时，选用非线性方法，最后计算出的理论价格和实际价格，尽可能地保证误差最小，最终则选取那个最小的理论债券价格。具体目标函数为：

$$\min \sum_{i=1}^{n} \omega_i^2 \frac{(P_i^* - P_i)^2}{n}, i = 1,2,3\ldots 60 \qquad (7-4)$$

其中：$R(m) = -\frac{\ln B(t)}{m}$ 进而得出：$P_i = \sum_t C F_t^i \cdot B(t)$。

本书在静态模拟过程中，选择上交所 2017 年 12 月 28 日的国债数据，利用 Matlab 的非线性最优化算法得到我国利率期限结构的 N-S 模型最优参数：

$$\beta_0 = 0.0431, \beta_1 = -0.02, \beta_2 = 0.004, \tau = 0.79$$

可以得出：

$$r(t) = 0.0431 - 0.02\left[\frac{1-e\left(-\frac{t}{0.79}\right)}{\frac{t}{0.79}}\right] + 0.004\left[\frac{1-e\left(-\frac{t}{0.79}\right)}{\frac{t}{0.79}} - e\left(-\frac{t}{0.79}\right)\right]$$

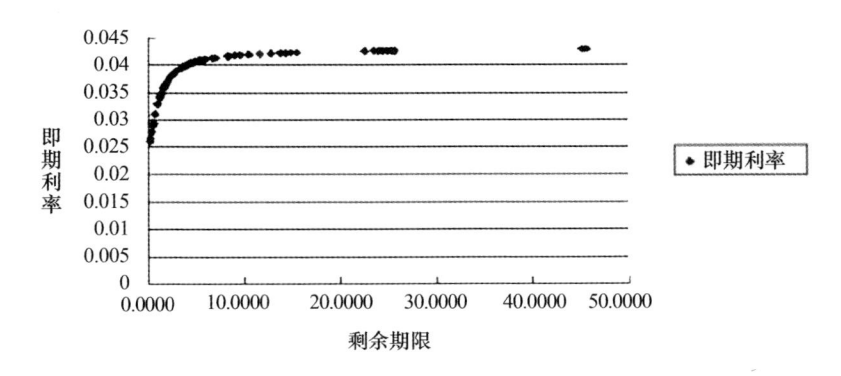

图 7-1 2017 年 12 月 28 日中国利率期限结构散点

如图 7-1 所示为相应的各债券即期利率。为了确保利率期限结构的完整性，本书必须对样本较少的长期国债进行大量补充。同时，在该模型中，债券的中短期拟合效果非常明显，剩余期限对整体即期利率的影响呈现正相关关系，而边际量不断降低，这表明随着到期期限的增加，即期利率曲线变得较为平滑。

如表 7-1 所示，利率节点为 0.5、1、2、3、4、5、6、7、10、15、20、25 的剩余期限对应的即期利率：

表 7-1　　　　　　　2017 年 5 月 14 日国债利率期限表

剩余期限	0.5	1	2	3	4	5
即期利率%	2.9121	3.2597	3.6365	3.8891	3.9934	4.0569
剩余期限	6	7	10	15	20	25
即期利率%	3.0992	4.1294	4.1836	4.2257	4.2468	4.2594

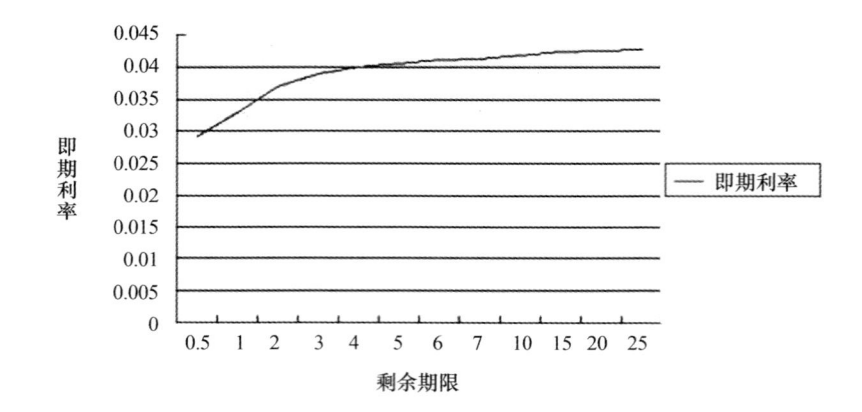

图 7-2　国债收益率曲线

从图 7-2 中可以看出，近端国债价格的拟合性在 N-S 模型中较为良好，在长期过程中有增大趋势。

二　我国泰勒规则模型的构建

1. 泰勒规则模型介绍

本书在研究泰勒规则和利率期限结构的关系时，构建了较为标准化的货币政策规则。其中，标准化的泰勒规则为：

$$r^* = C + \alpha \pi^* + \beta y^* \tag{7-5}$$

上式中，产出缺口、通胀缺口、短期名义利率分别用 y^*、π^*、r^* 表示。相关部门对经济实际值和目标值差距的容忍度用 α 和 β 表示。当政府

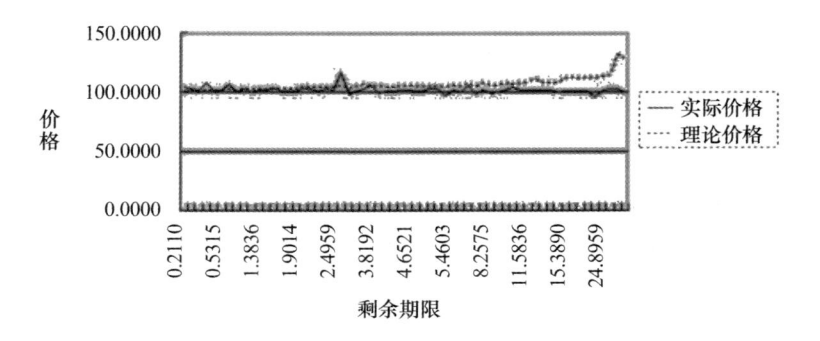

图 7-3 2017 年 11 月 28 日国债的理论价格与实际价格的关系

部门在关注到 α 和 β 数据不断增大之后,会采取较大幅度的利率调整,确保经济的稳定发展。

2. 样本选择和数据来源

本书从 Wind 数据库中获取了 2006 年 6 月至 2017 年 12 月这一样本区间的月度数据,并将数据进行处理,具体过程为:

(1) 短期名义利率:在我国,货币政策的操作目标为基础货币,但是泰勒规则的操作目标为利率水平,因此,若想适用于泰勒规则,在选取利率水平时必须保证其已经实现市场化利率,而且能够反映市场供求关系,选用该短期名义利率作为操作目标。研究发现,银行间同业拆借市场能够全面反映资金供求关系,因此在选择短期名义利率的替代指标时,可以选用同业拆借市场回购加权利率。

(2) 通货膨胀缺口 (π^*):在我国,通胀率具体体现为价格指数,往往用价格指数来衡量通胀率。价格指数具体包含了 CPI 消费者价格指数、商品物价、GDP 平减指数。CPI 作为金融领域的一个重要指标,能够有效影响金融、税收、财政政策。基于可获得性角度,消费者价格指数从总体上看,能够全面体现通胀水平。在本书中,将采用 CPI 价格指数以测量我国的通胀水平。在选取研究对象方面,选择 CPI 月度指标。按照经济学公式,通货膨胀缺口 = 通胀率 - 目标通胀率,利用上述公式可以得出通胀缺口。每年政府工作报告要求 4% 的通胀缺口,通胀缺口 =

CPI/100 - 1.04。

（3）产出缺口（y^*）：美国市场上所制定的企业产能标准，具有不可测量性。在研究中，在确定国家产能指标时，一般都选择 GDP 指标。但是在获取 GDP 数据时，由于国家统计局在统计方面受到一些因素干扰，比如更新频率太低、统计方式落后等，使得统计出的 GDP 数据不具有精细化特征，如果面临高频率的时间段，这样粗糙的数据不能有效反映产出水平。按照我国经济发展情况，在国家产能中，工业增长值占据绝大部分，而且其能够及时更新，月度数据具有高频率，因此，本书在选择替代产出缺口指标时，选择企业增加值的同比增速。

3. 泰勒规则模型的估计

构建 OLS 回归模型可得：

$$r^* = C + \alpha\pi^* + \beta y^* + \varepsilon \quad (7-6)$$

其结果为：

$$R = 0.938085 + 0.041395 PAI - 0.136742 Y \quad (7-7)$$

t = （5.341065）（1.457376）（-0.955936）

$R^2 = 0.036948$，Adjust - $R^2 = 0.003740$

F = 1.112607

通过实证分析可得，自变量和应变量之间存在线性关系，其中，利率受到变量的影响非常明显。但是，由于使用了大量的替代数据，以及对数据进行不断调整，导致 t 值和 F 值的可决系数和检验结果都比较低。但是，本书在后续研究过程中引入了扩展性的泰勒规则，因此本研究不会受到该结果的影响。

三 中国利率期限结构对货币政策规则影响的检验

为了确保研究的科学性和准确性，本书将利率期限结构的长短期利差引入到标准泰勒规则中，深入分析货币政策规则和利率期限结构的内在联系，实现了泰勒规则的扩展：

1. 扩展泰勒规则模型介绍

标准泰勒规则公式为：

$$r^* = C + \alpha\pi^* + \beta y^* \qquad (7-8)$$

引入利差的扩展泰勒规则为:

$$r^* = C + \alpha\pi^* + \beta y^* + \gamma sp \qquad (7-9)$$

2. 样本选择和数据来源

采用 2012 年 1 月至 2017 年 12 月,共 72 个月的月度数据,数据均来自 Wind 数据库。

(1) 短期名义利率(r^*):如前所述,采用银行间债券市场 7 天回购加权利率作为短期利率的替代指标。

(2) 通货膨胀缺口(π^*):如前所述,通货膨胀缺口为 CPI/100 -1.04。

(3) 产出缺口(y^*):如前所述,工业企业增加值月度同比增速作为产出缺口的替代指标。

(4) 长短期利差(sp):选用 10 年期减去 1 年期国债收益率的差。因为 Rudebusch 和 Williams(2009)认为 10 年期与 1 年期国债券收益率之差能有效预测经济的衰退和复苏。

3. 扩展泰勒规则模型的估计

构建 OLS 回归模型可得:

$$r^* = C + \alpha\pi^* + \beta y^* + \gamma sp + \varepsilon \qquad (7-10)$$

其结果为:

$$R = 1.006594 + 0.119688 PAI + 0.024649 Y - 0.155526 SP$$

$$t = (7.158120)\ (0.857288)\ (0.209908)\ (-5.840600)$$

$$R^2 = 0.397515,\ Adjust-R^2 = 0.365806,\ F = 12.53607$$

四 实证结果与分析

从前文来看,本书对泰勒规则引入前后的数据进行对比,对其优化性进行深入分析。其结果如表 7-2 所示。

表7-2　　　　　　引入预期信息后泰勒规则各指标的对比

各指标对比	泰勒规则对比	标准泰勒规则	扩展泰勒规则
系数	c	0.938085	1.1006594
	α	0.041395	0.119688
	β	-0.136742	0.024649
	γ	无	-0.155526
T值	c	5.341065	7.158120
	α	1.457376	0.857288
	β	-0.955936	0.209908
	γ	无	-5.840600
其他指标	R^2	0.036948	0.397515
	Adjust-R^2	0.003740	0.365806
	F值	1.112607	12.53607

根据表7-2比较可得，拓展后的泰勒规则具有更加优质的性能。第一，可决系数和检验结果都有显著提高；第二，产出缺口和通胀缺口都明显上升。这充分验证了泰勒规则和利率期限结构融合后变得更加可靠。

实证分析得出，泰勒规则能够实现优化和科学。因此，本书接下来将会结合前文论述，对泰勒规则和利率期限结构之间的内在联系进行深入分析，细致阐述实现泰勒规则优化的影响因子。

第三节　利率期限结构内含预期信息与货币政策规则的实证研究

一　利率期限结构内含预期信息的实证检验

为了解释利率期限中所包含的预期信息，本书选取三因子，能够很好地代表利率期限以及宏观经济变量，在研究中通过构建 VAR 模型，以便于考察这两者之间的相关程度。

1. VAR 模型介绍

根据数据数理特性，在向量自回归模型中选取相关程度变量，判断模型滞后期尤为重要,这是因为在该模型中内外生变量不具有很大区别,在 VAR 模型中,由于不受到任何约束限制,每个方程都具有相同的解释变量,选取所有变量滞后值。如果要测量 n 个变量关系,在该 VAR 模型中,需要建立 n 个回归方程,在之前统计时需要用到最小二乘法。该模型不会约束参数,因此,最后的参数统计结果往往会保留不显著性。利用建模可以实现有效分析,而且其简单明了,实用性比较强。学者们在实证分析中,往往青睐于将其运用到研究分析经济变量之间关系。

VAR(P)模型的数学表达公式如下:

$$y_t = \Phi_1 y_{t-1} + \cdots + \Phi_p y_{t-p} + H x_t + \varepsilon_t \qquad (7-11)$$

上式中,相同的样本数量、滞后阶数、外生变量、内生变量分别用 t、p、x_t、y_t 表示。需要估计的系数矩阵用 $k \times k$ 维矩阵 Φ_1,$\cdots$,Φ_p 和 $k \times d$ 表示,k 维的扰动列向量用 ε_t 表示。因此,上式可以转换为:

$$\begin{pmatrix} y_{1t} \\ y_{2t} \\ \vdots \\ y_{kt} \end{pmatrix} = \Phi_1 \begin{pmatrix} y_{1t-1} \\ y_{2t-2} \\ \vdots \\ y_{kt-1} \end{pmatrix} + \cdots$$

$$+ \Phi_p \begin{pmatrix} y_{1t-p} \\ y_{2t-p} \\ \vdots \\ y_{kt-p} \end{pmatrix} + H \begin{pmatrix} x_{1t} \\ x_{2t} \\ \vdots \\ x_{dt} \end{pmatrix} + \begin{pmatrix} \varepsilon_{1t} \\ \varepsilon_{2t} \\ \vdots \\ \varepsilon_{kt} \end{pmatrix} \qquad (7-12)$$

2. 样本选择和数据来源

(1) 通货膨胀率:在选取该样本数据时,研究对象可以选择 CPI 月度指数。

(2) 经济增长:为了选取产出缺口替代指标,可以选择工业增加值月度数据,其同比增速作为研究指标。

(3) 短期利率:在选取短期名义利率时,往往选用同业拆借市场回购加权利率进行研究。

(4) 三因子:分别指的是曲度因子、斜度因子以及水平因子这三大主要因素。

研究者选取了 2012 年 1 月至 2017 年 12 月这一样本区间的数据（月度数据），具体包括工业增加值、7 天回购加权利率、CPI 价格指数，研究宏观经济变量中的三因子、短期利率、经济增长以及通货膨胀率。数据来自 Wind 数据库。如表 7-3 所示，数据分析结果如表 7-3 所示。

表 7-3　　　　　　　　　　　数据分析

统计量 \ 变量	水平因子 BETA0	斜率因子 BETA1	曲度因子 BETA2	通货膨胀率 CPI	工业增加值 IP	利率 R
平均值	0.0433	-0.0159	0.1524	3.2966	11.1896	3.7681
中值	0.0430	-0.0150	0.1515	2.9500	10.0500	3.6900
最大值	0.0540	-0.0120	0.2010	6.4500	21.3000	5.9000
最小值	0.0400	-0.0260	0.1100	1.4400	6.9000	1.6400
标准差	0.0027	0.0029	0.0195	1.4184	2.7838	0.8764
偏度	2.9602	-1.7136	0.1515	0.7557	1.0545	0.1080
峰度	13.0721	9.3019	2.5990	2.3866	4.4629	2.8695
JB 统计量	307.3359	115.7482	0.5666	5.9825	14.826	0.1445

3. 模型估计

（1）VAR 模型检验。VAR 模型能够有效估计时间序列模型，这是其一大优势特征。但是研究宏观经济数据发现，多数数据不具有平衡性特征，不属于时间序列模型。因此，在设定模型之前，必须要测量原始宏观数据的平稳性特征，以及期限变量因子是否具有平稳性。对于不具有平稳性特征的数据，需要进行数据变换，只有具有了平稳性特征，才能进一步运用 VAR 模型进行估计。在检验平稳性时，常规的方式是单位根检验（ADF 检验），将单位根检验界定为对数据进行一阶差分分析，测量残差序列相关性，需要把检测数据变为具有平稳特征的时间序列。具体检测结果见表 7-4。

表7-4　　　　　　　　　　　六变量平稳性检验

原始序列				一阶差分序列			
变量	检验形式 (C, T, L)	ADF统计量	P值	变量	检验形式 (C, T, L)	ADF统计量	P值
水平因子 BETA0	(0, 0, 2)	-0.072480*	0.6538	水平因子 △BETA0	(0, 0, 0)	-8.899460***	0.0000
斜率因子 BETA1	(0, 0, 1)	0.052991*	0.6953	斜率因子 △BETA1	(0, 0, 0)	-10.57158***	0.0000
曲度因子 BETA2	(0, 0, 2)	-0.206818*	0.6069	曲度因子 △BETA2	(0, 0, 0)	-8.131695***	0.0000
通货膨胀率 CPI	(0, 0, 0)	-0.746624*	0.3883	通货膨胀率 △CPI	(0, 0, 0)	-8.673010***	0.0000
工业增加值 IP	(0, 0, 2)	-1.068276*	0.2544	工业增加值 △IP	(0, 0, 0)	-7.584813***	0.0000
利率 R	(0, 0, 2)	-0.145882*	0.6285	利率 △R	(0, 0, 0)	-8.683449***	0.0000

从表7-4可得出，在10%水平时，宏观经济变量和期限结构因子的原始序列都无法拒绝包含单位根的原假设，这表示该变量的原始序列都处于非平稳状态。当显著性水平为1%时，所有的变量拒绝原假设，这表明变量都属于时间平稳序列和一阶单整序列。

在进行估计之前，必须构建稳定的VAR模型。本书在判断模型的稳定性时，利用Eviews软件对根模倒数进行计算。如图7-4所示，单位元包含所有的VAR数据，这表明该模型较为稳定。

然后，本书结合VAR自有特征，构建科学的滞后期模型，最大限度避免误差项作为白噪声的影响。同时，在研究过程中，必须构建科学的滞后阶数数量，避免模型的稳定水平受到其自相关现象或者严重性干扰。本书在测定模型时，选用传统的LR测量方式，结合滞后的期数，从表7-5中可以得出，滞后阶数在LR、SC、FPE以及HQ等方法中数值为1，而6期滞后阶数才能确定AIC，最后为了确保参数估计的正确性，本书综合考量了各种测定方式，选择2期数据为研究对象。

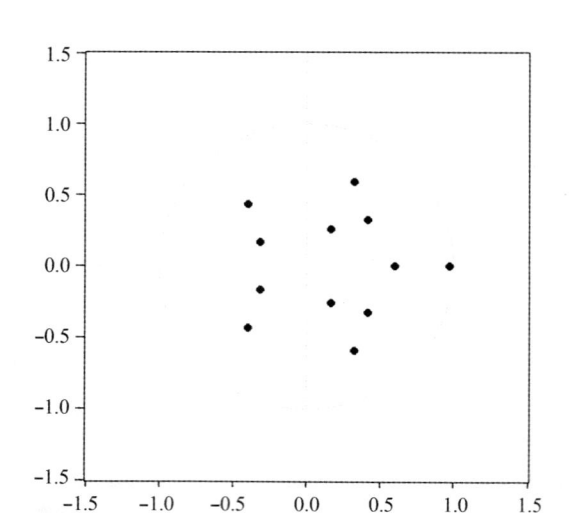

图 7-4　VAR 模型特征多项式根模的倒数

表 7-5　　　　　　　　VAR 模型最优滞后期选择

滞后期	LogL	LR	FPE	AIC	SC	HQ
0	333.3643	NA	4.80e−14	−13.64018	−13.40628	−13.55179
1	418.8308	146.0053*	6.19e−15*	−15.70128	−14.06398*	−15.08254*
2	449.8876	45.29120	8.16e−15	−15.49532	−12.45462	−14.34623
3	479.7534	36.08783	1.28e−14	−15.23972	−10.79562	−13.56029
4	517.3579	36.03763	1.79e−14	15.30658	−9.459075	−13.09680
5	563.2420	32.50124	2.61e−14	−15.71842	−8.467512	−12.97829
6	642.8505	36.48723	2.00e−14	−17.53544*	−8.881132	−14.26496

（2）对模型和协整进行核验。在对数据进行核验处理时，虽然 Johansen 可以通过五种模型进行处理，但是仅仅通过计量软件进行简单化检验，在得出相应的结论时往往容易出现较大的误差。因此，本书在处理数据过程中，采用协整方程、截距项、无趋势等方式。此外，对协整方程的数量采用迹统计量，得到下一步的处理。如表 7-6 所示为 Johansen 协整检验结果。

表7-6　　　　　　　　协整检验的结果

假设存在协整数	特征根	迹统计量	5%临界值	P值
None*	0.608979	136.4444	95.75366	0.0000
At most1	0.516798	87.61674	69.81889	0.0010
At most2	0.345201	49.79607	47.85613	0.0325
At most3	0.272008	27.77785	29.79707	0.0840
At most4	0.188626	11.26963	15.49471	0.1954
At most5	0.007668	0.400295	3.841466	0.5269

注：None*表示在5%的显著性水平下拒绝"没有协整方程"的假设。

表7-7　　　　　　VEC模型中标准化的协整系数

标准化的协整系数							
BETA0	BETA1	BETA2	CPI	IP	R	C	
1.000000	0.707144	-0.118576	-0.000362	0.000383	0.000329	-0.01883	
	(0.28379)	(0.02670)	(0.00038)	(0.00022)	(0.00045)		

注：括号内为标准误。

从表7-7可得出VER模型的规范化协整方程系数。当显著性水平处于5%时，对于滞后2期的样本，研究表明其存在一组协整方程。进而可以用如下科学、规范的协整方程表示：

$$BETA0 + 0.707144BETA1 - 0.118576BETA2 - 0.000362CPI + 0.000383IP - 0.000329R$$

宏观变量和利率期限结构的三因子之间的长期均衡关系可以通过协整方程进行阐述。大量的研究结果表明，BETA0与CPI、R正相关，与IP负相关；BETA1与CPI、R正相关，而与IP负相关；BETA2与IP正相关，而与CPI、R负相关。本书在研究过程中，忽略了曲度因子的影响，只考虑水平因子、宏观经济变量和斜率因子之间的长期均衡关系。

二　实证结果与分析

1. 利率期限结构与通货膨胀的关系

通货膨胀与曲度成负比例关系，通货膨胀与斜度成正比的关系，其和水平因子成正向关系。

利率期限包含三大因子，其中水平因子指期限最长的利率，该因子中涵盖了两大信息，一方面为投资者的预期通胀能力，另一方面为投资者所承担的风险补偿能力，此处风险主要是指长期通胀风险。当预期通胀上升时，必然会导致风险溢价上升，长期利率水平居高不下。Diebold 在研究中也证明了水平因子和通胀率具有高度相关性。由于水平因子能够反映期限最长的利率，可以用其来判断消费者价格指数的序列变动情况。在债券市场上，可以有效测量其长期利率，其易于观测。可以通过观察长期利率指标，以此来有效估计未来通胀发展趋势。

2. 利率期限结构与经济增长的关系

经济增长和曲度呈现负比例关系，经济增长和斜度因子成正比例关系，和水平因子也成正比例关系。

为了有效衡量宏观经济发展趋势，在斜度因子中包含了长短期利差，其可以作为有效指示器。Estrella 和 Hardouvelis 认为，长短期利差作为一个有效预测指标，通过研究 100 年的预测数据，该指标都有效预测了美国的经济周期变动情况。根据经济增长和斜度因子呈现正比例关系，在反映景气指数时，斜率因子的长短期利差可以作为一个很好的测量，同时可以用该指标有效判定经济运行走势。在国债市场上，仍然处在发展阶段，近些年来，国债品种数目层出不穷，流通中的数量也在不断增加。在国债市场上，长短期利差值也能有效反映宏观经济的发展趋势。

3. 利率期限结构与利率的关系

利率与曲度成负比例关系，与水平成正比例关系，与斜率成正比例关系。

观测收益率曲线，如果形状比较平坦，代表未来短期利率将保持不变状态。如果形状向右上方倾斜，代表短期利率将有所提升。如果形状向下方倾斜，则代表短期利率将有所降低。可以通过观察收益率曲线，帮助我们更好地预测短期利率的变动情况。在收益率曲线上，可以预期短期利率变动。上述实验也证明了利率与斜率成正比例关系。

三 预期信息对货币政策规则影响的实证检验

1. 三因子扩展泰勒规则模型的构建

为了验证利率期限结构隐含的预期信息对货币政策规则的影响，本书将利率期限结构的三因子引入标准泰勒规则，进而得到如下模型公式：

$$r^* = C + \alpha \pi^* + \beta y^* + \gamma beta0 + \mu beta1 + \sigma beta2 \quad (7-13)$$

2. 样本选择和数据来源

本书样本为2012年1月至2017年12月的月度数据：

（1）短期名义利率（r^*）：用银行间债券市场7天回购加权利率。

（2）通货膨胀缺口（π^*）：通货膨胀缺口为 CPI/100 - 1.04。

（3）产出缺口（y^*）：用工业企业增加值的月度同比增速数据。

（4）三因子（beta0、beta1、beta2）：分别用从利率期限结构提取出来的水平、斜率和曲度因子。

3. 三因子扩展泰勒规则模型的估计

构建 OLC 回归模型为：

$$r^* = C + \alpha \pi^* + \beta y^* + \gamma beta0 + \mu beta1 + \sigma beta2$$

其结果为：

R = 1.365153 + 0.501687PAI + 0.162503Y - 6.748483BETA0

　　- 0.875158BETA1 - 0.738700BETA2

t = （9.980720）（1.637698）（1.090738）

　（-0.537794）（-0.074458）（-0.515759）

R^2 = 0.189316，Adjust - R^2 = 0.371100

F = 5.70618

根据计算结果，本书可以深入分析各类指标的变化结果，对泰勒规则的优化性进行比较分析，具体实证结果如表7-8所示。

表7-8　　　　　　　　引入预期信息后泰勒规则各指标的对比

各指标对比	泰勒规则对比	标准泰勒规则	扩展泰勒规则
系数	c	0.938085	1.365153
	α	0.041395	0.501687
	β	-0.136742	0.162503
	γ	无	-6.748483
	μ	无	-0.875158
	σ	无	-0.738700
T值	c	5.341065	9.980720
	α	1.457376	1.637698
	β	-0.955936	1.090738
	γ	无	-0.537794
	μ	无	-0.074458
	σ	无	-0.515759
其他指标	R^2	0.036948	0.189316
	Adjust-R^2	0.003740	0.371100
	F值	1.112607	5.70618

通过大量的数据表明，在泰勒规则中加入三因子之后其适用性和效果更加优越。第一，极大地提高了可决系数结果、t值和F值；第二，极大地提高了产出缺口系数和通胀系数。引入三因子的泰勒规则明显具有优势化特征，而且通过引入预期因素，可以使得该规则变得更具有优势。

本章小结

利润期限结构中包括三大因子，在选取了宏观经济变量中的代表性变量，将上述变量进行结合运用在VAR模型，由此可以深入分析利率期限和经济变量的相关程度。本书研究发现了利率期限结构与宏观经济变量之间的关系。

在我国国债市场上，目前仍属于形成规模阶段，处在快速发展时期。

国债数量层出不穷，而且流通数量也在逐年增加。运用长短期利差，能够客观反映经济运行状况。分析标准泰勒规则，研究者发现具有扩展性的泰勒规则具有更好的评估结果。具体表现在两大方面，一方面大幅提高了产出缺口以及通胀系数，另一方面提高了可决系数结果，而且T值和F值检验结果也比较精确。引入三因子的泰勒规则明显具有优势化特征，而且通过引入预期因素，可以使得该规则变得更具有优势。

第八章

基于利率期限结构的中国货币政策规则影响的实证研究(2)

第一节 研究设计

我们从理论上分析了利率期限结构对宏观经济变量的预测作用以及对货币政策规则的影响，结合我国实际国情，采用实证分析方法，深入分析和研究货币政策规则与利率期限结构的内在联系。首先，为了构建初步的利率期限结构认识体系，本书采用主成分分析法，提取了利率期限结构中的动态变化因子；然后根据前文所述的实证数据，评估和计算了我国国债期限结构，得到相应的曲率参数、截距和斜率序列。之后深入分析了这些参数以及影响货币政策规则因子的 VAR 模型，得出货币政策规则和利率期限结构的内在联系。最后，通过预测宏观经济变化趋势，与利率期限结构进行对比、分析，对其长远性和前瞻性进行评估。在这个过程中，本书主要采用了 Eviews 9.0 软件对数据进行分析。

第二节 国债利率期限结构变动的主成分分析

一 研究背景介绍

本书深入分析了利率期限结构，构建了相应的模型。从前文论述可知，国债收益曲线富含大量的数据信息，因此本书在研究过程中，采取实证分析方法，对期限结构模型的建立、从有限的变量中获得一定数量的信息进行深入分析。为了确保信息提取的有效性,本节主要采用了主成分分析法。通常来讲,很多学者从曲率、斜率、水平三个层面对该因素进行划分。虽然我国理论研究已经取得了长足进步,但是 99.72% 的理论可以用这三种主成分进行解释。本书以此为依据,在提取利率期限结构信息时,采用主成分分析方法。

二 主成分分析(PCA)方法介绍

Hotelling 于 1993 年创造性地提出了主成分分析法(Principal Components Analysis,简称 PCA)。在该方法理论中,为了实现大量原始数据用有限的因子进行描述,对各个指标进行总结、合并,得出具有代表性的综合性指标。主要步骤为:某个特定问题描述用 X_1,X_2,$\cdots X_P$ 表示,$X = (X_1, X_2, \cdots X_P)$ 为生成的对应随机变量,μ、Σ 分别为均值向量和协方差矩阵。设 $Y = (Y_1, Y_2, \cdots Y_P)$ 为 X 进行线性变换后的合成随机向量,即:

$$\begin{pmatrix} Y_1 \\ \vdots \\ Y_P \end{pmatrix} = \begin{bmatrix} \alpha_{11} & \cdots & \alpha_{1p} \\ \vdots & \ddots & \vdots \\ \alpha_{p1} & \cdots & \alpha_{pp} \end{bmatrix} \begin{pmatrix} X_1 \\ \vdots \\ X_P \end{pmatrix} \quad (8-1)$$

设 $\alpha_1 = (\alpha_{i1}, \alpha_{i2}, \ldots, \alpha_{ip})$,$i = 1, 2, \cdots, p$,$A = (\alpha_1, \alpha_2, \ldots, \alpha_p)$,则有:

$$Y = AX \quad (8-2)$$

且:

$$var = (Y_i) = \alpha_i' \sum \alpha_i \, i = 1, 2, \cdots, p$$

$$cov(Y_i, Y_j) = \alpha_i' \sum \alpha_j \, i, j = 1, 2, \ldots, p \quad (8-3)$$

通过分解 P 个随机变量的总方差,得出相对应的不相关随机变量方差,进而求和得到 $\lambda_1 + \lambda_2 + \ldots + \lambda_p$,这就是主成分分析的思路。因此得到,第 i 个主成分所占总方差的比例为:

$$\frac{\lambda_i}{\lambda_1 + \lambda_2 + \ldots + \lambda_p} \quad (8-4)$$

上式也可以表示为第 i 个主成分的贡献度。指标所含的信息程度用 Y_I

的方差表示，每个主成分是正交的，呈现线性无关特征。在实际应用过程中，为了确保整体信息描述的准确性，我们通常选择两三个方差贡献度大、累计超过 90% 的成分。

三　数据来源

对于特定期限内，各期即期利率的趋势可以用利率期限结构表示。本书选取了中债网 2009 年 1 月至 2017 年 12 月的 3 月期、9 月期、1 年期、2 年期、3 年期、5 年期、7 年期、10 年期、15 年期的银行间国债即期利率，确保历史数据的丰富性，为曲线结构变动情况的研究奠定坚实基础。同时，本书对利率的月度加权求取平均值，确保月度货币政策规则变量计算的简便性。通过这种方法，可以最大限度减少市场环境产生的影响。Wind 数据库为本研究数据的主要来源。

四　数据样本的描述性统计

2008 年，市场经济由于金融危机的影响，下行风险增加，从 2009 年开始各期限利率断崖式下降。为了确保货币流动性，央行采取了放松银根、下调利率的方式，避免经济衰退。随着近年来经济的持续向好，各指标利率不断提高。

如表 8-1 所示为各期限国债即期收益率。从中可以得出，短期限的债权利率标准差较大、运行不平稳的期限为 3 月期和 9 月期；长期限波动较小的为 10 年期和 15 年期。由此可得，短期利率求取平均值即可得到长期利率，其数据变化较为平稳。

五　数据单位根检验

如果数据具有时间序列性特征，首先要检验数据是否具有平稳性特征。本研究通过运用 ADF 方法，检验了数据单位根。调查了样本区间 2009—2017 年的数据，依次进行单位根检验。得出的九大序列结果由表 8-2 给出，由于 $X_1 - X_9$ 序列数据不拒绝原假设，进行差分后的序列均具有平等性特征，能拒绝原假设。因此研究者在选择分析对象时，选用一阶差分法。

表8-1　　　　　　　　　　数据描述性统计

期限	均值	中位数	最大值	最小值	方差	标准差
3个月	2.45	2.61	5.11	0.8	0.76	0.87
9个月	2.55	2.74	4.25	0.83	0.67	0.82
1年	2.57	2.74	4.25	0.89	0.67	0.82
2年	2.79	2.93	4.42	1.07	0.63	0.79
3年	2.97	3.02	4.50	1.24	0.5	0.71
5年	3.24	3.17	4.53	1.73	0.37	0.61
7年	3.46	3.43	4.67	2.12	0.3	0.55
10年	3.66	3.56	4.72	2.67	0.24	0.48
15年	3.94	3.86	4.91	3.2	0.17	0.42

表8-2　　　　　　　　　　原数据单位根检验

变量	Test critical values 1% level	5% level	10% level	t-Statistic	DW	Prob
X1	-3.65	-2.96	-2.62	-2.4	2.06	0.15
X2	-3.65	-2.95	-2.62	-1.75	1.44	0.4
X3	-3.65	-2.95	-2.62	-1.71	1.42	0.42
X4	-3.65	-2.96	-2.62	-2.55	2.1	0.11
X5	-3.65	-2.96	-2.62	-2.65	2.02	0.09
X6	-3.65	-2.95	-2.62	-2.11	1.49	0.24
X7	-3.65	-2.95	-2.62	-2.24	1.55	0.2
X8	-3.65	-2.95	-2.62	-2.34	1.55	0.17
X9	-3.65	-2.95	-2.62	-2.58	1.72	0.11

六　数据的主成分分析

运用主成分分析法分析差分序列，具体得到了方差贡献度以及各个数值的特征值，结果体现在下表中。分析表中数据，前三大主要因子的贡献度达到了87.44%、10.80%、0.83%，通过分析累计贡献率发现，两大主成分的利率期限占比为99.07%。"崖底碎石图"上可以观测特征值曲线，在因子3处我们可以发现明显拐点，基于上述主成分分析，可以综合上述研究成果，选择能代表国债利率的风险因素，即主成分1、2、

3。上述选择因素和在之前研究中分析收益率曲线的主成分,具有高度的吻合性。

表8-3　　　　　　　　　　差分后的数据单位根检验

变量	Test critical values			t-Statistic	DW	Prob
	1% level	5% level	10% level			
dX1	-3.65	-2.96	-2.62	-4.07	1.92	0.0035
dX2	-3.65	-2.95	-2.62	-4.36	1.97	0.0016
dX3	-3.65	-2.95	-2.62	-4.3	1.96	0.0019
dX4	-3.65	-2.96	-2.62	-3.89	1.93	0.0055
dX5	-3.65	-2.96	-2.62	-4.13	1.9	0.003
dX6	-3.65	-2.95	-2.62	-4.58	1.94	0.0009
dX7	-3.65	-2.95	-2.62	-4.71	1.93	0.0006
dX8	-3.65	-2.95	-2.62	-4.73	1.93	0.0006
dX9	-3.65	-2.95	-2.62	-5.32	1.96	0.0001

表8-4　　　　　　　　　　　主成分分析

Component	Eigenvalue	Difference	Proportion	Cumulative
Comp1	7.8694	6.89711	0.8744	0.8744
Comp2	0.97229	0.897665	0.1080	0.9824
Comp3	0.0746247	0.0315465	0.0083	0.9907
Comp4	0.0430781	0.0257001	0.0048	0.9955
Comp5	0.0173781	0.00500007	0.0019	0.9974
Comp6	0.012378	0.00702172	0.0014	0.9988
Comp7	0.00535627	0.00216308	0.0006	0.9994
Comp8	0.00319319	0.000886736	0.0004	0.9997
Comp9	0.00230645		0.0003	1.0000

表8-5为主成分因子的负荷矩阵,通过分析表中数据,研究者可以对三个主成分经济含义进行界定。学者们将第一主成分界定为,如果其

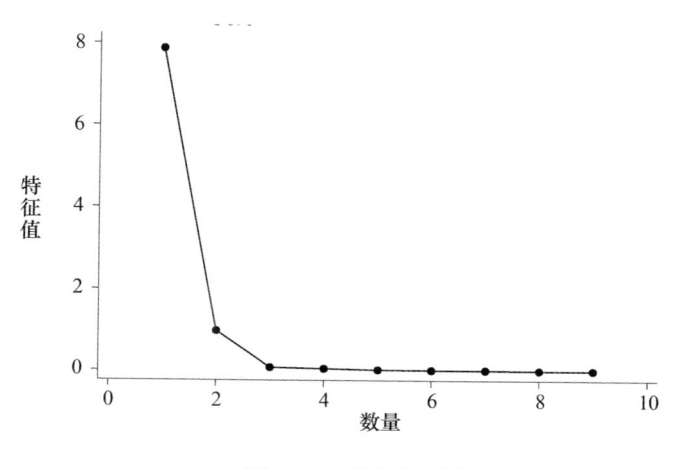

图 8-1　崖底碎石图

负荷因子在不同期限内都具有相等值，则其能够代表长期利率，表示水平因子；学者们将第二主成分界定为，如果其负荷因子会随着期限变化而出现变化，可能减少也可能增加，则其能够代表斜率因子，表示长短期利差；学者们将第三组成分界定为，如果其负荷因子在中期期限达到最小值，而在长短期的数值比较高，则其能够代表曲率因子，表示中期利率。从表8-5中可以观察，研究者运用实证分析法所取得的结果类似于此规律。

表8-5　　　　　　　　因子负荷矩阵

Variable	Comp1	Comp2	Comp3
DX1	0.3210	-0.3964	0.4764
DX2	0.3271	-0.3937	0.0988
DX3	0.3330	-0.3468	0.0716
DX4	0.3471	-0.1964	-0.2213
DX5	0.3520	-0.0401	-0.4831
DX6	0.3463	0.2048	-0.3322
DX7	0.3374	0.3113	-0.1306
DX8	0.3256	0.4044	0.0480
DX9	0.3081	0.4743	0.5883

在该章节中，研究者基于银行间国债市场，选取了样本区间为2009年1月至2017年12月的月度收益率数据，运用统计方法进行分析，按照统计学理论知识，上述数据可以使用描述性统计法，而且其为一阶单整变量。研究者应用主成分分析法分析了一些差分数据，三大主成分具体包括曲度因子、水平因子以及斜率因子。按照上述研究预期，刚好验证了研究者的结论，可以使用这三大因子即斜率因子、曲率因子以及水平因子，更好地解释即期利率。在后续章节中，通过分析主成分分析结果，帮助我们更好地构建利率期限结构，进一步深入研究利率期限如何对货币政策规则发挥作用。

第三节 基于收益率曲线的国债利率期限结构分析

在上述实证研究中，可以通过三大因子很好地解释利率期限，具体指曲率、斜率及水平因子。在本节中，可以基于收益率曲线来解释我国国债利率期限如何变动。货币当局利用利率期限来预测经济发展趋势，从而才能有效制定货币政策，采取前瞻性措施，使得经济保持平稳发展。而中央银行往往使用长短期利差来有效预测投资者的预期变化，预测货币政策情况，以促进经济稳步发展。

上述研究可以帮助我们更好地分析收益率曲线，在采集样本数据时能够帮助构建模型。再选取模型时，坚持简单实用型原则。

$$y_t = \alpha + \beta T + \gamma T^2 + \varepsilon_T \qquad (8-5)$$

上式中，零息票债权期限和收益率分别为 T 和 y_t，本书将在后续的研究中对其进行深入分析，最终得出收益率曲线特征。本书以2009年1月至2017年12月的参数为样本，通过回归方程得出其估计值，可以发现其系数有大幅提高，均高于98%。其回归结果如表8-6所示。

表8-6　　　　　　2010年1月参数回归估计结果

Variable	Coemcient	Std. Error	t - Statistic	Prob.
C	1.903490	0.027227	69.91277	0.0000
T	0.153266	0.010799	14.19231	0.0000
T^2	-0.004225	0.000719	-5.873848	0.0011

表 8-7　　　　　　　2017 年 12 月参数回归估计结果

Variable	Coefficient	Std. Error	t – Statistic	Prob.
C	3.167259	0.051983	60.92882	0.0000
T	0.235145	0.020619	11.40448	0.0000
T^2	-0.009006	0.001373	-6.556932	0.0006

2008 年发生的国际金融危机，扰乱了世界经济发展秩序，导致全球经济进入衰退状态。国家在采取财政和货币政策方面均使用宽松政策，大幅增加货币供给量，从而降低了利率水平。受到大众预期心理影响，长期通胀预期增加，使得短期利率受到的波动幅度比较大。收益率曲线形状更加陡峭，观察收益率曲线的曲率，在 2008 年也达到了最高值。

第四节　利率期限结构对货币政策规则的影响：VAR 模型

前述章节的理论显示，货币政策和利率期限结构有非常密切的联系。本书选取控制变量即前面所提取的主成分，对货币政策和利率期限结构的影响机制进行分析。通常而言，学者们采用向量自回归模型对动态特征进行捕捉，确保主成分以及他们之间影响分析的深入性和科学性。同时，各个变量之间的动态关系能够通过 VAR 模型更好的分析，并且其相应机制能够通过干扰项进行阐述。因此，本书在研究过程中，选择 VAR 模型进行描述。

一　变量说明与平稳性检验

1. 变量说明

本书采用季度数据进行分析研究，在该章节中，研究者选取了 2009 年 1 月至 2017 年 12 月的季度数据，包含 36 个样本数。

（1）通货膨胀率与通货膨胀缺口

我们主要通过价格指数来衡量通货膨胀率，该指标所包括的 CPI 消费者价格指数、商品价格指数以及 GDP 平减指数，CPI 指数具有较高的可获得性，而且能够全面反映通货膨胀水平。本书将使用季度 CPI 指数来预测通货膨胀，通货膨胀率 =（季度 CPI - 100）/100。按照经济学公式，通货膨胀缺口 = 通胀率 - 目标通胀率，可以得出通胀缺口。根据每年政府工作报告要求 4% 的通胀率，通胀缺口 = CPI/100 - 1.04。我们还可以使用估计方程法以及现在物价法来获得目标通胀率。

（2）基准利率 I。泰勒规则在选取操作变量时选用利率指标，我国货币政策在选取操作变量时选用基础货币指标。在我国选取基准利率时，其应该符合两大条件，一方面已经实现市场化，另一方面能够全面反映市场供求关系。由于可选择的基准利率包含多种，具体包含定期存款利率、特定期限回购，比如 7 天回购、14 天回购以及 30 天回购利率、银行间同业拆借利率等。在选取基准利率时，必须综合考量、慎重选择。同业拆借市场具有许多优势特征，比如金额大、期限短、具有较低的风险系数以及操作简便等，同业拆借市场可以客观反映资金供求。在我国货币市场上，同业拆借利率往往占有主要地位。因此本书也将银行间 7 天同业拆借率作为基准利率。

（3）实际均衡利率 R。我们可以通过多种方法来获取实际均衡利率，在泰勒规则中使用潜在 GDP 年增长率；在测量泰勒规则的表现形式，往往用到了回归方程法，但是该方法缺乏相应的理论基础，可以通过截距项表示实际利率。除此之外，采用公债利率法，将其作为替代变量。但是根据我国情况，不适合用指数化的公债利率法。还有一种方法为使用资本边际生产力进行估算，从而确定实际均衡利率。最后一种计算方法为费雪方程法，实际利率 = 名义利率 - 预期通货膨胀率。本书在选取方法时，基于数据的准确性以及可测量性，在获取实际均衡利率时，可以选用费雪方程法，实际均衡利率 = 一年期居民储蓄存款利率 - 季度通货膨胀率。

（4）名义 GDP 与实际 GDP。在从国家统计局获得 GDP 数据时，我们只能获取到了累计名义 GDP，为了获得各个季度名义 GDP，可以运用 2001—2011 年各季度名义 GDP = 本季数据 - 上季数据公司进行计算。为了能够使得结果更加有效，能够在很大程度上消除除通胀影响，可以运用上述分析法，将名义 GDP 转换成实际 GDP。通过 GDP 平减指数，我们可以得出实际 GDP 数值，由于 GDP 平减指数具有不可获得性，学者们在研究中往往偏向于使用 CPI 指数,按照公式实际 GDP = 名义 GDP/CPI。在本研究中将使用该方法来计算 GDP,利用 GDP 平减指数近似获得实际 GDP。

(5)潜在产出与产出缺口。按照公式产出缺口 =(实际 GDP - 潜在 GDP)/潜在 GDP = 实际 GDP/潜在 GDP - 1,用产出缺口来测量经济波动如何影响产出。分析上述公式,首先我们要获得潜在和实际 GDP,才能计算出产出缺口。在学术界,对潜在产出概念仍然缺乏统一的概念界定。在本研究中,将潜在产出界定为基于合理价格水平,通过最优化成本以及技术组合,发挥资源最大优势,提高劳动力和资本的利用率情况,能够提供充足的服务以及产品以实现充分就业。在测量潜在产出时,我们通常使用三种方法,具体包括单一指标、多样化指标以及生产函数方法。在使用生产函数方法时,需要使用资本存量数据、实现充分就业条件下的劳动力数量的数据。在使用多指标法时,往往受到约束条件假设,基于我国国情以及数据问题。在本研究中,将使用单一指标法,由于其具有简单易行特点,通过 HP 滤波法来计算潜在产出。

2. 变量单位根检验

为了防止伪回归,我们先检验数据的平稳性,这主要是季节对数据存在影响,调整正 X12 季节,对经过调整后的变量进行单位根 ADF 检验,对该八组时间序列在没有差分的情况下将进行分析,结果如表 8 - 8 所示:

表 8 - 8　　　　　　　　　原序列单位根检验

变量	Test critical values			t - Statistic	DW	Prob
	1% level	5% level	10% level			
长期利率(截距)	-3.65	-2.96	-2.62	-1.88	1.40	0.34
期限价差(斜率)	-3.65	-2.95	-2.62	-1.79	1.68	0.38
中期利率(曲率)	-3.65	-2.95	-2.62	-2.32	1.97	0.17
基准利率 I	-3.65	-2.96	-2.62	-1.76	1.58	0.39
均衡利率 R	-3.65	-2.96	-2.62	-3.34	2.59	0.02
通胀 TZ	-3.65	-2.95	-2.62	-3.92	2.56	0.005
通胀缺口 TZGAP	-3.65	-2.96	-2.62	-3.92	2.56	0.005
潜在产出 GDPGAP	-3.65	-2.95	-2.62	-2.86	1.98	0.06

由于部分数据不能拒绝原假设,为不平稳序列数据,再对原数据进行一阶差分,差分后的序列结果如表 8-9 所示。

表 8-9　　　　　　　　　　差分序列单位根检验

变量	1% level	5% level	10% level	t – Statistic	DW	Prob
长期利率（截距）	-3.65	-2.96	-2.62	-4.26	1.93	0.0021
期限价差（斜率）	-3.65	-2.95	-2.62	-5.01	1.97	0.0003
中期利率（曲率）	-3.65	-2.95	-2.62	-3.93	1.86	0.005
基准利率 I	-3.65	-2.95	-2.62	-4.55	1.98	0.001
均衡利率 R	-3.68	-2.97	-2.62	-4.28	2.02	0.0023
通胀 TZ	-3.68	-2.97	-2.62	-4.11	1.94	0.0034
通胀缺口 TZGAP	-3.68	-2.97	-2.62	-4.11	1.94	0.0034
潜在产出 GDPGAP	-3.65	-2.95	-2.62	-6.47	2.11	0.0000

（表中 Test critical values 列标题覆盖 1% level、5% level、10% level 三列）

二　截距的 VAR 检验

在本小节我们采用 VAR 方法检验截距与货币政策规则变量之间的关系。由于上述数据具有不平稳特征,在运用 VAR 方程进行检验时,可以分析截距以及相关变量之间的关系。首先,运用协整检验法分析数据,以验证数据的长期均衡关系。关于 VAR 模型,先要确定滞后阶数,阶数越大,需要考虑更多的参数,而且需要考虑模型的动态性,其自由度相对减少,才能综合反映模型特征。在对上述数据进行检验时,必须从全方面综合慎重考虑。按照表 8-10 检验结果,发现 LR 似然比检验与 AIC、SC 信息准则,最优选择为滞后两阶系数。

表 8-10　　　　　　　　　　截距的滞后阶数确定

lag	LogL	LR	FPE	AIC	SC	HQ
0	-28.82707	NA	0.401107	1.924327	1.970585	1.939406
1	-13.38370	28.89403	0.157994	0.992497	1.085012	1.022655
2	-10.89452	4.496583*	0.143582*	0.896421*	1.035194*	0.941657*
3	-10.72827	0.289599	0.151644	0.950211	1.135242	1.010526

本书采用以回归系数为核心的 Johansen 对非平稳的一阶单整变量进行协整核验，其样本为滞后 2 期的数据，回归结果如表 8 – 11 所示。当显著性水平为 0.05 时，变量之间有两个协整模型。

表 8 – 11　　　　　　　　截距的协整检验

Hypothesized No. of CE（s）	Eigenvalue	Trace Statistic	0.05 CriticalValue	Prob.**
None*	0.579733	76.10099	69.81889	0.0144
At most 1*	0.522579	49.22814	47.85613	0.0369
At most 2	0.393458	26.30809	29.79707	0.1197
At most 3	0.240082	10.80866	15.49471	0.2235
At most 4	0.071441	2.297770	3.841466	0.1296

通过 VAR 模型对截距方程进行回归核验，其结果如表 8 – 12：

表 8 – 12　　　　　　　　截距方程的回归结果

	LEVEL	I	R	TZ	GDPGAP
LEVEL（-1）	0.558414 (0.29569) [1.88849]	-0.001767 (0.00403) [-0.43853]	0.488652 (0.64320) [0.75972]	-0.757212 (0.75057) [-1.00885]	-0.013975 (0.00841) [-1.66183]
LEVEL（-2）	-0.401942 (0.33355) [-1.20504]	-0.002431 (0.00455) [-0.53481]	-0.952277 (0.72554) [-1.31250]	0.864037 (0.84666) [1.02052]	-0.006378 (0.00949) [-0.67230]
I（-1）	21.21166 (15.5190) [1.36682]	0.679651 (0.21149) [3.21364]	-15.59169 (33.7571) [-0.46188]	30.77465 (39.3924) [0.78123]	0.702397 (0.44136) [1.59143]
I（-2）	20.39363 (17.2280) [1.18375]	0.343761 (0.23478) [1.46418]	49.89790 (37.4746) [1.33151]	-43.97551 (43.7305) [-1.00560]	0.226959 (0.48997) [0.46321]

续表

	LEVEL	I	R	TZ	GDPGAP
R（-1）	-0.225639 (0.43453) [-0.51927]	0.004665 (0.00592) [0.78774]	-1.136497 (0.94521) [-1.20238]	2.227927 (1.10299) [2.01989]	0.021550 (0.01236) [1.74380]
R（-2）	0.337361 (0.44471) [0.75861]	-0.009450 (0.00606) [-1.55932]	2.385661 (0.96733) [2.46623]	-2.692778 (1.12881) [-2.38549]	-0.005212 (0.01265) [-0.41213]
TZ（-1）	-0.041031 (0.39298) [-0.10441]	0.006086 (0.00536) [1.13647]	-2.117198 (0.85481) [-2.47682]	3.319078 (0.99750) [3.32738]	0.019525 (0.01118) [1.74704]
TZ（-2）	0.136206 (0.40531) [0.33605]	-0.009984 (0.00552) [-1.80753]	2.650670 (0.88165) [3.00650]	-3.034261 (1.02883) [-2.94925]	-0.004573 (0.01153) [-0.39675]
GDPGAP（-1）	-1.163309 (7.32692) [-0.15877]	0.115414 (0.09985) [1.15587]	-23.05292 (15.9376) [-1.44645]	19.98814 (18.5982) [1.07474]	0.286930 (0.20838) [1.37697]
GDPGAP（-2）	-7.961005 (7.18727) [-1.10765]	-0.023352 (0.09795) [-0.23842]	5.769679 (15.6339) [0.36905]	-7.052267 (18.2437) [-0.38656]	-0.056837 (0.20441) [-0.27806]
C	1.072387 (0.62531) [1.71498]	0.024101 (0.00852) [2.82824]	-1.259655 (1.36018) [-0.92610]	2.252582 (1.58724) [1.41918]	-0.011195 (0.01778) [-0.62948]

在计算过程中，由于 DF 没有截距项、无趋势项，得出表 8-12 所示结果。当显著性水平为 5% 时，和临界值相比，t 统计量为 -5.92，相对

第八章 基于利率期限结构的中国货币政策规则影响的实证研究(2)

较小，这说明协整关系存在各个变量之间，并且残差序列非常平滑。

本书采用脉冲响应函数方法对 VAR 模型进行分析，基本步骤为：

$$\begin{cases} X_t = a_1 X_{t-1} + a_2 X_{t-2} + b_1 Z_{t-1} + b_2 Z_{t-2} + \varepsilon_{1t} \\ Z_t = c_1 X_{t-1} + c_2 X_{t-2} + d_1 Z_{t-2} + d_2 Z_{t-2} + \varepsilon_{2t} \end{cases} t = 1, 2, \cdots, T$$

(8-6)

其中，ai, bi, ci, di 是参数，$\varepsilon_t = (\varepsilon_{1t}, \varepsilon_{2t})$ 是扰动项，其符合如下白噪声向量：

$$\begin{cases} E(\varepsilon_t) = 0, \forall t \\ var(\varepsilon_t) = E(\varepsilon_t \varepsilon_t^{'}) = \Sigma, \forall t \\ E(\varepsilon_t \varepsilon_s^{'}) = 0, \forall t \neq s \end{cases} \quad (8-7)$$

假定 x-1=x-2=z-1=z-2=0，而脉冲在第 0 期时介入，则可得出 $\varepsilon_{10} = 1, \varepsilon_{20} = 0$，并且其后均为 0，$\varepsilon_{1t} = \varepsilon_{2t} = 0(1,2,\ldots)$，

当 t=0 时，

$$x_0 = 1, z_0 = 0$$

当 t=1 时，

$$x_1 = a_1, z_1 = c_1$$

持续扰动结果为：

$$x_0, x_1, x_2, x_3, x_4 \ldots$$

对于 z 系统，扰动为：

$$z_0, z_1, z_2, z_3, z_4, \ldots$$

我们可以得出相应的 z 响应函数，其主要是由 x 脉冲导致的。

为了评估结构冲击的重要性，本书深入分析了内生变量变化对结构冲击的影响，计算出其相应的方差分解，因此可见，脉冲响应函数可以和方差分解构成影响解释变量的动态关系。

本书采用方差分析和脉冲响应分析法对截距变量和其他参数进行分析，得出图 8-2 所示结果如下：

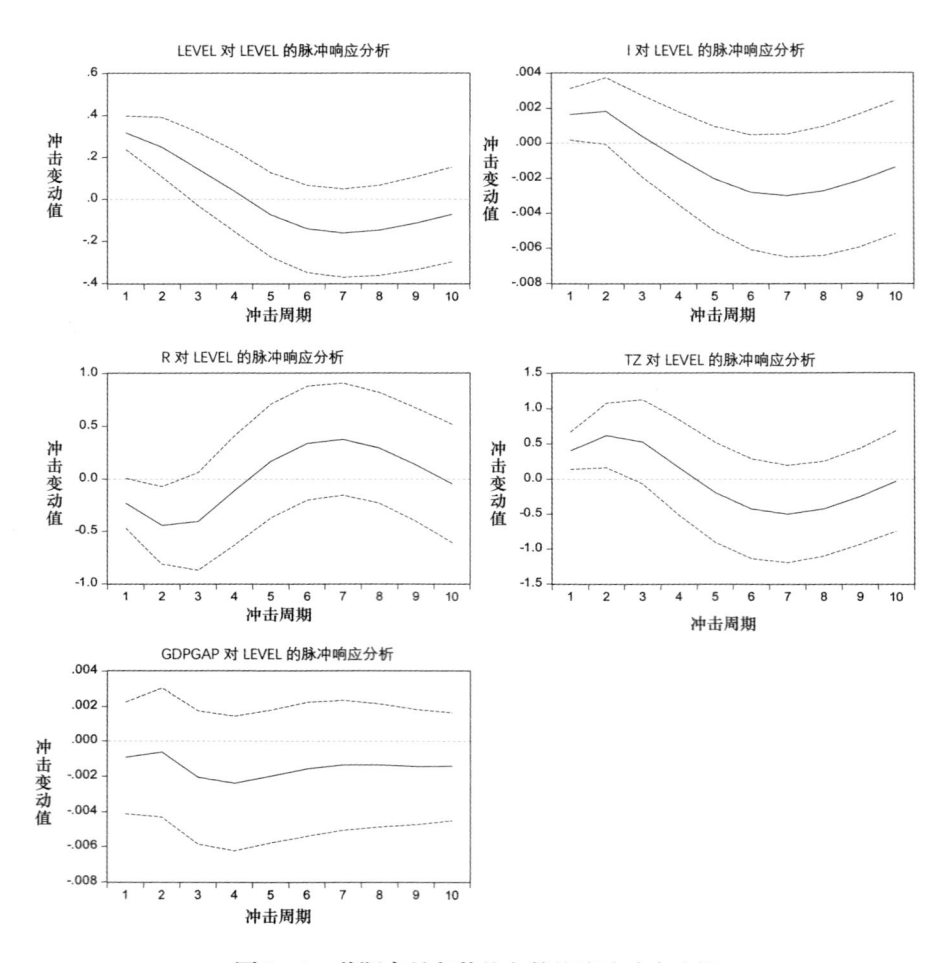

图 8-2　截距变量和其他参数的脉冲响应分析

表 8-13　　　　　　　　　截距变量和其他参数的方差分析

Period	S. E.	LEVEL	I	R	TZ	GDPGAP
1	0.317244	100.0000	0.000000	0.000000	0.000000	0.000000
2	0.429751	87.99904	3.660104	8.285458	0.010820	0.044576
3	0.498306	73.76046	13.01635	9.747829	3.332647	0.142720
4	0.531620	65.32401	19.82571	9.074022	5.650583	0.125683
5	0.560685	60.45955	25.84214	8.160140	5.081050	0.457115
6	0.603623	57.60069	27.43448	7.545184	5.849089	1.570558
7	0.652063	55.43170	25.92173	7.519427	8.374146	2.752998
8	0.692596	53.70178	23.86210	7.789027	11.18535	3.461747
9	0.718372	52.45863	22.39269	8.136103	13.27758	3.734997
10	0.730658	51.68107	21.66000	8.422044	14.46008	3.776804

从表 8-13 中可以得出，整个市场收益率水平的高低和截距有非常密切的关系，收益率曲线的上下移动和它的变化有密切关系。均衡利率 R 会随着截距的正值而呈现正向移动，其最大值为第三期，方差贡献值为 9.74%，然后在 8% 左右维持稳定。给予截距一个正的冲击，通货膨胀 TZ 会受到正向影响，这表示本书的理论预期比较正确，国民经济的通货膨胀随着 CPI 的上升而压力增大，整体而言利率上升。而通过脉冲响应图以及方差分解来看，截距对产出缺口的影响较小。

三 斜率的协整检验及 VAR 模型

本书通过 VAR 模型，采用和截距核验类似的方法核验斜率。

首先，对滞后阶数进行协整核验。本书以滞后两期为样本，结合 AIC、LR 数据，得出在 0.05 的显著性水平上有 3 个协整关系。

表 8-14　　　　　　　　斜率的滞后阶数确定

Lag	LogL	LR	FPE	AIC	SC	HQ
0	128.6245	NA	3.03e-10	-7.726529	-7.497508	-7.650615
1	212.4934	136.2870	7.83e-12	-11.40584	-10.03171*	-10.95035*
2	241.4610	38.01993*	6.92e-12*	-11.65381*	-9.134577	-10.81876

表 8-15　　　　　　　　斜率的协整检验

Hypothesized No. of CE (s)	Eigenvalue	Trace Statistic	0.05 Critical Value	Prob.**
None*	0.669168	92.72359	69.81889	0.0003
At most 1*	0.582346	58.43308	47.85613	0.0037
At most2*	0.477062	31.36694	29.79707	0.0327
At most 3	0.199708	11.26990	15.49471	0.1954
At most 4*	0.131308	4.363761	3.841466	0.0367

本书接下来为了预测动态关系，采用了方差分析法和脉冲响应函数分析法。

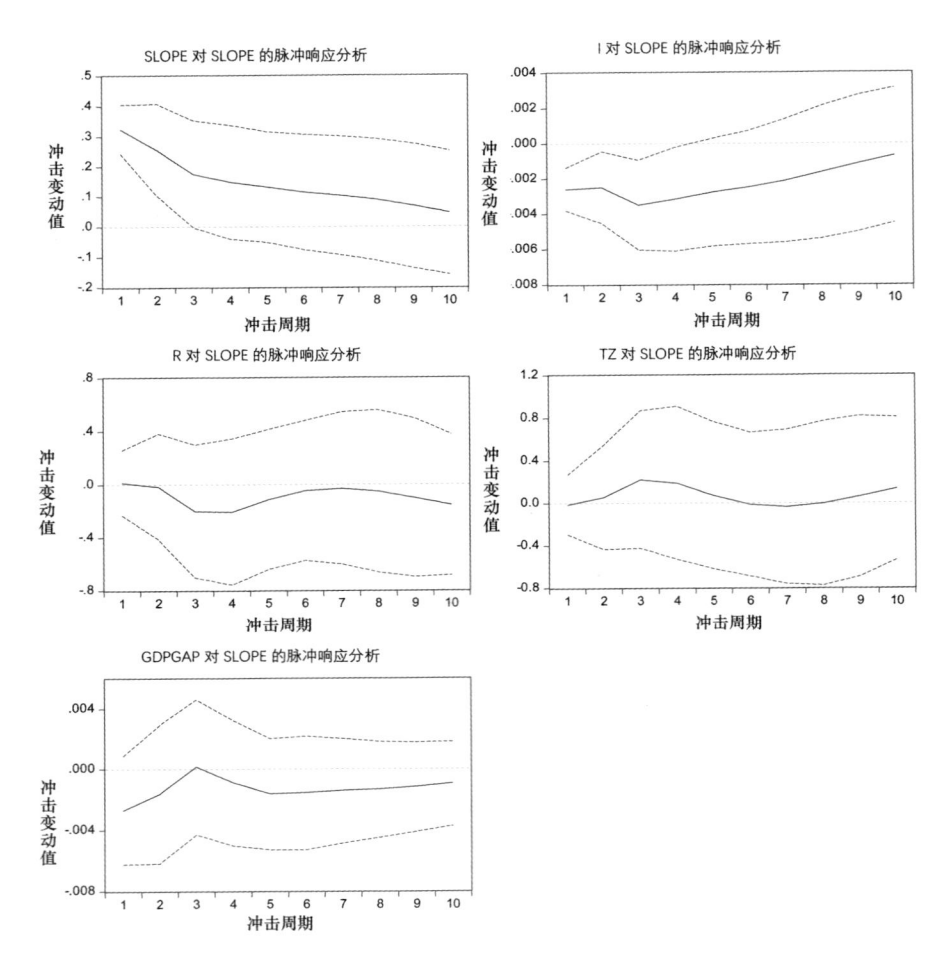

图 8-3　斜率变量和其他参数的脉冲响应分析

表 8-16　　　　　　　　　斜率变量和其他参数的方差分解

Period	S. E.	SLOPE	I	R	TZ	GDPGAP
1	0.324144	100.0000	0.000000	0.000000	0.000000	0.000000
2	0.434985	89.92887	0.333516	1.462865	7.179714	1.095034
3	0.484071	85.60752	2.415277	3.142911	7.554815	1.279476
4	0.523429	81.23571	4.020079	3.431014	6.958479	4.354720
5	0.551241	78.94291	4.690234	3.221573	6.276232	6.869055
6	0.570676	77.72355	4.585771	3.012079	6.698096	7.980501
7	0.590911	75.56526	4.300958	3.115075	8.904707	8.113995
8	0.614478	72.00639	4.371276	3.820078	12.08488	7.717371
9	0.638082	67.96545	4.816217	5.044197	14.96476	7.209374
10	0.657057	64.59767	5.356782	6.429040	16.80250	6.814011

Cholesky Ordering：SLOPE I R TZ GDPGAP

对于斜率，给予斜率变量一个正的冲击，阻碍了潜在产出，其最大值为第 7 期，然后缓慢降低，但是整体而言呈现负影响。而通过脉冲响应图以及方差分解来看，斜率对长期均衡利率的影响较小。斜率会随着通胀 TZ 出现正的冲击而不断下降。根据现有理论分析可得，当期利率和通胀 TZ 成正相关关系，而人们对未来通胀的预期会随着现有通胀的升高而逐渐平缓，斜率不断降低。

四 曲率的协整检验及 VAR 模型

本书采用相同的检验方法。通过 VAR 曲线对曲率进行核验。首先，对滞后阶数进行协整核验。本书以滞后一期为样本，结合 HQ 和 SC 结果，可以得出在 0.05 时存在两个明显的协整关系。

表 8-17　　　　　　　　曲率滞后阶数确定

Lag	LogL	LR	FPE	AIC	SC	HQ
0	141.0950	NA	1.39e-10	-8.505937	-8.276915	-8.430023
1	224.7392	135.9219	3.64e-12	-12.17700	-10.79707	-11.71572*
2	254.5913	39.18080*	3.04e-12*	-12.47445*	-9.955220	-11.63940

表 8-18　　　　　　　　曲率的协整检验

Hypothesized No. of CE (s)	Eigenvalue	Trace Statistic	0.05 Critical Value	Prob.**
None*	0.641353	85.87777	69.81889	0.0015
At most 1*	0.599828	54.08983	47.85613	0.0116
At most 2	0.380649	25.69815	29.79707	0.1380
At most 3	0.264462	10.84659	15.49471	0.2211
At most 4	0.041837	1.324856	3.841466	0.2497

接下来，本书为了研究动态趋势，采用了方差函数和脉冲响应函数。

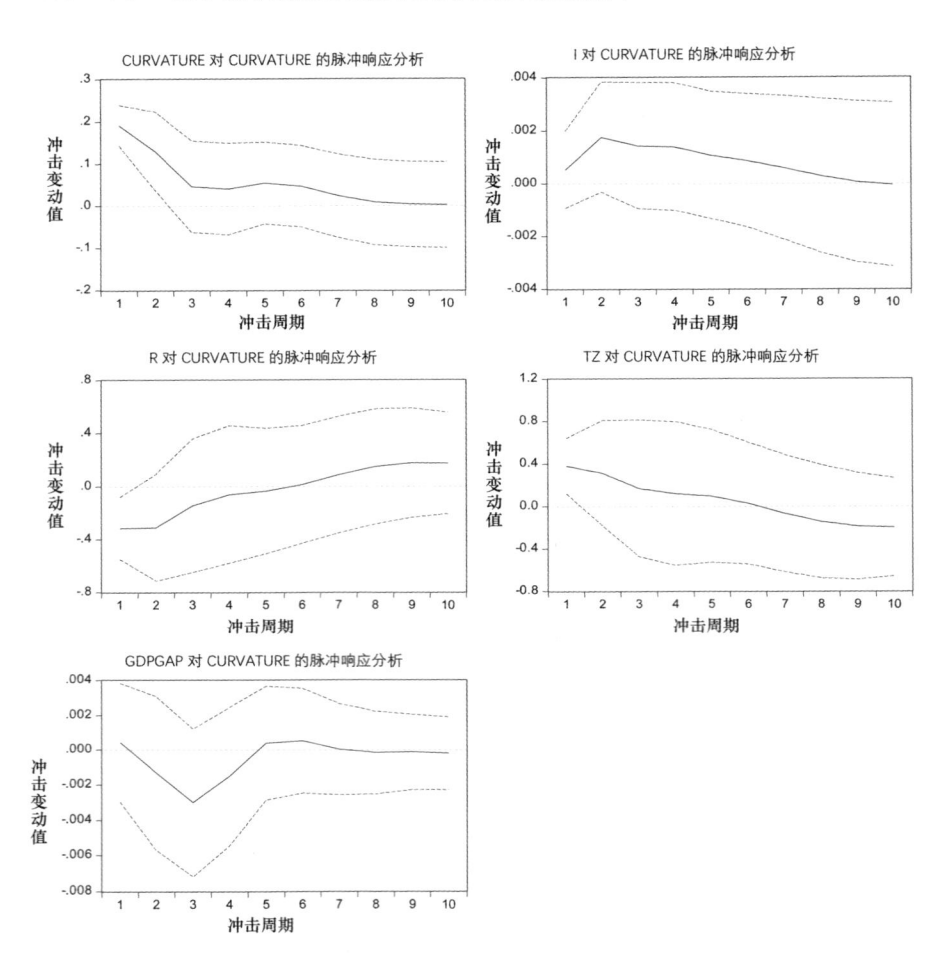

图 8-4　曲率变量和其他参数的脉冲响应函数分析

表 8-19　曲率变量和其他参数的方差分解

Period	S. E.	CURVATURE	I	R	TZ	GDPGAP
1	0.191130	100.0000	0.000000	0.000000	0.000000	0.000000
2	0.256596	81.03039	3.403618	6.165680	9.299010	0.101305
3	0.300002	61.63407	12.90859	8.836594	16.35751	0.263247
4	0.317678	56.58849	17.36055	8.044348	15.96336	2.043250
5	0.330499	55.00796	17.88572	8.067739	16.09262	2.945960
6	0.348695	51.21244	16.49354	9.223037	20.42385	2.647139
7	0.372836	45.21825	14.51969	11.09220	26.34749	2.822367
8	0.400569	39.22471	12.60148	13.49093	31.27401	3.408873
9	0.425869	34.71091	11.17588	15.88797	34.22466	4.000579
10	0.443766	31.97084	10.42239	17.79019	35.37959	4.436988

可以由图 8-4、表 8-19 看出，当给予曲率一个正的冲击，会使得长期均衡利率 R 和通胀率 TZ 发生正向变动，并且都在第 10 期达到最大。与其他宏观经济变量相比，产出缺口 GDPGAP 对曲率的影响比较小。

本章小节

在第八章，我们主要基于银行间国债市场，研究了其即期利率结构。在研究初始阶段，运用主成分分析法，有效提取了影响该结构的动态变化因素，从而形成初步了解，而且在解释该结构时，可以运用三大主成分因子进行分析。三大主成分与水平因子、斜度因子以及曲度因子，三大因子具有高度相关性。以此为理论基础，研究者构建了利率期限模型，利用该模型能够有效估计每月的参数值。利用 VAR 分析法、脉冲函数，对这些参数做方差分析，研究结果表明：若想反应市场的收益率情况，可以选用截距指标，其能够代表收益率高低，而且能够体现收益率曲线的移动状况。通过脉冲响应图以及方差分解来看，截距对产出缺口的影响较小。对于斜率，给予斜率变量一个正的冲击，阻碍了潜在产出，其最大值为第 7 期，然后缓慢降低，但是整体而言呈现负影响。而通过脉冲响应图以及方差分解来看，斜率对长期均衡利率的影响较小。通胀 TZ 一个正的冲击会使得斜率下降，基于理论角度，通胀缺口上升必然提升了该期利率，提高通胀缺口，也会影响大众预期。大众预期通胀将会实现均衡发展，斜率必然变小。对于曲率，当给予曲率一个正的冲击，会使得长期均衡利率 R 和通胀率 TZ 发生正向变动，并且都在第 10 期达到最大。与其他宏观经济变量相比，产出缺口 GDPGAP 对曲率的影响比较小。投资者可以根据利率期限结构如何有效判断预期经济指标值，这也为央行在制定货币政策方面提供丰富的理论基础。纵观利率期限结构，其暗含了丰富的经济信息，从中可以分析政策趋势。

第九章

基于利率期限结构的
中国最优货币政策规则选择研究

在货币政策制定中，利率期限往往作为有效指示器，能够有效指示经济信息，体现了市场对利率预期的反应程度。如果利率期限具有复杂性，必然会影响央行的货币政策选择，即将面临两难。因此在泰勒规则中，必须考虑到期限结构影响，引入预期因素，深入挖掘内涵经济信息，通过和泰勒规则有机组合，建立货币政策反应函数，进一步规范货币政策的宏观调控机制，选择并优化货币政策规则。

第一节 研究设计

在本书中，研究对象为央行制定的货币政策，基于推进利率市场化改革背景，研究该政策是否具有适应性以及有效性。通过分析经济中的货币供给关系，从利率本质出发，分析利率和宏观经济的相关性，研究者通过借鉴国外成熟的研究成果，运用良好的研究方法，创新性地将利率期限和泰勒规则有机结合，各期利率作为指导器，能够有效指导货币政策发挥作用。在运用货币规则时，使用预期利率以替代预期通胀率，通过使用总供给需求函数，以此进行限定，为了实现优化控制，将损失函数最小化，最终得到债券利率期限结构的利率规则。但是在实际应用过程中，泰勒规则和货币政策规则哪种具有优势，本书将会对其进行深入分析。

基于市场出清条件，能够满足总供给需求方程，在约束条件上通过使用福利损失函数，运用最优化控制方法，取其最小值，以得到最优化的货币政策。我们将该货币规则和具有前瞻性的泰勒规则进行对比，比较两者优势特征。本研究通过构建一般均衡模型，分析利率规则（包括利率期限）以及泰勒规则（具有前瞻性）的动态模式，通过运用技术和货币政策冲击，运用一般均衡法，来预测技术冲击如何影响通货膨胀，货币政策如何影响产出水平。

在对比中可以得出结论，研究者从中归纳了利率规则（包括利率期限）所具有的特征，能够为我国选择合适的货币政策规则提供理论上的参考依据。

在学术界，学者们青睐使用动态随机一般均衡法。DSGE 理论既基于宏观角度，又能从微观角度进行分析，在 DSGE 模型中，既可以基于经济总量角度进行分析，又可以基于经济主体角度分析其决策行为。运用该分析法，能够解决宏观、微观经济中存在的很多问题，计量经济学有一些不足之处，运用一般系统分析法可以将其弥补。运用该模型，发达国家的央行都建立了计量模型，以更好地研究其宏观经济发展趋势。在制定货币政策时，学者们广泛运用了该方法。

在对行为方程进行求解时，构建了一个模型，将劳动供给者、消费者、厂商、央行等纳入在模型中。基于理性人假设条件，家庭部门数量众多，而且具有同质性，家庭在进行消费时，都会选择最大化效用，各个家庭往往通过劳动供给、货币余额序列、消费序列以实现其最终目的。基于厂商角度，其在设定行为方程时，为了实现中间产品以及最终产品的利润最大化，为了实现最优工资，深入考察劳动力市场如何发生变化，在确定工资方程时，需要综合考虑就业和消费边际效用情况。

最后是基于中央银行研究角度，为了实现其货币政策目标，维持物价稳定状态，促进经济发展。考虑模型需要，在建模时可以将利率规则方程和行为方程进行有机结合。一个 DSGE 模型在建模时往往涵盖了多种方程，其行为方程必须基于一般均衡和动态均衡条件，从而可以形成 IS 曲线方程（新凯恩斯主义），在构建均衡系统时，涵盖了六大系列方程，比如厂商生产方程、利率规则、菲利普斯曲线方程、自然利率变化、货币政策以及技术冲击等,运用上述方程可以体现系统的综合性以及均衡性特征。通过外生冲击性以实现动态性特征,在随机模拟该模型时,根据货币政策的不同,可以观测其受到冲击的反应。在选择货币政策规则时,往往基于最优化角度,选用一般均衡原则,将一般均衡界定为波动较小的模型,在长期模型中,其可以保持均衡状态。选用一般均衡可以作为选择依据。

第二节　货币政策规则的宏观经济因素设定

为了更好地发挥货币政策效果,货币政策包括产出缺口、通胀缺口以及名义利率等,需要确定各大因素的比例关系,分析其权重,从而才能得到最优解。在宏观经济体系中,货币规则具有整体性作用,其也可以作为各部门的反应函数,在使用该函数时,一是基于市场出清,二要符合总供给、需求实现均衡状态。可以假设宏观经济模型如下表现:

$$y_t = A(l,g) y_t + B(l,g) i_t + u_t \quad (9-1)$$

上式中,独立分布的误差项、工具向量、内生变量向量分别为 u_t、i_t、y_t。货币政策规则参数 g 和滞后算子 $L[L(y_t) = y_{t-1}]$ 构成了多项式 $B(l,g)$。据此,可以用下式表示一般的货币政策规则:

$$i_t = G(L) y_t \quad (9-2)$$

在该模型中,各个参数不会随着货币政策的变化而发生相应的改变,其符合卢卡斯评估的优点。因此,本书在计算货币政策规则的最优控制方案时,结合宏观计量经济模型,利用上式得出相应的结果。

在选取目标时,尽可能地将损失函数最小化,运用动态研究方法,由于跨期优化问题存在不足之处,可以实行转换,使用单期优化问题,在描述各个经济个体行为时,帮助其做出最优决策,可以基于资源和技术约束条件,基于信息约束,形成反应函数。在构建宏观经济模型时,基于总供给需求均衡方程,根据凯恩斯理论,最小化损失函数以不断优化货币政策规则。上述研究步骤都可以实现最优货币政策规则,可以为求得最优解提供参考思路。

一 总需求总供给方程的设定

根据宏观经济模型,在对货币反应函数进行求解过程时,基于市场出清条件,首先构建总供给总需求方程,本书在构建模型时,尽可能地将其简单化,基于市场出清条件假设,假定在封闭条件下,基于理性人假设条件假设,根据 Euler 方程式求得最优解,新得到的凯恩斯模型的需求方程:

$$y_t = E_t y_t - \sigma(i_t - E_t \pi_{t+1} - r^*) + \eta_t \qquad (9-3)$$

上式中,跨期替代弹性、条件数学期望、总需求冲击、实际均衡利率、通货膨胀率、短期名义利率、时间、产出缺口分别用 σ、E_t、η、r^*、π、i、t、y_t 表示。假设最佳的消费决策允许市场投资者参与,具有较强的前瞻性。根据计算结果,可以通过模型,有预期通胀和产出计算出相应的当期产出。同时,在计算过程中,设定通胀的超前阶数,避免动态因素的干扰。

由于理性预期的条件比较高,基于预期理论,未必能得到最优的理性消费行为。无论是基于理论角度还是实践角度,学者们都比较关注该问题。因此必须考虑复杂情况,运用前瞻性和后顾混合模型,得出总需求方程公式,具体公式如下。

$$y_t = (1-u)\sum_{i=1}^{K} \alpha_i y_{t+1} + u E_t y_{t+1} - \sigma(i_t - E_t \pi_{t-1} - y^*) + \eta_t \qquad (9-4)$$

其中,该方程前瞻性行为所占的比例用参数 u 表示,通过采用前瞻和后顾两种模式,可以确保经济影响研究的科学性和准确性。同时,本书利用宏观计量方法,得出总需求方程中的各个参数。

通常来讲,总供给方程可以用菲利普斯曲线来表示,滞后期的通胀率和产出缺口构成菲利普斯曲线,其表示形式为:

$$\pi_t = \sum_{k=1}^{M} \beta_K \pi_{t-k} + \gamma y_t + \xi_t \qquad (9-5)$$

总供给冲击、产出缺口、通胀率分别用 ξ、y_t、π 表示。当 $\sum_{k=1}^{M} \beta_K$

$\pi_{t-k} = 1$ 时,产出和通胀率不存在任何联系,该曲线是一条直线。但是,在上式中,当期通胀率不能通过滞后期的通胀率进行预测和评估。此外,作为非结构性的经济模型,菲利普斯曲线中各个参数会随着预期形成机制、政策机制和经济环境等因素发生变化。但是,在实际应用过程中,学者们对这两方面问题各抒己见。所以,必须采取针对性措施,对传统菲利普斯曲线进行优化和完善。学者们从微观层面着手,构建起多样性菲利普斯曲线的新凯恩模型,基于交错定价成本理论和价格调整规律,得出以下曲线:

$$\pi_t = \beta E_t \pi_{t+1} + \lambda y_t + \xi_t \quad (9-6)$$

其中,表示预期、总供给的随机误差、产出缺口、通胀率分别用 E、ξ、y、π 表示。根据方程的前瞻性,可以得出当期的通胀率受到预期通胀率的决定性影响,但是对滞后的通胀率没有说明。同时,针对滞后的通胀率,学者们对其和当期通胀率影响进行深入分析。其中,Rotember(2002)和 Calvo(2003)提出,厂商通过采用最优定价策略的消费行为或者历史平均价格的定价策略,得到相应的菲利普斯曲线,具有较强的前瞻性和后顾性:

$$\pi_t = \omega_h \pi_{t-1} + \omega_f E_t \pi_{t+1} + \lambda y_t + \xi_t \quad (9-7)$$

在现有研究理论中,前瞻或者后顾不仅仅是菲利普斯的特点,而且是二者的混合特性。我国相关部门在构建该曲线时,结合市场条件,构建宏观总供给方程采用混合形式:

$$\pi_t = (1-\omega) \sum_{k=1}^{M} \beta_k \pi_{t-k} + \omega E_t \pi_{t+1}$$
$$+ \gamma \left(\sum_{k=0}^{N} y_{t-k} \right)/N + \xi_t \quad (9-8)$$

其中,利用参数 ω 设定前瞻性行为比重,平均产出缺口水平比重用参数 γ 表示。当 $(1-\omega)\sum_{k=1}^{M}\beta_k) + \omega = 1$ 时,产出和长期均衡状态没有任何关系。

二 宏观总需求总供给方程的确定

基于新凯恩斯总需求方程(9-4)和总供给方程(9-8)基础,

需要进一步确定各个方程中的参数，只有确定参数值才能求解出政策反应函数。在获取参数时，可以运用实证研究方法，通过求得总供给总需求均衡条件得到最终函数方程。在有效估计模型时，必须要保证估计结果具有有效性，符合计量要求。首先要验证产出与通货膨胀率的相关程度，然后再检验公式 $(1-\omega)\sum_{k=1}^{M}\beta_k + \omega = 1$。当选择通胀率具有滞后期、产出缺口、短期名义利率，可以有效估计菲利普斯曲线、IS 方程、前瞻性变量，为了保证良好的实验效果。因此，本研究使用广义矩方法（generalized method of moment，GMM）。本书根据刘斌的参数估计结果得出表 9-1：

表 9-1　　　　　宏观总需求、总供给方程的参数

参数	估计值	估计误差	参数	估计值	估计误差
μ	0.62	0.11	ω	0.68	0.092
σ	-0.14	0.024	γ	0.27	0.096
α_1	1.27	0.19	β_1	1.02	0.29
r^*	4.01	0.97			

本书在构建货币政策规则的反应函数时，在前瞻性的泰勒规则中加入了利率期限结构的实证结果，可得：

$$i_t - r^* - \pi^* = \rho(i_{t-1} - r^* - \pi^*) \\ + \theta \sum_{m=0}^{M} [R(t+m) - \pi^*] \quad (9-9)$$

上述公式可以反映宏观经济，其作为反应函数，本研究中严格限定了总供给需求货币规则，以便于能更好地求解规则。在选择规则时，仍然可以按照损失函数规则标准，尽可能将其最小化，实现最优控制，从而计算出的货币政策规则具有最优化特征。

三　基于收益率曲线的最优货币政策规则求解

基于宏观经济研究，需要通过最优控制方法来求得最优解。将最优

货币政策界定为基于福利角度，可以运用货币操作工具，中央银行通过运用损失函数，尽可能将值最小化，如果能够取得最小化值，便可以取得最优化的货币政策目标。无论是选择名义收入目标，还是在操作工具上的选取利率指标，或者是选取通胀目标制，根本目的都是为了实现损失最小化，帮助货币部门更好地制定政策。基于福利角度，为了实现社会福利最优化目标，在具体操作货币政策时，我们可以选用福利目标函数，将其作为目标函数以便能最优化福利目标。在对该函数进行求解时，基于央行对上述变量具有相同偏好性条件，受到损失函数最小化约束，设定了总供给需求方程参数，我们可以计算出方程中的最优解，从而确定各个参数数值，才能更好地实现货币政策规则。最后所确定的值也就是最优货币政策规则，可以实现社会福利最小化。

1. 货币政策的目标函数

基于福利角度，为了实现社会福利最优，货币政策在选取目标函数时，应该选择福利目标。基于理性人条件假设，福利目标函数应该满足求得各期贴现数值效用之和条件。而且该目标函数要有实用性特征，其目标函数运用二次方程，具体计算形式如下：

$$L = E_t \sum_{j=0}^{\infty} \delta^j L_{t+j}$$

$$L_t = \lambda(y_t - y^*)^2 + (\pi_t - \pi^*)^2 + \upsilon(i_t - i_{t-1})^2 \quad (9-10)$$

其中，贴现因子、通胀率的目标值、目标产出缺口、短期的名义率、通胀率、产出缺口、相对于通胀率的产出缺口和利率变动的权重、损失函数分别用 δ、y^*、π^*、i、π、y、λ、υ、L 表示。根据前文所述，为了实现损失函数的最小取值，应该确保该函数的使用性和科学性。同时，在上式中，考虑到金融波动受到利率的影响，本书还对利率的变换进行评估。这表明利率的平滑性成为央行的重要考核指标。

Woodford（1999）在文献中提出，若想得到最大化的目标函数，应该将社会福利目标置于二阶近似范围内，通过式（9-10）可以将该函数最小化，由此我们可以根据式（9-10）的损失函数，这两大公式都符合目标函数，而且具有高度一致性特征。我们可以用上述结论，基于微观经济学角度，进一步解释福利损失函数。如果损失函数和福利目标函数具有一致性，在福利目标函数中，我们可以使用通胀率和产出缺口等变量获得相应目标值。在该福利函数中，假设经济处于均衡状态，而且保证预期通胀率和产出缺口均为零。那么在该函数中，可以确定 y^* 和 π^* 取值为零。但是在实际经济活动中，由于价格刚性或者存在垄断竞争，上述因素往往会对最终的数值进行干扰。在这种情况下，y^* 和 π^* 通常不等于零。为了减少上述变量对福利的干扰情况，在研究中应该尽可能地保证这两目标值在零附近，而且保证其能越趋向于函数中的目标值。

2. 货币政策规则的优化选择

基于式（9-10）和福利目标比较一致，为了能够得到该函数的最优解，必须要使得函数中的各大变量符合约束条件限制，按照传统观点，该公式中的各大权重比例应该和目标函数比例进行一一对应。但是在实际经济活动中，由于央行的偏好不同，对于函数中各个变量的权重不能和目标函数中的进行一一对应，央行具有选择灵活性特点。为了能够方便求解，研究者将福利损失函数、总供给需求方程改为如下表达式：

$$\min_{|u_t|}(L = E_t \sum_{j=0}^{\infty} \delta^j L_{t+j}), \quad L_t = Y_t K Y_t, \quad Y_t = C\begin{bmatrix} x_t \\ u_t \end{bmatrix}, \quad x_t =$$

$$C\begin{bmatrix} x_{1t} \\ u_{2t} \end{bmatrix} s.t. \begin{bmatrix} x_{1t+1} \\ E_t x_{2t+1} \end{bmatrix} = A\begin{bmatrix} x_{1t} \\ x_{2t} \end{bmatrix} + B u_t + \begin{bmatrix} \varepsilon_t \\ 0 \end{bmatrix} \quad (9-11)$$

由上式可得：

$$\min_{|u_t|}(L = E_t \sum_{j=0}^{\infty} \delta^j L_{t+j})\begin{bmatrix} Q, U \\ U^*, R \end{bmatrix} = C^* KC L_t = [x_t^*, u_t^{**}]?\begin{bmatrix} Q, U \\ U^*, R \end{bmatrix}\begin{bmatrix} x_t \\ u_t \end{bmatrix} s.t. \; x_{t+1}$$

$$= A x_t + B u_t + \xi_t \xi_t = \begin{bmatrix} \varepsilon_t \\ x_{2t+1} - E_t x_{2t+1} \end{bmatrix} \quad (9-12)$$

公式（9-12）能够实现最优解，基于求得福利目标函数最小化原则，可以将解进行优化，基于线性系统条件，可以运用二次型方法实现最优控制。在运用求解方法时，我们往往使用拉格朗日乘数法以及动态规划方法。

3. 最优货币政策规则的求解

将上式变化为矩阵，可得：

$$Y_t = [y_t - y^*, \pi_t - \pi^*, i_t - i_{t-1}], x_{1t}$$
$$= [1, \eta_t, e_t, y_{t-1}, y_{t-2}, i_{t-1}] x_{2t}$$
$$= [y_t, \pi_t], u_t = i_t \, \varepsilon_t = [0, \eta_t, e_t, 0, 0, 0, 0], K = diag(\lambda, 1, v) C$$

$$= \begin{bmatrix} -y^*, 0, 0, 0, 0, 0, 0, 1, 0, 0 \\ -\pi^*, 0, 0, 0, 0, 0, 0, 0, 1, 0 \\ 0, 0, 0, 0, 0, 0, -1, 0, 0, 1 \end{bmatrix} \tag{9-13}$$

代入总供给和供需求方程可得:

$$A = \begin{bmatrix} 1,0,0,0,0,0,0,0,0 \\ 0,0,0,0,0,0,0,0,0 \\ 0,0,0,0,0,0,0,0,0 \\ 0,0,0,0,0,0,0,1,0 \\ 0,0,0,1,0,0,0,0,0 \\ 0,0,0,0,0,0,0,0,1 \\ 0,0,0,0,0,0,0,0,0 \\ -0.91, -1.61, 0.33, -0.75, 0.03, 0.1, 0, 1.64, -0.33 \\ 0,0, -1.44, -0.13, -0.13, -0.44, 0, -0.13, 1.44 \end{bmatrix}$$

$$B = [0,0,0,0,0,1,0,0.23,0] \tag{9-14}$$

本书通过变换货币政策的反应函数,得出该函数的最优解。同时,根据 Soderlind (1999) 的文章,将引入 $x_{3t} = [R_{t+1}, \cdots, R_{t+m}]$ 引入到公式 (9-9) 中,可得:

$$u = -F \begin{bmatrix} x_{1t} \\ x_{3t} \end{bmatrix} F = \begin{bmatrix} 0,0,0,0,0,\rho,0,0,\theta,\theta,\theta,(1-\rho)r^* \\ +(1-\rho-m\theta)\pi^* \end{bmatrix} \tag{9-15}$$

为了确保最优控制问题求解的深入化,本书引入了预期变量,即可将其优化为:

$$\min_F (L = E_t \sum_{j=0}^{\infty} \delta^j L_{t+j})$$

$$s.t. \begin{bmatrix} x_{1t+1} \\ E_t x_{2t+1} \\ E_t x_{3t+1} \end{bmatrix} = ABF \begin{bmatrix} x_{1t} \\ x_{2t} \\ x_{3t} \end{bmatrix} + \begin{bmatrix} \varepsilon_t \\ 0 \\ 0 \end{bmatrix} \tag{9-16}$$

目标通货膨胀盯住中间值 2.5，取 m = 3。在这种情况下，基于线性系统下可以实现二次型最优控制，可以获得福利损失函数的最小化值。在进行求解过程中，我们运用动态规划方法，该方法的基本原理为，如果在求解过程中，在某一期能够得到最优解，那么在接下来的各期，我们都可以得到最优解。具体方程如下：

$$F = (R + \delta B^T P B)^{-1}(\delta B^T P A + Q^T)$$

其中

$$P = Q + \delta A^T P A - (U + \delta A^T P B)$$
$$(R + \delta B^T P B)^{-1}(\delta B^T P A + U^T) \qquad (9-17)$$

通过迭代方法，可得：

$F = [0,0,0,0,0,0.56,0,0,0.67,-2.16]$，即得参数 $\rho = 0.56, \theta = 0.67$，分析上述求解结果，在上期实际利率和均衡利率与通胀率之间的差异系数，再对利率调整，系数可以达到 0.56，预期各期利率与通胀率之间的差异系数，再对利率调整，系数可以达到 0.67。

第三节 DSGE 模型的计量方法及构建

在评估政策以及预测经济发展时可以运用 DSGE 模型，该模型已经成为各个国家的应用趋势。DSGE 模型能够有效约束企业和消费者行为，基于一般均衡条件，而且其理论基础比较扎实，有效分析了虚拟环境。运用该模型需要对于方程中的各个系数进行理论约束，基于最优化条件假设，可以适用于不包含很大信息量的数据信息。

在该章节中，研究者综合统计了评估该模型的方法，最常用的包括最大似然方法、有限信息估计法（匹配响应函数）、贝叶斯估计方法。为了增加其实践效果，提高模型的拟合程度，在本研究中还可以使用 SW 模型，引入冲击方法、Ireland 的观测误差方法、DSGE - BVAR 方法。

一 完全信息与有限信息方法

DSGE 模型和传统结构模型具有相同之处，能够有效评估模型，进行参数识别等。在估计模型时，我们可以使用完全信息法和有限信息方法进行有效区分。

完全信息法具体包括贝叶斯方法和最大似然方法。最大似然方法基于似然函数，其包括了全面的数据信息，通过优化似然函数可以得到参数估计值，以求得最优解。运用完全信息法可以提高测试的准确性以及有效性，而且该结果能够适用于所有模型。但是该方法存在一些缺陷，其往往对计算能力提出了更高的要求。如果该模型存在误差，必然会影响完全信息方法的发挥，可能会产生一定的偏误。

有限信息方法能够抽象反映现实状况，运用 DSGE 模型，如果模型存在设定错误，研究者在运用该模型时，应该考虑模型的数据和各个维度是否相匹配。有限方法在进行估计时，只采用了一部分约束条件，所以得出的参数也只是一部分。这其中必然损失了一些参数估计，使得效率有一些损失。但是可以运用该模型，能够有效避免其他部分的污染结果。通常而言，研究者如果使用有限信息方法所得出的估计值更具有说明能力，这远远比完全信息法更有效。有限信息方法涵盖了两大种方法，即结构向量自回归（SVAR）和 GMM 方法。SVAR 方法可以将 DSGE 模型最小化，根据 SVAR 的冲击响应函数距离来获得参数值。GMM 方法比较适用于菲利普斯曲线以及评估欧拉方程，再选取信息时必须要满足该变量信息是方程的工具变量条件。

二 SVAR 方法

VAR 模型能够有效总结数据信息，可以将其作为标准来评估该模型 DSGE 模型。自 1997 年，研究者发现在文献中学者们往往使用冲击响应函数以匹配 DSGE 模型，从而有效估计结构性参数。CEE 为了解释产出具有持续性特征，以及通胀的粘性特征，其在研究中引入新凯恩斯主义模型，在进行估计时选择使用 SVAR 方法。为了考量货币政策的反应程度以及冲击响应程度，研究者引入了消费、投资、产出、通胀、利润等变量因素，研究结果证明了该结论和 VAR 的估计结果具有高度一致性。

SVAR 方法基于理论角度，DSGE 存在有限阶的 VAR（p）表示。研究者需要考虑如何选择合适时期将 DSGE 转化为有限阶的 VAR 模型。

假设 DSGE 模型的空间表达式为：

第九章 基于利率期限结构的中国最优货币政策规则选择研究

$$x_{t+1} = A x_t + B w_t$$
$$y_t = C x_t + D w_t \qquad (9-18)$$

其中 x_t 是未观测到的状态向量，y_t 是观测变量，w_t 是高斯向量白噪声，$E w_t = 0$，$E w_t w_t' = I$，$E w_t w_{t-j} = 0$，对于 $j \neq 0$。在该模型中，观察变量、状态、冲击分别有 k、n、m 个。当 k = m ow 时，满足：

$$B w_t = [B_1 0] \begin{bmatrix} w_{1t} \\ w_{2t} \end{bmatrix}, D w_t = [D_1 \ D_2] \begin{bmatrix} w_{1t} \\ w_{2t} \end{bmatrix}, \qquad (9-19)$$

上式中，w_{1t}、w_{2t} 分别表示对于偏好、技术、信息集的经济冲击和对于观测变量 yt 的度量误差。

当存在 D^{-1}，并且观测变量和冲击数量相同时，可以得到 VARMA，然后可得出无限阶的 VAR：

$$y_t = C \sum_{j=0}^{\infty} (A - B D^{-1} C)^j B D^{-1} j_{t-j-1} + D w_t \qquad (9-20)$$

SVAR 估计方法本质上是从有限阶 VAR 模型的一步前向预测误差识别出结构性冲击 w_t。在转换过程中，每个环节都有产生问题的情况发生。在该模型中，当 MA 部分特征根相对大时，其参数趋于 0；当 VAR 从有限阶转换为无限阶时，会有截断误差出现，因此，结构冲击的错误识别和有限阶的出现有密切的内在联系。

三 最大似然方法

在 DSGE 模型估算过程中，Sargent 创造性地使用了最大似然方法。将 Kalman 滤波引渡到状态空间方程中，可得到似然函数 $L(\theta_A | Y_T, A)$，进而求取其最大值，得出参数 θ_A 的众数估计值。其中，样本数据、带估计的数据和模型分别用 Y_T、θ_A、A 表示。当冲击数量小于观察变量，奇异性问题必然会出现。此时，定性关系存在于模型某些内生变量之间，似然函数为 0，最大似然方法没有任何作用。

当观测变量和冲击数量相同时，可以实现奇异性的有效解决，因此，人们通常采取增加结构性冲击 w_{1t} 的方法。同时，该方法还有效提升了数据的拟合度，能够有效识别 RBC 以外的波动来源，具有非常重要的使用价值。但是，该方法仍然存在缺陷：当政策变化对其产生影响时，无法用明确的经济理论对其进行解释，呈现非结构性。通常来讲，经济波动由 2 到 3 中冲击形成。同时，交叉系数约束可能由一般化的冲击结构打破。此外，还存在其他解决方法：为了避免奇异性问题，可以增加度量误差 w_{2t}。当度量误差为 $u_t = D_2 w_{2t}$ 时，可状态空间方程为：

$$x_{t+1} = A x_t + B_1 w_{1t}$$
$$y_t = C x_t + u_t$$
$$u_t = G u_{t-1} + \xi_t \tag{9-21}$$

在上述方法中，假定结构冲击和度量误差存在正交关系。如果模型设定错误时得出度量误差，那么模型的结构冲击和其有着非常密切的内在联系。

在最大似然方法中，良好性质的缺乏是该函数的最大缺点，这会导致参数估计的荒谬性和错误性。似然函数在某些识别不足的参数维度方面显示平滑性。但是，贝叶斯方法则能够规避这一缺陷：为了实现合理区间和估计值相吻合，研究者引入先验分布，确保目标函数的平滑性，使得研究者能够轻易地得出最大化数值。

四 贝叶斯方法

从 Schorfheide 开始，学者们偏向使用贝叶斯方法进行有效估计。这些年来，发达国家中央银行往往使用贝叶斯方法建立 DSGE 模型。运用贝叶斯方法，可以构建具有逻辑性强的框架，能够有效结合样本信息和参数信息。在一开始选取参数数值时，可以通过先验分布进行设定，在选取数据时，往往来源于过去经验或者模型条件。通过结合似然函数和先验分布，利用所得到的参数值进行后验分布测验。利用后验概率有效评估模型检验。贝叶斯方法往往介于最大似然方法和标准方法之间，如果参数满足退化分布情况，即标准差为零，这种情况下等价于校准。如果先验分布不具有明确性，这种情况下和最大似然方法具有等价性。

似然函数同样是贝叶斯方法的核心，但是当 $L(\theta_A | Y_T, A) = p(Y_T | \theta_A, A)$ 时，可以将模型和参数基础视为似然函数。在贝叶斯理论中，观测数据满足：

第九章 基于利率期限结构的中国最优货币政策规则选择研究

$p(\theta_A|Y_T,A) = \dfrac{p(\theta_A|Y_T),A)p(\theta_A|A)}{p(Y_T|A)}$。其中，先验分布和条件概率的乘积作为分子，模型数据的边缘密度作分母。通常而言，边缘密度在某些特定的模型中是常数，由此可得：$p(\theta_A|Y_T,A) \propto p(Y_T|Q_A,A)p(\theta_A|A)$。

在计算后验分布时，如果参数 θ_A 构成了似然函数的重要变量，则无法得出显示解，进而估值不科学、准确。在发展初期，这个问题极大地阻碍了贝叶斯理论的形成。但是，现在学者通过 MCMC 方法对该问题进行求解：构建符合遍历分布 $p(\theta_A|Y_T,A)$ 的 Markov 链，对其进行模拟，得出相应的经验分布。同时，利用 MH 算法，构建符合 Dynare 的 Markov 链，计算出相应的数值，然后对其后验概率的增加进行评估。如果该概率增加，则记为 1；如果不是，则记为小于 1。通过这种方法，实现了后验分布更高区域的发展。但是，后验低区域也存在一定的发展概率。由此可见，为了避免局部的最优值，本书可以采用这种方法。

之后，评估符合后验分布的模型。存在两个竞争模型 A 和 B，则 $p(A)$ 和 $p(B)$ 为先验分布。在贝叶斯理论中，可以得出后验分布：$p(L|Y_T) = \dfrac{p(L)p(Y_T|L)}{\sum_{L=A,B}p(L)p(Y_T|L)}$。可以通过后验优比对这两个模型进行比较。

$$\frac{p(A|Y_T)}{p(B|Y_T)} = \frac{p(A)p(Y_T|A)}{p(B)p(Y_T|B)} \qquad (9-22)$$

在上式中，模型的数据边缘密度是其坟墓，可以有似然函数的参数积分求解；为了确保 $p(Y_T|L)$ 计算的准确性，Dynare 构建了两种方法：调和平均估计量法和 Laplace 逼近方法。其中，贝叶斯因子为 $\dfrac{p(Y_T|A)}{p(Y_T|B)}$，其和古典模型中的似然比统计量相同。在每个模型中数据观察到的概率用 $p(Y_T|L)$ 表示，贝叶斯因子表示每个数据能够对模型信念产生的影响。同时，后验优比 = 先验优比 × 贝叶斯因子。

在贝叶斯理论中，评估 DSGE 的基准通常用 VAR 表示。这主要是由于相比 DSGF，VAR 模型更加普遍和传统。根据前文论述可得，VAR 倒逼并不适用于所有的 DSGF。可以用 $DSGE \in VARMA \notin VAR$ 来表示二者之间的内在联系。当 VAR 模型拟合低于 DSGE 时，这种比较显得并不科学。有些学者深入分析了贝叶斯方法，实现了无约束 VAR 和 DSGF 模型的有效融合，得到数据拟合度非常良好的全新 VAR，然后以此为基础对 DSGF 模型进行评估。这种方法称为 DSGE—BVAR 方法，其融合了这两个模型的优点，有效规避了求解过程中出现的各种缺陷。

五 混合模型

尽管 DSGE 具有明显的优势特征，但是对于研究时间序列数据，仍然需要提高其拟合程度。而且对于经济行为中的某些经济现象，如果运用 DSGE 模型，则会产生特别高的建模成本。在实际运用该模型时，为了增加该模型的拟合程度，我们经常会引入一些结构性因素。具体包括 IDSGE 模型；CEE 模型（包含工资价格因素）；英格兰银行 BEQM 模型；Coren – Cor；外生非核心模型；SW 模型（参数冲击）。可以在该模型中利用外生冲击能力提高其拟合程度。

DSGE 模型的理论基础比较扎实，VAR 模型在拟合数据度方面具有很好的优势特征。该两大模型都具有丰富的研究意义。自 1980 年，国内外学者在研究中通过综合这两大模型的优势特征，以更好地发挥实际效果。比如用 SVAR 估计 DSGE，基于贝叶斯框架，使用 BVAR 有效估计 DSGE。

利用 VAR 模型帮助我们提升 DSGE 模型的拟合度。在上述研究中，我们提出了一种度量方法，即 Ireland4 可以有效测量误差。在 DSGE 模型中引入 VAR，可以有效度量误差。该混合模型能够更好地预测实验结果。DSGE—BVAR 方法，DelNegro 在 Bayesian 框架下，能够有机结合 DSGE 和 BVAR 两大方法。最终得到的混合模型具有很好的拟合度，能够更好地分析数据，提高实验结果的精准度。

六 DSGE 模型的构建

本书利用货币政策的反应函数构建小型 DSGF 模型时，引入了利率期限结构和标准模型，利用脉冲响应法评估其结果，进而得出泰勒规则的最优解。该规则由货币当局、厂商、家庭三部分组成，结合新凯恩斯理论，以他们的行为构建了相应的方程。同时，本书引入均衡条件（$y_i = c_i$）、自然利率变化方程 $r_t = \rho + \sigma\psi_a\rho_a(a_t - 1)$，确保模型具有较强的均衡性。然后将该方程求取对数，可以得到较为准确的均衡系统。其具体步骤为：

1. 家庭

假设本国经济人条件符合以下公式：

$$\max\left\{E_0\left[\sum_{t=0}^{\infty}\delta^t\left(\frac{C_t^{1-\sigma}}{1-\sigma} - \frac{N_t^{1+\varphi}}{1+\varphi}\right)\right]\right\} \quad (9-23)$$

$$s.t. \ P_t C_t + E_t\{Q_{t,t+1} D_{t+1}\} \leq D_t + W_t N_t + T_t \quad (9-24)$$

其中，主观贴现系数、劳动对实际工资的弹性倒数、消费跨期替代弹性的倒数、政府一次性征税、随机贴现因子、购买的债权数量、名义工资水平、劳动水平、本国代表性居民的消费水平分别用 β、φ、σ、T_t、$Q_{t,t+1}$、D_t、W_t、N_t、C_t 表示。

按照式（9-18）和式（9-19），分别求消费的一阶导数和劳动的一阶导数，运用对数线性法，通过拓展可以得到消费跨期的方程以及劳动供给方程。

$$w_t - p_t = \sigma c_t + \varphi n_t \quad (9-25)$$

$$c_t = E_t\{c_{t+1}\} - \frac{1}{\sigma}(i - E_t\{\pi_{t+1}\} - \rho) \quad (9-26)$$

由式（9-26）中 $\rho = -\log\beta$，为时间贴现因子。π_t 为通货膨胀率，定义为：

$$\pi_t = p_t - p_{t-1} \quad (9-27)$$

$$\pi_{H,t} = p_{H,t} - p_{H,t-1} \quad (9-28)$$

式（9-28）中 $\pi_{H,t}$ 为国内生产产品价格的通胀率。

2. 厂商

假设厂商的生产函数表示 $Y_t = A_t N_t$，对该函数进行简化，在厂商生产函数中，除去资本因素，包括技术 A_t 和劳动 N_t。可以运用线性公式，该生产函数拓展可以得到：

$$y_t = a_t + n_t \quad (9-29)$$

y_t、a_t 和 n_t 分别表示 Y_t、A_t 和 N_t 偏离其稳态值的百分比。

3. 均衡条件

对于国内生产产品，一部分用于出口国外，一部分供国内消费者进行消费。对于出口部分，出口数量和各国的收入呈相关关系。假设国外收入水平为 y_t^*，则国内产品市场的均衡条件的线性化形式可以表示为：

$$y_t = y_t^* + \frac{1}{\sigma_\alpha} s_t \tag{9-30}$$

式（9-30）中，$\sigma_\alpha = \dfrac{\sigma}{1+\alpha(\omega-1)}$，$\omega = \sigma\gamma + (1-\alpha)(\sigma\eta - 1)$。结合式（9-25）和式（9-30），就可以得到国内的 IS 曲线表达式：

$$\tilde{y}_t = E_t\{\tilde{y}_{t+1}\} - \frac{1}{\sigma_\alpha}(\tilde{R}_t - E_t\{\pi_{H,t+1}\} - \tilde{r}_t^n) \tag{9-31}$$

式（9-26）中，$r_t^n \equiv \rho - \sigma_\alpha T_\alpha(1-\rho_\alpha)\alpha_t + \dfrac{a\Theta\sigma_\alpha\varphi}{\sigma_\alpha+\varphi}E_t\{\Delta y_{t+1}^*\}$，$T_\alpha = \dfrac{1+\varphi}{\sigma_\alpha+\varphi}$，$\Theta = \omega - 1$。变量的上标"~"代表对其稳态值的偏离。

4. 货币当局

为衡量经济波动中不同货币政策的作用和效果，设定货币政策方程（泰勒规则）和利率变化方程及货币需求方程：

$$i_t = \varphi_1 i_{t-1} + (1-\varphi_1)[\varphi_2 * (E_t \pi_{t+1} - \pi_t) + \varphi_3 \pi_t + \varphi_4 y_t] + v_t \tag{9-32}$$

$$r_t = \rho + \sigma\psi_a\rho_a(a_t - 1) \tag{9-33}$$

$$m_t = \pi_t + y_t - \eta i_t \tag{9-34}$$

在 RBC 理论中，本书主要分析货币政策冲击方程和技术冲击方程，可以得出：

$$a_t = \rho_a a_{t-1} + e_{at} \tag{9-35}$$

$$v_t = \rho_v v_{t-1} + e_{vt} \tag{9-36}$$

带入利率期限结构可得：

$$i_t - r^* - \pi^* = \rho(i_{t-1} - r^* - \pi^*) + \theta\sum_{m=0}^{M}[R(t+m) - \pi^*] \tag{9-37}$$

$$R(t) = c + \lambda R(t-1) + \zeta y(t) \qquad (9-38)$$

由此可以得到一般均衡系统。我们可以通过对比这两个系统，根据利率期限结构研究，从本质上讲，利率期限蕴含着丰富的宏观经济信息。本研究所选用的利率期限为新的结构模型。在新模型中，假定在第 t 期利率涵盖产出缺口以及上期利率，能够保证利率期限具有平滑性特征。

第四节 DSGE 模型的参数校准及数值模拟

一 参数校准

我们在选取参数标准时，一方面直接使用文献已有参数，另一方面主要根据我国经济发展趋势，进行估计和校准。基于家庭部门参数，再选取主观贴现因子以及劳动供给弹性的倒数和取值情况，具体如表（9-2），基于厂商部门参数，往往通过 OLS 估计，可以得到价格粘性以及需求替代弹性等参数取值，通过运用 GMM 等方法，可以得到货币政策参数。在进行取值时可取得利润规则系数以及冲击系数。还有产出缺口的利率期限方程为（9-39），我们往往运用 GMM 计算该方程式。在本章节中，研究者选取了 2002 年的国债数据收益率，运用 HP 滤波方法计算产出缺口，首先我们要先算出潜在 GDP，然后才能进一步计算产出缺口。运用实证得到：

$$R(t) = 0.445 + 0.909 R(t-1) - 0.002 y(t) \qquad (9-39)$$

拟合优度 $R^2 = 0.992$

其他参数值如表 9-2 所示：

表 9-2　　　　　　　　　　DSGE 模型参数

参数	参数	说明	取值	参数	说明	取值
家庭部门参数	β	贴现因子（主观）	0.98	σ	厌恶因子（风险）	0.7
	Φ	劳动供给弹性（倒数）	1	η	半弹性（货币需求对利率）	2.58
厂商部门参数	θ	价格粘性程度	0.84	ρ_a	技术冲击	0.72
	α	资本产出弹性	0.4	σ_a	技术冲击（标准差）	0.01
	ε	替代弹性（产品替代）	10			

续表

	参数	说明	取值	参数	说明	取值
泰勒规则参数	Φ_1	系数1	0.75	Φ_2	系数2	2.6
	Φ_3	系数3	0.4	Φ_4	系数4	0.6
	ρ_e	冲击系数	0.51	σ_v	冲击标准差	0.01

在获得上述参数，需要运用随机模型检测法检验该模型 DSGE 模型，我们可以应用 Dynare 软件进行模拟检验。基于受到货币政策与技术冲击影响，由此可以获得脉冲响应图像，了解产出的脉冲反应以及通货膨胀的冲击反应。使用 Dynare 软件分析 DSGE 模型，具有简洁明了的特点。该软件包括 Matlab 的工具包，能够简化多种设计模式。在本研究中，分析脉冲响应图时均使用了 Dynare 软件。

二 不同利率规则下货币政策冲击的脉冲响应分析

本研究利用 Dynare 软件，基于 DSGE 模型分析技术和政策冲击的影响作用。应用随机模拟法有效分析了 DSGE 模型分。在利率期限结构中，已经在附录中列出了 Dynare 程序代码，从而可以分析相应结果。本研究归纳了基于两种货币规则的脉冲响应图，得出了在受到货币政策和技术冲击下，产出反应程度以及通货膨胀的响应程度。如图 9-1、图 9-2 所示：

由以上的模拟结果的图像对比可得：

（1）基于货币政策冲击，产出的反应如图 9-1 中的 1、2 所示，基于泰勒规则，受到货币政策冲击影响，使得产出下降 3%，通过 10 个季度才能回到均衡状态；利率规则如果包含期限结构，在受到货币政策冲击影响，其产出下降了 4.5%，往往需要 6 个季度才能回到均衡状态。通过对比两大规则，我们可以得出结论，受到货币政策冲击影响，利率规则如果包含期限结构，其所获得的产出波动比较小，而且回到均衡状态的时间比较短暂。

（2）收受到货币政策冲击，通货膨胀的反应。如图 9-1 中的 3、4 所示，基于货币政策冲击影响力，利率规则如果包含期限结构，其通货

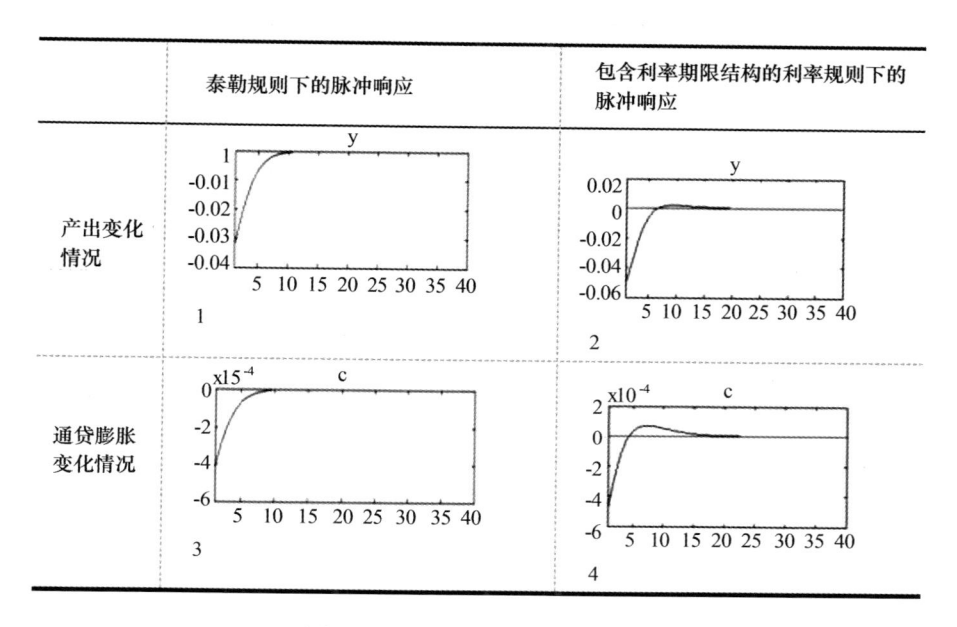

第九章 基于利率期限结构的中国最优货币政策规则选择研究

	泰勒规则下的脉冲响应	包含利率期限结构的利率规则下的脉冲响应
产出变化情况		
通货膨胀变化情况		

图 9-1 货币政策冲击响应图像

膨胀反应能够提升 0.042%，可以说该反应程度比较微弱，需要经过 4 个季度可以回归到平衡状态。基于泰勒规则，受到货币政策冲击反应，通货膨胀反应提升了 0.04%，需要经过 8 个季度才能回归到平衡状态，在时间上面比前者高出两倍，可以说其具有较强的持续性冲击能力。通过对比两大规则，利率规则如果包含期限结构，则具有较短的持续性，而且回归平衡状态时间较短，可见该规则更为有效。

（3）受到技术冲击，产出反应情况如图 9-2 中的 1、2 所示，利率规则（包含利率期限）在受到技术冲击之后，产出的反应情况有效提升了 1.5%，如果回归到平衡状态需要 6 个季度。基于泰勒规则，受到技术冲击的作用，产出的反应情况也提升了 1.5%，如果回归到均衡状态需要 7 个季度。产出的反应差别比例不大，但是如果对比两大规则，可以通过分析其波动时间，利率规则（涵盖期限结构）则更具有优势特征，其波动时间更短。

（4）基于技术冲击，通货膨胀的脉冲响应如图 9-2 中的 3、4 所示，

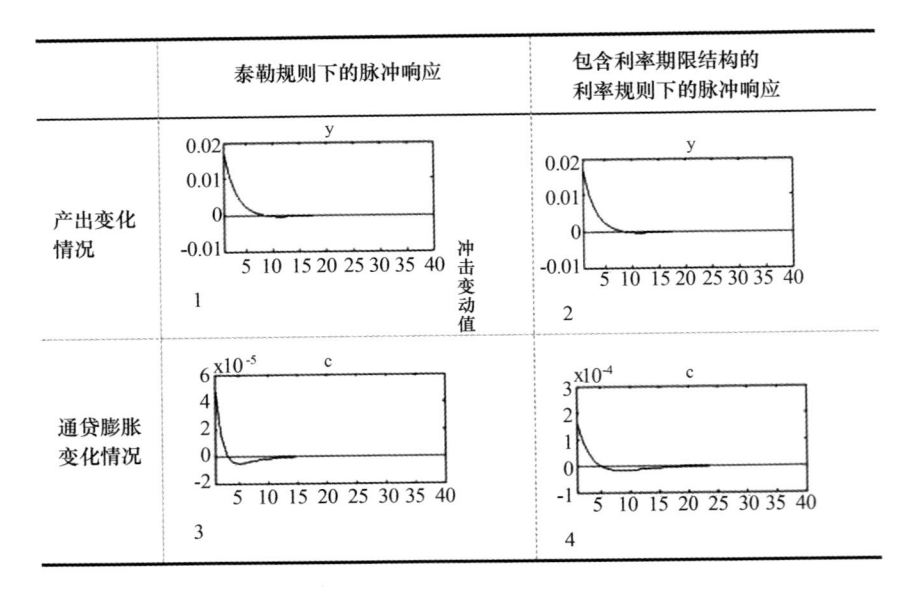

图 9-2 技术冲击响应图像

利率规则（涵盖利率期限结构）在受到技术冲击影响，通胀率的反应度上升了 0.015%，往往需要 4 个季度就可以回归到平衡状态。基于泰勒规则，其通胀率的反应度上升了 0.005%，往往需要 3 个季度就可以回归到平衡状态。这两大规则下，其波动范围都比较小，而且回到平衡状态，时间也相差不多。但是对比发现泰勒规则具有更好的效果，其回归时间还是比较短。

综上所述，研究者通过对比了泰勒规则和利率规则（涵盖利率期限结构），运用 DSGE 模型，通过比较受到技术冲击以及货币政策冲击的反应力度，从而得出了脉冲响应图。利用脉冲响应度可以直接分析这两大规则的优势特征。基于利率规则前提，能更好地发挥货币政策的影响作用，有效应对政策冲击的影响力，而且受到技术冲击影响，对我国产出的影响比较短暂。

本章小结

本书考虑利率期限结构的影响,在研究中综合考虑了利率期限结构,在引入泰勒规则时,往往加入了各种预期因素。利率期限往往暗含了很多经济信息,可以供我们深入挖掘。通过综合两大规则,在构建货币政策反应函数时,可以帮助我们最优化选择货币规则,有效规范宏观调控经济体制。为了获得最优化社会福利,我们在设定函数中的变量时,必须保证3个变量符合函数条件。基于理论角度,变量的权重赋值应该和目标函数中的赋值情况一一对应。但是在实际分析时,由于央行的偏好能力有所不同,对于变量的权重赋值可能和目标函数有所偏差,这也保证了选择权重赋值的灵活性。

在研究中采用一般均衡分析法,能够综合联系微观经济和宏观经济,在经济学领域,学者们往往青睐于使用该方法进行经济分析。在评估政策以及预测经济发展时可以运用 DSGE 模型,该模型已经成为各个国家的应用趋势。DSGE 模型能够有效约束企业和消费者行为,基于一般均衡条件,而且其理论基础比较扎实,有效分析了虚拟环境。研究者综合统计了评估该模型的方法,最常用的包括最大似然方法、有限信息估计法(匹配响应函数)、贝叶斯估计方法。为了增加其实践效果,提高模型的拟合程度,在研究中还可以使用 SW 模型、引入冲击方法、Ireland 的观测误差方法和 DSGE - BVAR 方法。运用 DSGE 模型,假设受到冲击反应,以观察经济变量如何变动。通过分析脉冲反应图,基于利率规则(包含利率期限),在受到货币政策冲击后,其具有更小的影响力在对通胀和产出方面,技术冲击往往对产出具有短暂的影响力。研究者通过实证分析法证明了利润规则具有有效性特征。研究者通过对比这两大规则发现,基于利率规则前提,技术冲击往往具有短暂的影响力,而货币冲击真能够长远影响通胀以及产出水平。

第十章

结论与政策建议

第一节 主要结论

1. 利率期限结构与宏观经济变量间的相互关系大部分并不是双向的，只有个别的变量表现出了双向相关的关系。本书考虑了代表价格指数 CPI、货币政策 M_2、上海同业拆借利率 INTERBANKRATE、代表实体经济活动指标工业增加值 INA 等宏观变量。本书采用实证分析法，对宏观经济变量和利率期限结构之间的联系从两个层次进行了深入分析。研究结果表明，二者之间大多数不存在双向关系，只有个别的变量表现出了双向相关的关系，如：M_2，货币供应量能够对利率期限结构产生影响，但是利率期限也能够对货币供应量的发展趋势进行精确预测。此外，对物价指数 CPI、银行同业拆借利率 INTERBANK、工业增加值 INA 等有显著的领先关系，说明利用利率期限结构能够预测未来经济波动以及经济增长的变化趋势，这表明其具有预测、指示功效，也预示着我国债券市场和市场经济高度统一。同时还发现利率期限结构能够预测宏观经济的增长以及提前反映通货膨胀变化以及利率期限结构受到货币供应量的影响，并滞后于其变化。

2. 中国国债即期收益率曲线整体呈向右上方倾斜，且收益率曲线上升的幅度逐渐变小，不能充分反映投资者要求的风险补偿。在对利率期限结构的静态研究方面，本书以国债数据为基础，构建 N–S 模型，计算出相关参数的取值，并以此为依据绘制我国利率期限结构图。研究结果表明，整体而言，我国国债即期收益率趋于右上方倾斜，这表明市场预期理论和流动性偏好理论符合其发展规律。但是，对于投资者而言，我国国债收益率在上升过程中趋于平稳，利率水平未达预期，无法对风险补偿进行准确判断。随着我国市场经济的发展，利率规则必将成为我国经济繁荣的内在推动力，对我国货币政策的落实有着非常重要的作用。在不久的将来，货币规则必然实现利率规则的转变。本书在核验泰勒规则的不同形式时，采用了政策反应函数法和历史分析法，得出我国利率发展趋势能够通过包含利率平滑机制的前瞻型泰勒规则科学模拟。从货币政策目的选择角度分析，货币当局应该加强经济增长意识，摒弃传统的稳定物价思维，推动我国经济水平持续向好。这意味着，泰勒规则在中国无法实现稳定运行，产出缺口和通胀缺口对利率的反应情况分别为灵敏和不灵敏。结合我国实际情况分析，物价稳定一直都是我国经济工作重点。

3. 可以准确判断 M_2 的流动速度，具有内生性较强的货币乘数，下一期乘数可以通过上一期进行预测，因此央行对货币供应量的控制应重点放在对货币乘数的控制上来，相关部门在选择操作变量时，应该重视 M_2 的重要价值。从央行角度分析，我们可以预测货币乘数，货币供应量可以通过控制基础货币进行调节，确保供应量处于合理范围内。通常来讲，货币供应量之所以具有较高的可预测性，这和较为完善的会计制度、统计技术、统计相关制度等配套软环境体系建设息息相关。本书以我国现阶段国情为基础，从可测性、可控性、关联性等方面对货币供应量进行深入分析，得出 M_2 在未来发展过程中，虽然存在一些未知问题，但仍然是操作变量的重要目标。随着近年来我国金融改革的深化和利率市场化的推进，已经初步具备了实施通货膨胀目标制的前提条件。然而由于中国货币政策的多目标性、统计技术与预测分析技术较低、市场机制的不完善、央行的非完全独立性以及政策的低透明度等原因，目前在中国能否引入通胀目标制还需进一步研究。

4. 随着市场化进程的推进，利率规则会在我国表现出更强的适应性，从货币规则向利率规则过渡是发展的趋势。所以根据收益率曲线所呈现的形态不同，相关部门可以对未来短期利率的变动进行预测，并且在收益率曲线上正确、精准反应。在利率期限结构中，到期期限最长的利率可以用水平因素表示，这不仅能表示在长期通货膨胀风险的环境中，投资者所能承担的补偿，而且可以预测投资者对通胀的期望。长期利率水平、风险溢价和通胀预期成正相关关系。因此可以得出，在判断CPI序列变动时，我们可以分析长期利率受到水平因子影响后的发展趋势。相关部门可以较为轻易地观察和计算出债券市场的长期利率，并且对其进行预测。因此，通胀的发展趋势可以通过分析国债的长期利率变化而得出。斜率因子隐含的长短期利差信息是衡量宏观经济走势的指示器。由于斜率因子和经济增长成正相关关系，可以得出相应的工业增加值；景气指数可以通过斜率因子和长短期利差得出，进而对经济运行趋势进行深入分析。现如今，我国国债市场尚处于初级阶段，政府必须采取针对性措施，构建多元化的品种，提高流通数量，确保宏观经济运行趋势能够通过国债的长短期利差准确预测。

5. 货币政策规则的优化和利率期限结构息息相关，尤其是富含预期信息的利率期限结构。本书深入分析了不同系数在引进泰勒规则前后的变化情况，得出当泰勒规则结合利率期限结构的三个因素之后，具有更佳的优化效果。其具体表现为：第一，可决系数、F值、t值都有了明显提高；第二，产出缺口和通胀缺口系数大幅提升。这表明，泰勒规则受到利率期限结构的影响，优化效果较为明显。大量的实证分析表明，货币政策规则的优化和利率期限结构息息相关，尤其是富含预期信息的利率期限结构。为了最大限度减少由于预期通货膨胀无法估计造成的损失，相关部门必须通过利率期限结构的引入，深入优化泰勒规则的前瞻性。由于大量的宏观经济信息能够从利率期限结构中获得，我们可以模拟出未来各期的利率情况，然后结合泰勒规则构建贴合实际的货币政策反应函数，实现可操作性强、前瞻性高的泰勒规则的制定。当货币政策规则和利率期限结构融合时，中长期利率随着央行短期利率的调整而发生变化，进而较为准确地预测通货膨胀趋势，确保总需求和总供给数据的准确性。总而言之，为了切实提高货币政策的优质性，央行制定货币政策时，必须深入分析利率期限结构，获得可观的经济数据。

6. 从长期来看，以社会福利损失最小化作为评价标准，将利率期限结构纳入到货币政策规则中，中央银行调整短期利率的同时，引导了中长期利率，确保货币政策规则随着宏观变量发生变化的有效性。随着我国改革开放进程不断深入，利率市场化水平显著增长，货币政策对于经济调控作用呈现复杂性和多样性。为了确保社会目标和央行目标较为统一，本书评价标准选择社会福利损失最小化指标，但是经济体在遭遇产出、需求冲击时，极有可能形成较大波动。但是，整体而言，利率波动、产出缺口、非预期通货膨胀的长期稳定性较高。但是以社会福利损失程度分析，此时的货币政策规则最佳，因此相关部门在实施货币政策时可以以此为依据或者标准。

第二节　政策建议

根据本书研究结论，我们提出如下政策建议：

1. 构建体系化的国债期限结构，实现国债品种的多样性和流动性较强的经济市场。我国现阶段尚未构建完善的利率期限结构，这主要是由于国债品种较为单一，没有合理配置短期、中期和长期国债。深入分析上交所国债期限结构可得，短期和长期的上市国债规模未到达预期效果，占比较大的为5—10年的国债，使得利率期限结构无法实现体系化建设。在这种结构模式下，央行为了实现资产负债周期优化而采用的公开市场操作、商业银行等措施将无法落到实处，对多样性的投资需求产生消极影响，极大地阻碍了国债交易的市场化。所以，政府部门必须结合实际需求，优化不同期限的国债分配，实现利率期限结构体系化，确保投资者能够科学、合理地进行货币和债权投资，实现我国债券市场的完善性，为利率市场化改革持续发展奠定坚实基础。1997年的系统性风险主要是由于交易市场国债违规回购造成的，债权交易市场必须勒令商业银行强制退出。现如今，虽然我国国债交易已经有了跨越式发展，但是银行间国债交易、上交所、深交所之间几乎没有任何联系，处于信息渠道障碍状态。在这种现状下，主力投资机构对交易所市场债券缺乏足够的重视度，交易量持续萎靡。同时，由于缺乏足够的内在联系，即使相同品种的国债，在不同的债券市场上其收益率水平也有较大差异，利率期限结构无法实现规范化、标准化。因此，为了确保国债市场的统一性，政府部门必须采取针对性措施，实现交易所市场和商业银行之间国债买卖的融合互通。比如，构建多元化的国债买卖渠道，增强交易所市场和商业银行之间的联系；银行和交易所市场允许投资者自由进出，构建资金互通的交易氛围；推动银行柜台市场发展，实现零售市场和国债批发市场、场外和场内市场高度统一融合的格局。通过种种有效的措施，实现交易所债券市场、银行间债券市场朝国债场内市场和国债场外市场的转变。为了构建较为统一的利率期限结构，政府部门必须拓宽交易所和银行沟通渠道，增强债券的流动性，确保收益率水平的准确性，为投资者科学理财奠定坚实的基础。

2. 加强国债发行的计划性，建立以国债利率为基准的利率体系。目前中国国债的发行缺乏足够的计划性，没有按照一定的期限结构定期发行，国债发行的随意性不利于形成良好的期限结构。应该保持国债定期、均衡发行，市场资金流动较均匀，形成相互衔接的利率期限结构。提高国债发行计划性的同时应当提高计划性的透明度，避免投资者盲目投资行为。随着我国利率市场化进程不断深入，银行和其他金融机构必将面临巨大的机遇和挑战，为资源的优化配置、高效的国债市场建设提供良好的经济氛围。政府部门通过加大利率化市场建设，必将增强国债价格和市场供求的内在联系，实现高效的国债市场建设，构建多元化的国债体系，确保更多的投资者参与到政策投资中来。和西方利率市场化较高的国家相比，政府部门必须设立明确的利率基准，制定统一的发行交易定价，确保短期贸易市场的规范性。同时，国债收益率曲线能够较为准确地反映银行的贷款利率。政府部门必须构建体系化的银行存贷款利率，推动市场利率和存贷款利率统一化发展，确保银行构建完善的存贷款利率体系。此外，构建可循环的经济模式，国债市场收益曲线的优化和存贷款利率的有效性息息相关。总而言之，政府部门必须确保风险收益率和国债利率的稳步提高，充分发挥基准利率和无风险收益率的指标价值。

3. 优化风险结构，完善利率期限，深化利率市场改革。利率市场化程度不足是限制利率规则在我国使用的主要障碍。鉴于我国在利率期限结构的机制的缺陷，相关部门应对货币政策的周期较长，服务于货币政策的各项措施无法落实到位。宏观经济政策和环境、不同限制因素、市场稳定度都会对期限利率结构的组成和变化产生一定的影响,因此,当市场环境不稳定时,收益率曲线会随着市场环境的波动而变化,阻碍了货币政策的实施。货币政策能够发挥实际作用和市场的完善性有着非常密切的关系。现如今,我国尚未构建完善的国债机制,市场改革进程不够深入,国债产品较为单一、数量尚未实现规模化,尤其是长期国债的发行数量远远低于平均标准,使得债券市场供给方对中长期收益率曲线有着较大的影响,甚至使曲线呈现扭曲现象。因此,政府部门必须意识到利率市场化的重要性,确保收益率曲线的完善性。同时,各部门必须确保证券市场的统一性,实现资金供求状况和经济当事人的发展状况能够从债权收益率曲线准确预测和判断出来。中国利率的期限结构必须由货币部门、财政部门等协同制定、完善,推动"一揽子"方案的实施,增强我国国债市场的内在发展动力,确保发展过程中各项问题能够及时解决,从而理顺利率的期限和风险结构,形成金融债券、市政债券、公司债券、证券化债券等多种债券类型统一发展的局面。

4. 优化货币政策调节模式,确保其公正性和透明性。现如今,广义货币供应量 M_2 一直是我国货币政策制定的关键性指标。本书从数量关系层面深入分析了 M_2、GDP、CPI 之间的关系,得出 M_2 增速 = GDP 增长率 + CPI + 资本深化项。由此可见,数量型货币政策工具仍然对我国货币政策存在较大影响。因此,政府部门必须深化利率市场化改革,构建多渠道的利率传导机制,缩短 GDP 对利率的反应周期,构建价格型和数量型相互结合的体系化货币政策。中央银行需要主动调节货币政策工具的培育,加大公开市场操作的力度,改革存款准备金制度,合理确定中央银行准备金存款的利率水平,增大银行间资金运作规模,提高准备金利用需求,加大货币市场对商业银行的资金供给,确保商业银行管理的流动性。在制定货币规则时,政府部门必须意识到货币政策透明度的重要性,构建公平、公正的货币体系。因此,货币当局必须采取多元化的方式和手段,提高公众参与度,引导信息的正确披露,确保披露形式、方法、时间和内容的规范性和科学性,实现货币政策执行报告的深度性,增强市场发展的内在动力,确保货币政策能够真正落到实处。

5. 构建完善的监管体系,强化中央银行的独立性和责任性。金融监管能够推动金融市场长远、健康发展。常见的金融监管方式有：信用评级制度、信息披露制度、市场准入和退出机制。政府部门必须灵活应用这些制度，确保市场交易信息能够及时流转和传达，监督各方参与人，及时制止各种违法行为，确保投资人的合法利益。货币政策传导的高效性和金融市场的健康发展有着非常密切的关系。同时，独立的中央银行在制定、实施货币政策规则过程中发挥巨大的作用。在我国经济发展过程中，中国人民银行已经能够较为独立地执行货币政策，有效地解决经济发展过程中存在的问题。但是，政府部门必须清醒地认识到，中央银行必须实现高度的独立性，避免其他部门或者市场因素对其产生干扰。因此，我国政府必须确保央行的独立性，切实贯彻货币政策，赋予中央银行更大的决策权对于保持一个稳定的货币政策环境至关重要。同时，为了提升货币政策决策的有效性和科学性，政府部门必须构建由学者、企业家、银行代表、大区分行等组成的货币政策委员会，制定科学、完善、规范的投票表决方式。

6. 完善经济金融统计监测体系，建立金融信息共享系统。统计是收集宏观经济金融信息的主要途径。因此，政府部门必须制定科学的统计指标体系，构建科学的统计方法，及时掌握经济和金融变量的发展动态和规律，准确、科学地分析金融和经济的长期发展趋势。为了实现统计制度的规范化、程序化和国际化，央行必须结合国际现行统计规则，设定科学的统计指标，构建完善的指标体系，制定统一、整体的规划和部署方案。同时，相关部门必须优化和创新物价指数编制方法，根据时间发展能顺利制定系统的固定技术 CPI、核心 CPI 指数以及批发价格指数等，不断完善我国目标货币政策规则。为了实现统计制度的规范化、程序化和国际化，央行必须结合国际现行统计规则，不断优化和完善现行统计、调查工作规则，推动金融市场的长远、健康发展。各金融机构必须加强合作，构建体系化的金融信息系统，实现资源检索、共享、标准等便捷性和规范性，增强经济金融市场内在发展动力，为央行执行货币政策和提高风险防范措施奠定坚实基础。由此可见，为了构建完善的货币政策决策体系，各部门必须配备统一、规范、科学的决策信息支撑系统，确保央行以及各经济体能够快速、全面、准确地获得信息资料，实现货币政策调控目标，确保经济宏观发展的长远性。

  7. 货币政策制定应多考虑工具规则，进一步加强和完善公开市场业务。为了确保货币供给的有效控制，政府部门必须设定货币供应量或者通货膨胀目标，采取针对性措施，整顿市场影子银行、电子货币和金融创新。当货币需求确定时，现行经济环境已经无法匹配目标制的货币政策。因此，本书以利率为工具，结合未来各期利率，构建了优势较为明显的货币政策，能够引导和支持货币政策规则的制定和实施，确保其具有一定的预见性和前瞻性。为了确保市场远期利率的形成，政府部门必须创新金融市场规则，构建多元化的金融产品，增强利率衍生产品（债权期货、期权、互换等）的价格指示作用。现如今，由于资本充足率的约束和流动性管理的限制，我国商业银行存在大量的存差资金，这使得国债市场出现价格扭曲和供求失衡的现象。因此，应该在制定规则、规范交易和加强管理的基础上，不断进行金融创新，推出利率衍生品的交易，促进市场对中长期债券合理准确地定价。对于投资者来说，国债期货市场和衍生产品交易能分别为投资者提供有效的风险管理途径和套期保值的功能，确保中长期国债投资的安全性，对市场的繁荣和国债流动性增强具有促进作用。为了实现利率调节的有效性，央行应该借鉴西方国家制定货币政策的成功经验，及时拓展公开市场业务，构建现代化的货币工具。与其他货币政策工具相比，公开市场操作具有较强的伸缩性和灵活性，且有极强的可逆转性和可修正性。因此，该货币规则可以作为央行制定货币政策规则的重要参考。

参考文献

白培枝：《基于 Nelson-Siegel 模型的利率期限结构研究》，《经济问题》2012 年第 8 期。

卞志村、胡恒强：《中国货币政策工具的选择：数量型还是价格型？——基于 DSGE 模型的分析》，《国际金融研究》2015 年第 6 期。

卞志村、孙俊：《中国货币政策目标制的选择——基于开放经济体的实证》，《国际金融研究》2011 年第 8 期。

卞志村、孙慧智、曹媛媛：《金融形势指数与货币政策反应函数在中国的实证检验》，《金融研究》2012 年第 8 期。

卜壮志：《银行间债券市场利率期限结构实证研究》，《统计与决策》2008 年第 10 期。

程贵：《我国货币政策目标规则选择的理论分析与实证检验》，《统计与决策》2013 年第 2 期。

程远、陈雷：《货币政策是否应该考虑汇率目标——基于美联储加息政策的应对分析》，《现代财经》（天津财经大学学报）2016 年第 2 期。

崔百胜：《中国货币政策应兼顾资产价格与人民币汇率目标吗——基于 LT-TVP-VAR 模型的实证分析》，《国际贸易问题》2017 年第 8 期。

崔虹：《基于 Nelson-Siegel、Svensson、VRP 模型的中国国债利率期限结构构建》，《中国外资》2013 年第 6 期。

邓创：《中国货币政策应该盯住资产价格吗?》，《南京社会科学》2015 年第 7 期。

邓创、石柱鲜：《泰勒规则与我国货币政策反应函数——基于潜在产出、自然利率与均衡汇率的研究》,《当代财经》2011 年第 1 期。

范从来:《中国货币政策目标的重新定位》,《经济学家》2010 年第 7 期。

范龙振、王晓丽:《上交所国债市场利率期限结构及其信息价值》,《管理工程学报》2004 年第 1 期。

傅曼丽、董荣杰、屠梅曾:《国债利率期限结构模型的实证比较》,《系统工程》2005 年第 8 期。

高伟:《我国货币供应量目标规则存在的问题与对策》,《国家行政学院学报》2005 年第 2 期。

郭红兵、陈平:《中国货币政策的工具规则和目标规则——"多工具,多目标"背景下的一个比较实证研究》,《金融研究》2012 年第 8 期。

郭涛、宋德勇:《中国利率期限结构的货币政策含义》,《经济研究》2008 年第 3 期。

韩晓峰、陈师:《中国利率期限结构对宏观经济政策的动态响应研究——DSGE 框架下的宏观金融建模》,《现代财经》(天津财经大学学报) 2017 年第 1 期。

贺畅达、齐佩金:《基于 NS 混合模型的中国利率期限结构动态估计比较研究》,《数学的实践与认识》2013 年第 20 期。

金成晓、李雨真:《基于影子利率期限结构的货币政策效应分析》,《统计研究》2017 年第 7 期。

金成晓、李雨真:《中国货币政策与利率期限结构——基于利率—信贷渠道的宏观—金融模型分析》,《数量经济技术经济研究》2015 年第 2 期。

金春雨、吴安兵:《开放经济条件下时变参数泰勒规则在我国货币政策中的适用性研究》,《世界经济研究》2017 年第 8 期。

金中夏、洪浩:《国际货币环境下利率政策与汇率政策的协调》,《经济研究》2015 年第 5 期。

康书隆:《国债利率期限结构的动态变化规律研究——基于 Nelson-Siegel 曲线的动态建模》,《财经问题研究》2013 年第 5 期。

孔丹凤:《中国货币政策规则分析——基于泰勒规则和麦克勒姆规则比较的视角》,《山东大学学报》2008 年第 5 期。

李宏瑾：《基于协整分析的利率期限结构预期假设检验》，《投资研究》2012 年第 6 期。

李宏瑾：《利率期限结构的远期利率预测作用》，《金融研究》2012 年第 8 期。

李宏瑾：《我国中期通货膨胀压力预测》，《经济评论》2011 年第 1 期。

李建军、李波：《我国货币政策中介目标 GMCI 的理论分析与实证检验》，《天津商业大学学报》2010 年第 1 期。

林季红、潘竞成：《汇率波动与新兴市场国家货币政策规则——基于巴西、南非和俄罗斯的研究》，《国际经贸探索》2015 年第 5 期。

林建浩、王美今：《新常态下经济波动的强度与驱动因素识别研究》，《经济研究》2016 年第 5 期。

刘杰：《规则还是相机抉择？——中国货币政策操作规范选择的动态模拟》，《金融经济学研究》2016 年第 1 期。

刘金全、刘达禹、张达平：《资产价格错位与货币政策调控——理论分析与政策模拟》，《经济学动态》2015 年第 7 期。

任兆璋、彭化非：《我国同业拆借利率期限结构研究》，《金融研究》2005 年第 3 期。

沈磊：《基于多项式样条的中国利率期限结构实证研究》，《赤峰学院学报》（自然科学版）2013 年第 8 期。

石峰：《汇率不完全传递、货币政策规则与中国经济波动——基于贝叶斯方法的实证研究》，《中央财经大学学报》2017 年第 1 期。

宋洁：《基于金融创新的我国货币政策中介目标研究》，《湘潭大学学报》2014 年第 2 期。

孙皓、石柱鲜：《中国利率期限结构中的宏观经济风险因素分析》，《经济评论》2011 年第 3 期。

谈正达、霍良安：《无套利 Nelson-Siegel 模型在中国国债市场的实证分析》，《中国管理科学》2012 年第 6 期。

唐齐鸣、高翔：《我国同业拆借市场利率期限结构的实证研究》，《统计研究》2002 年第 5 期。

王金明、刘卉：《国债期限利差对中国宏观经济波动的预警研究》，《金融经济学研究》2017 年第 1 期。

王克武、袁维：《利率期限结构的静态拟合比较及其应用》，《国际经济合作》2011 年第 1 期。

王亚男：《我国国债利率期限结构的静态拟合研究》，《学习与探索》2011 年第 4 期。

文忠桥：《中国银行间国债市场利率期限结构实证分析——基于 Nelson-Siegel 模型》，《财贸研究》2013 年第 3 期。

吴丹、谢赤：《中国银行间国债利率期限结构的预期理论检验》，《管理学报》2005 年第 5 期。

伍戈、刘琨：《探寻中国货币政策的规则体系：多目标与多工具》，《国际金融研究》2015 年第 1 期。

夏斌、廖强：《货币供应量已不宜作为我国货币政策的中介目标》，《经济研究》2001 年第 8 期。

谢赤、陈晖：《利率期限结构的理论与模型》，《经济评论》2004 年第 1 期。

谢赤、吴雄伟：《连续时间利率期限结构模型统一框架的演变及其改进》，《系统工程理论方法》2002 年第 3 期。

谢平、罗雄：《泰勒规则及其在中国货币政策中的检验》，《经济研究》2002 年第 3 期。

熊海芳、王志强：《参数不稳定下利差在宏观经济与货币政策中的应用》，《数量经济技术经济研究》2015 年第 10 期。

徐小华、何佳：《利率期限结构中的货币政策信息》，《上海金融》2007 年第 1 期。

杨宝臣、苏云鹏：《SHIBOR 市场利率期限结构实证研究》，《电子科技大学学报》（社科版）2010 年第 5 期。

杨国中、姜再勇等：《非线性泰勒规则在我国货币政策操作中的实证研究》，《金融研究》2009 年第 12 期。

于鑫：《利率期限结构对宏观经济变化的预测性研究》，《证券市场导报》2008 年第 10 期。

袁靖、薛伟：《中国利率期限结构与货币政策联合建模的实证研究》，《统计研究》2012 年第 2 期。

张燃、李宏瑾、崔兰清：《仿射利率期限结构模型与中国宏观经济预测》，《金融与经济》2011 年第 4 期。

赵健：《中国货币政策传导机制之解析 1998—2008》，《统计与决策》2010 年第 7 期。

郑振龙、林海：《中国市场利率期限结构的静态估计》，《武汉金融》2003 年第 3 期。

周波、王英家：《中国财政货币政策调控：历史述评与取向展望》，《财经智库》2017 年第 2 期。

周荣喜、王晓光：《基于多因子仿射利率期限结构模型的国债定价》，《中国管理科学》2011 年第 4 期。

周子康、王宁、杨衡：《中国国债利率期限结构模型研究与实证分析》，《金融研究》2008 年第 3 期。

朱世武、陈健恒：《交易所国债利率期限结构实证研究》，《金融研究》2003 年第 10 期。

朱世武、陈健恒：《利率期限结构理论实证检验与期限风险溢价研究》，《金融研究》2004 年第 5 期。

Abbritti M., Dell'Erba M. S., Moreno M. A., et al., Global Factors in the Term Structure of Interest Rates. International Monetary Fund, 2013.

Airaudo M., Monetary Policy and Stock Price Dynamics with Limited Asset Market Participation. *Journal of Macroeconomics*, 2013, 36 (2): 1 – 22.

Ang A., Boivin J., Dong S., et al., Monetary Policy Shifts and the Term Structure. *The Review of Economic Studies*, 2011, 78 (2): 429 – 457.

Ang. A., M. Piazzesi., A No-Arbitrage Vector Autoregression of Term Structure Dynamics with Macroeconomic and Latent Variables. *Journal of Monetary Economics*, 2003, (50): 745 – 787.

Apergis N., Miller S., Alevizopoulou E., The Bank Lending Channel and Monetary Policy Rules: Further Extensions. *Procedia Economics and Finance*, 2012, (2): 63 – 72.

Ascari G., Rankin N., The Effectiveness of Government Debt for Demand Management: Sensitivity to Monetary Policy Rules. *Journal of Economic Dynamics & Control*, 2013, 37 (8): 1544–1566.

Ascari G., Ropele T., Disinflation Effects in a Medium-Scale New Keynesian Model: Money Supply Rule versus Interest Rate Rule. *European Economic Review*, 2012, 61 (3): 77–100.

Bansal R., Shaliastovich I., A Long-run Risks Explanation of Predictability Puzzles in Bond and Currency Markets. *The Review of Financial Studies*, 2012, 26 (1): 1–33.

Bhattacharya R., Inflation Dynamics and Monetary Policy Transmission in Vietnam and Emerging Asia. *Journal of Asian Economics*, 2014, 13 (155): 16–26.

Bismans F., Majetti R., Forecasting Recessions Using Financial Variables: the French Case. *Empirical Economics*, 2013, 44 (2): 419–433.

Bis. Zero-Coupon Yield Cruves. BIS Working Paper, 2005: No. 25.

Bliss, R. R., Testing Term Structure Estimation Methods. *Advances in Futures and Options Research*, 1997, 9 (1): 197–231.

Borio C., The Financial Cycle and Macroeconomics: What have We Learnt? *Journal of Banking & Finance*, 2014, 45: 182–198.

Brunnermeier M. K., Eisenbach T. M., Sannikov Y., Macroeconomics with Financial Frictions: A Survey. *National Bureau of Economic Research*, 2012.

Campbell. J., Shiller R., Yield Spreads and Interest Rate Movements: a Bird Eye's View. *Review of Financial Studies*, 1991 (58): 95–514.

Caraiani P., Comparing Monetary Policy Rules in Cee Economies: A Bayesian Approach. *Economic Modelling*, 2013, 32: 233–246.

Chauvet M., Senyuz Z. A Dynamic Factor Model of the Yield Curve Components as a Predictor of the Economy. *International Journal of Forecasting*, 2016, 32 (2): 324–343.

Chen S. S., Chou Y. H., Rational Expectations, Changing Monetary Policy Rules, and Real Exchange Rate Dynamics. *Journal of Banking & Finance*,

2012, 36 (10): 2824 -2836.

Chen, R. and L. Scott., Maximum Likelihood Rstimation for a Multifactor Equilibrium Model of the Term Structure of Interest Rates. *Journal of Finance*, 1993, (47): 1209 -1227.

Cheng L., Jin Y., Asset Prices, Monetary Policy, and Aggregate Fluctuations: an Empirical Investigation. *Economics Letters*, 2013, 119 (1): 24 - 27.

Christensen J., Diebold F., Rudebusch G., An Arbitrage-free Generalized Nelson-Siegel Term Structure Model. *Econometrics Journal*, 2009, 12 (3): 33 -64.

Cioran Z., Monetary Policy, Inflation and the Causal Relation Between the Inflation Rate and Some of the Macroeconomic Variables. *Procedia Economics & Finance*, 2014, 16: 391 -401.

Cox, J. C., Ingersoll, J. E. and Ross, S. A., An Intertemporal General Equilibrium Model of Asset Prices. *Econometrica*, 1985, (53): 363 -384.

Culbertson, J. M., The Term Structure of Interest Rate. *Quarterly Journal of Economics*, 1957, (71): 485 -517.

Damghani B. M., The Non-Misleading Value of Inferred Correlation: An Introduction to the Cointelation Model. *Wilmott*, 2013, (67): 50 -61.

Daniel Daianu, Laurian Lungu., Inflation TargetingBetween Rhetoric and Reality: The Case of Transition Economies. *The European Journal of Comparative Economics Castellans*, 2007, (26): 321 -334.

Dewachter H., Iania L., An Extended Macro-Finance Model with Financial Factors. *Journal of Financial & Quantitative Analysis*, 2011, 46 (6): 1893 - 1916.

Diebold F., Li Carlin., Forecasting the Term Structure of Government Bond Yields. *Journal of Econometrics*, 2006, 130 (2): 337 -364.

Duffie D., Kan R. A., Yield-factor Model of Interest Rates., *Mathematical Finance*, 1996, 6 (4): 379 -406.

Duffie D., *Dynamic Asset Pricing Theory*. Princeton: Princeton University

Press, 2010.

Edouard C., Chryssi G., Stock Prices and Monetary Policy Shocks: A General Equilibrium Approach. *Journal of Economic Dynamics and Control*, 2014, 40 (1): 46 –66.

Engle R. F., Li lien D. M. and Robbins R. P., Estimating Varying Risk Premium in the term Structure: the ARCH-M Model. *Econometrica*. 1987, (55): 391 –407.

Engsted T., Tangaard C., Cointegration and the US Term Structure. *Journal of Banking and Finance*, 1994, (18): 167 –181.

Estrella. A, G. Hardouvelis., The Term Structure as A Predictor of Real Economic Activity. *Journal of Finance*, 1991, (46): 555 –576.

Estrella. A., Why Does the Yield Curve Predict Output and Inflation?. *Economic Journal*, 2005, (115): 722 –744.

Fama E., Bliss R., The Information in the Long-maturity Rates. *American Economic Review*, 1987, (77): 680 –692.

Fama E., Short Term Interest Rates as Predictors of Theory and Empirical Work. *American Economic Review*, 1975, (65): 269 –282.

Fisher J. D. M., On the Structural Interpretation of the Smets-Wouters "Risk Premium" Shock. *Journal of Money, Credit and Banking*, 2015, 47 (2 –3): 511 –516.

Fisher, M., Nychka, D. Zervos, D., Fitting the Term Structure of Interest Rates with Smoothing Splines. Working Paper, Federal Reserve Board, Finance and Economics Discussion Series, 1995: 95 –100.

Fontaine J. S., Garcia R., Bond liquidity Premia. *The Review of Financial Studies*, 2011, 25 (4): 1207 –1254.

Frederic, S., Mishkin, Klaus Schmidt-Hebbel. Does Inflation Targeting Make a Difference? SSRN Working Paper Series, 2007.

Greenwood R., Vayanos D., Bond Supply and Excess Bond Returns. *The Review of Financial Studies*, 2014, 27 (3): 663 –713.

Haldane, Andrew G., Base Money Rules in the United Kingdom. *The Manches-*

ter School of Economic and Social Studies, Blackwell Publishing, Vol. 1996. pp. 1 – 27.

Hanson S. G. , Stein J. C. , Monetary Policy and Long-term Real Rates. *Journal of Financial Economics*, 2015, 115 (3): 429 – 448.

Harvey C. , The Real Term Structure and Consumption Growth. *Journal of Financial Economics*, 1988, (22): 305 – 333.

Health. D. , R. Jarrow, and A. Morton. , Bond Pricing and the Term Structure of Interest Rates: A New Methodology for Contingent Claims Valuation. Econometrica, 1992, (60): 77 – 105.

Ho. S. , Y. Lee. , Term Structure Movements & Pricing Interest Rate Contingent Claims. *Journal of Finance*, 1986, (41): 1011 – 1029.

Ida D. , Tobin's Q Channel and Monetary Policy Rules under Incomplete Exchange Rate Pass-through. *Economic Modelling*, 2013, 33 (33): 733 – 740.

Ince O. , Molodtsova T. , Papell D. H. , Taylor Rule Deviations and Out-of-sample Exchange Rate Predictability. *Journal of International Money & Finance*, 2016, (69): 22 – 44.

Jefferson, Philip N. , Home Base and Monetary Base Rules: Elementary Evidence Form the 1980s and 1990s. Finance and Economics Discussion Series 1997 – 2000, Board of Governors of the Federal Reserve System (U. S), 1997.

Jongen, R. , W. Verschoor and C. Wolff. , Time Variation in Term Oremia International Evidence, Luxembourg School of Finance; Centre for Ecomomic Policy Research. CEPR Discussion Paper, 2005: No. 4959.

Kim D. H. , Singleton K. J. , Term Structure Models and the Zero Bound: an Empirical Investigation of Japanese Yields. *Journal of Econometrics*, 2012, 170 (1): 32 – 49.

Krishnamurthy A. , Vissing-Jorgensen A. , The Aggregate Demand for Treasury Debt. *Journal of Political Economy*, 2012, 120 (2): 233 – 267.

MacDonald, R. and Speicht, A. R. H. , The Term Structure of Interest Rates under Rational Expectation. *Applied Financial Economics*, 1991, (1): 211 – 221.

Marsal A., Kaszab L., Horvath R., Government Spending and the Term Structure of Interest Rates in a DSGE Model. *Research Department, National Bank of Slovakia*, 2017.

Masson, Paul R., The Scope for Inflation Targeting in Developing Countries. IMF Working Paper, 1997.

McCallum, Benntt. T., Could a Monetary Base Rules Have Prevented the GreatDepression? *Journal of Monetary Economics*, 1990, 26 (1): 3–26.

McCallum, Benntt. T., Monetarist Rules in the Light of Recent Experience, *American Economic Review*, 1984, 72 (2): 388–391.

McCallum, Benntt T., Alternative Monetary Policy Rules: A Comparison with Historical Setting for the United State, the United Kingdom, and Japan. NBER Working Paper, No. W7225, 2000.

McCulloch., Measuring the Term Structure of Interest Rates. *The Journal of Business*, 1971, (44): 19–31.

Merton, Paul C., Theory of Rational Option Pricing. *Bell Journal of Economics and Management Science*, 1973 (4): 141–183.

Mishkin F., What Does the Term Structure Tell Us about Future Inflation. *Journal of Monetary Economics*, 1990 (25): 77–95.

Mönch E., Term Structure Surprises: the Predictive Content of Curvature, Level, and Slope. *Journal of Applied Econometrics*, 2012, 27 (4): 574–602.

Neely C. J., Unconventional Monetary Policy Had Large International Effects. *Journal of Banking & Finance*, 2015, (52): 101–111.

Nelson. C. R., Siegel A. F., Parsimonious Modelling of Yield Curves. *Journal of Business*, 1987, 60 (4): 473–489.

Neumann, Manfred J. M., Does Inflation Targeting Matter? Review Federal Reserve. Bank of St. Louis, 2002. (6): 127–148.

Orphanides A., Wei M., Evolving Macroeconomic Perceptions and the Term Structure of Interest Rates. *Journal of Economic Dynamics and Control*, 2012, 36 (2): 239–254.

Rudebusch G. D., Swanson E. T., The Bond Premium in a DSGE Model with

Long-run Real and Nominal Risks. *American Economic Journal*: *Macroeconomics*, 2012, 4 (1): 105 – 143.

Schaefer, S. M., Schwartz, E. S., A Two Factor Model of the Term Structure: An Approximate Analytical Solution. *Journal of Finance and Quantitative Analysis*, 1984, (19): 413 – 424.

Segal G., Shaliastovich I., Yaron A., Good and Bad Uncertainty: Macroeconomic and Financial Market Implications. *Journal of Financial Economics*, 2015, 117 (2): 369 – 397.

Shea. G. S., Pitfalls in Smoothing Interest Rate Term Structure Data: Equilibrium Modelsand Spline Approximation. *Journal of Financial and Quantitative Analysis*, 1984, (19): 253 – 269

Stanton, A Nonparametric Model of Term Structure Dynamics and the Market Price of Interest Rate Risk, *Journal of Finance* 1997, (52) 1973 – 2002.

Steeley, J. M., Estimating the Gilt-edged Term Structure: Basis Splines and Confidence Intervals. *Journal of Business Finance and Accounting*, 1991, 18 (4): 513 – 529.

Stefan Gerlach. Interpreting the Term Structure of Interbank Rate in Hong Kong. *Pacific-basin Finance Journal*, 2003, (11): 245 – 257.

Sutton G. D., A Defence of the Expectations Theory as a Model of US Long-Term Interest Rates. Bank for International Settlements, Working Paper, 2000.

Taylor J. B., An Historical Analysis of Monetary Policy Rules. NBER Working Paper, No. W6768, 1998.

Taylor, M. P., Modelling the Yield Curve. *Economic Journal*, 1991, (1): 211 – 221.

Vasicek, J. B., An Equilibrium Characterization of the Term Structure. *Journal of Financial Economics*, 1977, (5): 177 – 188.

Vasicek, O., Fong, H. G., Term Structure Modeling Using Exponential Splines. *Journal of Finance*, 1982, 37 (2): 339 – 356.

Wright H., Term Premia and Inflation Uncertainty: Empirical Evidence from an International Panel Dataset. *The American Economic Review*, 2011, 101

(4): 1514 – 1534.

Wright J. H., What does Monetary Policy Do to Long-term Interest Rates at the Zero Lower Bound? . *The Economic Journal*, 2012, 122 (564).

Wu T., Macro Factors and the Affine Term Structure of Interest Rates. *Journal of Money*, 2006, (38): 1847 – 1875.

后 记

"塞翁失马，焉知祸福"，在我的人生转折点，这句话被多次验证。为了早日实现"农转非"（农村户口转为非农村户口），中考后报考河南信阳师范学校，因故未被录取，只能读高中，三年寒窗之后高考失利，没有信心报考重点大学，也不懂如何选择专业，最后根据自己的特长报读了河南大学数学专业。自大学二年级开始，我唤起对会计学浓厚的兴趣。通过自学，在毕业那年报考了会计专业研究生。愿望虽然落空，但多学了两门会计专业课程，为本科毕业三年后的再次考研复试加了分。同时高考失利后"错选"的数学专业，也是在考研复试时被导师所器重的，才得以攻读投资经济专业硕士研究生。如果中考如愿，或许我现在还是一位乡村教师。

如果说人生最喜悦的一件事是什么？对我而言，莫非是通过考研摆脱本科毕业后的工作状态了。工作后的再次自主选择的学习是格外令人珍惜的，当时的勤奋程度不亚于高考时的状态，以至于神经衰弱、头晕耳鸣，所以三次考博不成功，或许是上天在关照我的身体健康吧！高校工作的几年来除了做好本职工作、偶尔做些内训补贴家用外，也在努力写论文、投标书，然而似乎无法打动上帝，得不到上帝的青睐。直到引进新的领导，似乎点化了众生，学院每年国家级项目不断线，还有不少同事获得了国家自然科学基金项目的资助，我也有幸获得一项国家社科基金项目资助。几年努力下来，在各位同事的帮助、家人的支持、领导的鼓励下，才得以有此拙作摆在面前。借此机会向邹新月教授、苏国强教授、孟令国教授、黄金波教授等各位领导、同事们，还有广东财经大学 2019 届硕士研究生谢阳越、赵莉、路珍、石磊、温瑞鹏、张海波，以及我的爱人庄琳、儿子黄皓天对我的理解和支持表达深深的谢意。同时也特别感谢在写作过程中各位同行的前期研究成果给了我更多思考和启发，如有引用不当，敬请谅解。

黄德权　于喀什
2021 年 10 月 19 日凌晨